The New Celebrity Scientists:
Out of the Lab and into the Limelight

聚光灯下的明星科学家

[美] 德克兰·费伊 著　　王大鹏 译

上海交通大学出版社
SHANGHAI JIAO TONG UNIVERSITY PRESS

内容提要

　　本书聚焦 20 世纪末西方国家出现的科学明星现象,选择了八位具有代表性的科学名人进行个案分析,通过追踪其职业发展轨迹,充分展示了每位科学家是如何通过媒体的力量来激发思想、影响政策、引导研究、展开争议和发起社会运动的,从中我们可以看出媒体在科学传播和名人文化塑造中的重要作用,从而引导我们更加客观、理性地看待科学名人和明星文化现象。

图书在版编目(CIP)数据

聚光灯下的明星科学家 / (美) 德克兰·费伊
(Declan Fahy)著;王大鹏译. —上海: 上海交通大
学出版社, 2017
ISBN 978-7-313-17028-6

Ⅰ.①聚…　Ⅱ.①德…②王…　Ⅲ.①科学家—人物
研究—世界　Ⅳ.①K816.1

中国版本图书馆 CIP 数据核字(2017)第 093778 号

聚光灯下的明星科学家

著　　者:[美] 德克兰·费伊　　　　　译　　者:王大鹏
出版发行:上海交通大学出版社　　　　地　　址:上海市番禺路 951 号
邮政编码:200030　　　　　　　　　　电　　话:021-64071208
出 版 人:谈　毅
印　　制:苏州市越洋印刷有限公司　　经　　销:全国新华书店
开　　本:880 mm×1230 mm　1/32　　印　　张:11.5
字　　数:263 千字
版　　次:2017 年 9 月第 1 版　　　　　印　　次:2017 年 9 月第 1 次印刷
书　　号:ISBN 978-7-313-17028-6/K
定　　价:68.00 元

中文版序

上海交通大学出版社即将推出本书中文版，我备感荣幸。

应该出版社之邀，我为本书的中文版撰写了这篇序言。在这里，我希望实现三个目的：第一，概述下本书的写作背景；第二，介绍一下西方国家明星科学家崛起的历史因素；第三，阐述一下本书中描述的明星科学家的六个共同特征。有些观念在西方社会有关科学正在变迁的本质研究中已经十分突出，而本书中阐述的一些特征也汲取自这些观念。这种变迁的核心驱动力是媒体越来越大的影响力，它们着眼于争议、人格特质以及对观点的营销。

本书写作背景

《明星科学家》是我在爱尔兰都柏林大学的博士论文题目。我的研究领域是科学传播，现在也是如此，这是一个考察科学的观点如何在社会中被生产、描绘和理解的传播学研究的二级学科。我的研究开始于一个趋势和一个问题。这个趋势就是在20世纪末西方国家的一小部分科学家成了文化偶像，他们是在普通公众中有大批追随者的有资质的科学家、畅销书作者以及公众人物。而我的问题是这些特定的科学家是如何以及为什么获得了这样的文化地位？他们首次获得公众关注的原因都是他们自己的学术工作，但是显然他们数十年来维持在文化雷达上的原因已经不仅仅是他们本来的学术工作了。

为了解决这个问题，我确认和解释了科学名人是如何作为两种文化机制结合的结果而出现的。第一种机制是成为名人的过程。这个过程对于所有的明星都是一样的，无论他们是运动员、演员、作家还是音乐家。在这个过程中，随着这些人在公众生活中变得更加突出，媒体将着眼于他们的私人生活以及公众生活。同时，文化产业——比如出版公司、唱片公司以及体育公司——将把明星和他们的形象作为商品进行销售和营销。在公众生活中持久存在的明星将会是那些以某种方式象征着他们的时代的人，是把个人面孔置于大型抽象概念之中的人，比如环保主义，或者弦理论，又或者基于科学的无神论。第二个机制是成为公共知识分子的过程，这是一个科学家从与专家同行交流转向与广大的非专家受众交流的关键机制。当这两种机制结合起来的时候，科学明星就出现了。

为了说明这一程序的操作过程，我十分详尽地分析了八位著名科学家的生活和公众职业。我分析了四位英国科学家（这四位也是我在博士期间考察的对象）：宇宙学家斯蒂芬·霍金、动物学家理查德·道金斯、环境科学家詹姆斯·洛夫洛克以及神经科学家苏珊·格林菲尔德；我还分析了四位美国科学家：认知科学家史蒂芬·平克、古生物学家史蒂芬·杰伊·古尔德、物理学家布赖恩·格林以及天体物理学家尼尔·德格拉斯·泰森。然而，这八位有重要影响的科学家中的每一位都嵌入在具有广泛共同点和共同历史影响的较大文化情境中。为了理解这些科学家是如何成为标志性的明星科学家的，我们有必要理解四个广泛的历史趋势，对这四个趋势的分析可能会为中国读者提供更具情境化的理解。

明星科学家的崛起

前两个趋势和媒体相关。第一个历史趋势就是媒体中科学**总量**的不断增加，学者们认为这个趋势在西方国家出现于 20 世纪 70 年代和 80 年代。媒体中有更多的科学意味着媒体对科学家的需求也更多，以及科学家与公民进行直接交流的机会也更多。第二个历史趋势是媒体在社会中的**权力**不断增加。自从 20 世纪中期以来，大众媒体在塑造公共舆论、政策规划以及个人和机构的形象方面越发地成为富有影响力的权力中心。这种媒体权力影响了科学。比如，历史学家马歇尔·拉福莱特在《美国电视上的科学》一书中认为 20 世纪 50 年代的电视时代意味着在电视屏幕上取得成功的科学家需要满足电视这种媒介对个人形象以及个人信息公开的关注。雷·古德尔在《可见的科学家》一书中认为像天文学家卡尔·萨根和古生物学家玛格丽特·米德这样的美国科学家，都曾利用大众媒体来提升科学的形象，以及公开倡导某些科学政策。结果，媒体的动力机制越来越对科学和科学观念如何在公共生活中予以表达进行控制。

第三个趋势涉及科学和西方社会其他部分之间的变迁关系。本书的一个核心论点是在 1955 年到 1975 年的这段时间里有些东西改变了两者之间的关系——这个时期也被历史学家们称为"漫长的 60 年代"。这个时期把环保主义的崛起看作是一种社会运动，这个时期对用于军事目的的科学的关注不断增加，并且对工业资本主义制造了一个更着眼于利益而非知识的科学事业的担心不断增加。科学和社会之间这种变迁的关系也引起了第四个趋势：公众理解科学运动。西方科学机构和专业协会开始对他们认为的公众缺乏对科学的信任予以关注。作为回应，科学家和科学机构则被鼓励着去让公民参与到有关科学对社会的重要意义的讨论当中。

明星科学家的特点

这四个大范围的文化趋势有助于新的明星科学家的崛起。但是成为明星科学家意味着什么呢？成为明星科学家的关键特征是什么呢？在本书的英文版出版之前，我和著名的大众科学历史学家布鲁斯·莱文斯坦教授共同撰写了一篇有关制造明星科学家的论文。我们的这篇文章列出了把科学家作为明星的一个框架。我很愿意在这里为中国读者介绍并探讨一下这个框架，因为它为本书中出现的科学家提供了一种思维方式。这个框架包括了明星科学家的六个特征：

（1）科学家的媒体形象模糊了他们的私人生活和公共生活。在媒体从报道他们的公共生活转向报道他们私人生活的时候，一个科学家就成了明星。在很长一段时间里，科学的公众形象成了他们公共工作与私人特质的混合物。他们的人格特性强调且反映了他们的科学。到目前为止，在西方世界中明星科学家的一个特点就是男性科学家远远多于女性科学家。此外，正如本书有关苏珊·格林菲尔德教授的那一章所展示的那样，和男性科学家相比，对女性科学家的描述往往更多地着眼于与性别和性取向相关的议题。

（2）科学家成为一种文化商品。明星的一个重要部分就是销售和营销。明星的一个关键特征就是他/她的公众形象成了可以用来交易的一种商品。撰写畅销书或者在流行的电视节目中出镜的科学家会被冠以品牌或者被营销以便向广大公众销售这本图书或者电视节目。这里可以引用本书中的一个案例，设想一下史蒂芬·霍金的畅销书《时间简史》的历史，该书首次出版于1988年。非虚构类电影版的《时间简史》于1992年上映，同年，《史蒂芬·霍金的时间简史：读者指南》（文化杂志《名利场》称之为"与《时间简史》这本书的电影相关的图书"）也上市销售。从那时开始，霍金又出版了好几本自己独立撰写或者与他人合著的图书，参加了更多的电视节目，以及有关他自己生活传记的电视节目和电影。霍金已然成为一种确定的商品。

（3）科学家的公众形象与真实、理性和理智的观念紧密相关。不同职业的声誉同较深层次的文化主题相关。学者大卫·马歇尔在《名人与权力：当代文化中的名声》一文中认为西方国家的电影明星与个性及自由的观念相关，而电视明星则扎根于熟悉感和可接受性的观念，流行音乐明星和真实性的观念相关。类似的是，科学家的公众形象和真实、理性以及理智的观念相关。这是因为科学方法使它在揭示有关自然界可验证的真理方面具有独特的地位。

（4）科学家嵌入在他们那个时代观念的斗争中，并且反映了他们那个时代观念的斗争。明星是他们那个时代的象征。他们体现了他们那个时代的观念或者文化趋势。他们把概念人格化，并且让抽象观念成为现实，给它们赋予了人类的面孔。理查德·道金斯的案例就能说明这个问题。他有关进化论机制的早期科研工作和论著让位于他职业生涯晚期的工作，他是西方世界中最引人注目的无神论倡导者之一。2006 年出版的著作《上帝错觉》巩固了他作为解决科学和宗教之间关系的重要公众人物的地位，当时这个问题是一个争议性话题。

（5）科学家的公众形象以名望的矛盾为特色。明星科学家将在同行们如何看待他们以及公众粉丝们如何看待他们之间体会到一种张力。同行们会批评他们获得了一种与其科研成就不相匹配的公共名声。这种矛盾是名声的一个独特且显著的特征，并且很有可能是成为明星科学家不可避免的一种后果。

（6）科学家的明星地位使得他们可以对自己专业知识之外的领域进行评论。被新闻记者作为专家来咨询的科学家会被期望着对他们研究专长的领域进行评论。然而，明星科学家通常对他们专业知识之外的领域发表意见，可能会评论其他学科，同时也对公共事务进行评论，或者其他的知识形式，比如他们对人文学科中的知识的看法。（比如，理查德·道金斯撰写了大量有关宗教的作品，而史蒂芬·霍金在不止一个场合说过哲学已死。）

总之，我希望在序言中提供的背景信息能对中国读者有用，当然，我知道本书中的某些观念可能不完全契合中国的语境。在中国，强化科学公共形象的历史情境可能是不同的，中国科学家引起公众关注的方式可能也是不同的，越来越出名的中国科学家会有他们自己特定的文化特质。但是尽管如此，我会非常激动和荣幸地期待着本书中的观念融入对中国科学家如何在公众生活中获得和维持公众关注的分析当中。

德克兰·费伊

（Declan Fahy）

2016 年 12 月于都柏林

译者序

近年来，科学传播受到了前所未有的重视。这一方面是因为公众的物质生活得到基本满足之后，开始转向更"上位的"精神追求，而从科学史的视角来看，科学被认为是一种社会建构，因而公众对科学不仅追求"知其然"，更追求"所以然"，这在一定程度上促使科学共同体更加注重向公众传播科学，当然这也因为公众可能在一定程度上通过投票行为决定了科研经费该投向何方。另外一方面还在于当前传播技术的不断发展，特别是在新媒体时代，各种传播形式不断涌现，因而众多科研人员也开始走出象牙塔，积极投身于科学传播事业。

在这种情况下，一些科研人员通过开展科学传播获得了在公众和媒体中的可见度，他们通过媒体（包括自媒体）传播着本领域的科学知识，并进而在更广泛的层次上开始对科学议题发表看法，讨论科学政策，影响科学研究的框架和议题设置，"激励新思维，驱动科学争议，强化公众的理解，动员社会运动，并塑造政策"。在这个过程中，他们成了明星科学家，比如本书涉及的八位明星科学家。

当然这些明星科学家首先是在科学共同体内取得了一定的学术地位（洛夫洛克是一个特例，因为盖亚理论似乎还没有得到科学共同体的认可），然后他们进入公共领域，就社会热点话题发表个人的观点和看法，同时也在一定程度上左右着科学研究，比如有人批评弦理论把优秀的科研人员和经费吸引到了该领域中，从而使其他可能对弦理论形成挑战的理论出现了人才和资源的流失，等等。

相比之下，近年来国内出现了很多"科普网红"，他们借助新媒体平台积极为科学发声，当然更多地还是集中于本领域的科学话题。按照本书作者的观点和看法，可能他们还没有成为明星科学家，毕竟他们还没有完全进入公共领域。但在一定程度上来说，至少他们身体力行地从事着科学传播工作，也有可能成为明星科学家。比如中国首位卡尔·萨根奖获得者郑永春博士，他最近一两年一直呼吁加强科学传播人才的培养，重视科学教育等，而科普中国形象大使徐颖博士也被形象地称为"北斗女神"，这样的例子在国内还有很多。

"知识就是力量"，但是这种力量"不仅取决于其本身的价值大小，更取决于它是否被传播以及被传播的深度和广度"。也正是在这个传播的过程中，明星科学家才渐渐地浮现出来。他们衔接起了自身科学研究和面向公众的科学传播这两个维度，通过媒体把科学带到了公众的日常生活中，他们或撰写大众科学著作，或发表评论，或主持电视节目，或倡导公众理解科学运动。

如果要为这本书赋予一个稍微文雅一点的名字，我想《明星"知"造》可能是一个备选，因为书中涉及的明星科学家首先都是知识造就的，毕竟他（她）们在各自的学术领域都有一定的基础，绝大部分还取得了让人崇敬的地位。正是科学知识让他（她）们有了从事科学传播，探讨更广泛的科学的基础。"博物君"张辰亮说"科普就是为科学打广告"，而本书中提及的明星科学家也在一定程度上成了科学的代言人。

《时间简史》《自私的基因》《语言本能》《人之误测》《人脑之谜》《宇宙的琴弦》等都是畅销的大众科学图书，而这些也都出自本书中提及的明星科学家之手，此外还有泰森和作为新时代明星科学家的代表性人物考克斯，他们显然已经走入大众的日常生活，并且成为大众文化消费的一部分。

在本书中文版付梓之际，我要特别感谢上海交通大学出版社的大力支持，特别是副社长李广良和编辑唐宗先。他们在本书的译介过程中提供了无私的帮助，唐宗先对本书的编辑付出了很多辛勤的汗水，她认真负责的态度也是我学习的榜样。当然，翻译的过程也很艰辛，我力图为读者呈现原作者真实的想法和观点，但是囿于个人能力，难免会有一些疏漏和误差，还请各位读者不吝指教。

王大鹏

2017 年 5 月于北京

鸣　谢

非常感谢马修·奈斯比特、海伦娜·希恩、布莱恩·特伦奇、罗杰·史崔迈特、W·约瑟夫·坎贝尔、伦纳德·斯泰因霍恩、凯瑟琳·蒙哥马利、劳拉·德纳迪斯、埃米·艾斯曼、凯蒂·伯勒姆·查图、马西米亚诺·布奇、迈克尔·克罗宁和爱琳·法伊夫，他们在本书撰写的不同阶段给我提供了慷慨的建议和指导；还要感谢简·波义耳、康纳·法伊、阿曼达·温克尔、艾瑞卡·桑切斯-瓦兹库兹、克里斯蒂娜·布鲁克斯、莫妮卡·托马斯和瑞恩·舒特对我的研究给予的协助。此外，也真诚地感谢罗曼和利特菲尔德出版公司的琳尼·西尔弗曼、安德利亚·肯德里克和让娜·史怀彻为本书的编辑工作提供的大量支持。

目　录

第 1 章 科学明星简史

查尔斯·达尔文（Charles Darwin）是一位公共关系大师。当《物种起源》（*The Origin of Species*）在 19 世纪的文化中迅速传播开来并颠覆了有关人类生命起源的盛行的宗教正统思想时，达尔文也培植了自己的流行形象。他分发着批量印制的照片，在书稿上为读者签名，收集着有关他自己的歌曲和诗歌，用预先印制好的明信片回复着雪片般的来信，拒绝了大多数的采访要求，并避免在众人面前回答那些让他措手不及的问题。他与作家乔治·艾略特（George Eliot）会面，并且从卡尔·马克思（Karl Marx）那里得到了一本有题词的《资本论》（*Das Kapital*），题词是"赠给查尔斯·达尔文先生，您真诚的敬慕者卡尔·马克思"。

他在 1859 年的书中所概述的自然选择进化理论贯穿于维多利亚时期，其影响范围远远超出了学术期刊和专业学会。普通公众可以购买到廉价版的《物种起源》。杂志则通过各种形式的流行文化传播着他的形象和理念，其中不乏奇怪的方式。比如，讽刺画家和漫画家把他的有独特长胡子和圆圆头骨的头像画在了猩猩的身上。达尔文成了公共财产。一个历史学家写道："在内心深处，达尔文的儿女们不得不接受这样一种现实，他不仅仅是他们的父亲，他还属于每个人。"① 在他那个时代，他是一个科学明星。

这位伟大的博物学家表明：名声，持久的名声，绝不仅仅是丰功伟绩的必然结果，甚至是像《物种起源》一样震惊世界的成就。整个世界必须倾听这种丰功伟绩。

再也没有比 20 世纪那个最具偶像性的科学家案例更能清晰地说明这个问题了，他就是物理学家阿尔伯特·爱因斯坦（Albert Einstein）。他在大众文化中把科学拟人化了，并且成了头脑具有惊人力量的一个全球性象征。当他的相对论被日食期间的两个独立实验所证实之后，他于 1919 年在公众意识中一炮而红，该理论简直可以说是看待宇宙物理学的全新方式。后来，爱因斯坦获得了大量的媒体关注——《泰晤士报》（The Times）的报道称之为"科学的革命，新的宇宙理论"——但是他一跃成为全球名人是在两年之后，那时他正造访美国为犹太复国事业筹款并提高公众意识②。

1921 年，他对美国进行了为期两个月的访问，这次访问激发了公众和媒体的狂热。《纽约时报》（The New York Times）描述了

① Janet Browne, *Charles Darwin: The Power of Place* (London: Pimlico, 2003), 335.有关达尔文的名声，另见：Janet Browne, "Charles Darwin as a Celebrity," *Science in Context* 16, nos. 1 - 2 (2003)：175 - 194, and Janet Browne, "Darwin in Caricature: A Study in the Popularisation and Dissemination of Evolution," *Proceedings of the American Philosophy Society* 145, no. 4 (2001)：496 - 509. 当 1859 年首次出版时，达尔文的这本书名为 *On the Origin of Species*。1872 年出版的第六版书名更改为 *The Origin of Species*。该书出版 150 周年的纪念版的书名也是 *The Origin of Species*。我在本书中采用了这个书名，因为它更有可读性。

② 有关爱因斯坦的名声，参见 John D. Barrow, "Einstein as Icon: How Einstein Became the Personification of Physics," *Nature* 433 (2005)：218 - 219; Marshall Missner, "Why Einstein Became Famous in America," *Social Studies of Science* 15, no. 2 (1985)：267 - 291; Roger Highfield and Paul Carter, *The Private Lives of Albert Einstein* (New York: St. Martin's Press, 1993); Abraham Pais, *Albert Einstein Lived Here* (Oxford: Oxford University Press, 1994); Alan J. Friedman and Carol C. Donley; *Einstein as Myth and Muse* (Cambridge University Press, 1985), 5 - 14, 18.

"一个穿着褪色的灰雨衣、戴着松软的乌毡帽的人"，"他的帽子几乎掩盖了垂到耳朵的灰白头发……但是在蓬乱的卷发下是一个科学家的大脑，他的推论已让欧洲最有才华的知识分子们感到震惊"。《纽约晚邮报》（*New York Evening Post*）描述了爱因斯坦位于柏林的住所，详细叙述了他对陀思妥耶夫斯基（Dostoyevsky）的热爱，他的工作方式——聚精会神地在他的房间里独自待上三四天——以及他对雪茄的钟爱①。一个学者写道，美国的媒体是"把爱因斯坦变成明星的工具"②。

由于相对论与残酷无情的第一次世界大战所带来的不确定性情绪相吻合，凭借着所有这些报道，爱因斯坦成了全球明星。伦敦帕拉丁剧院（London Palladium）邀请他做了一场专场演出。在日内瓦，女生们把他围得水泄不通，还有人试图剪下他的一绺头发。望远镜和塔以他的名字命名，还有孩子和雪茄也起名叫爱因斯坦。当他和他的妻子爱尔莎（Elsa）参加 1931 年《城市之光》（*City Lights*）的首映式时，摄影师抓拍到了他们夫妇两人与电影明星查理·卓别林（Charlie Chaplin）在红毯上的合影。爱因斯坦的一个前同事、科学史学家亚伯拉罕·佩斯（Abraham Pais）后来写道："爱因斯坦——有史以来一些一流科学的缔造者，他自己也是媒体的一个产物，只要他是并且继续是一个公众人物的话。"③

在爱因斯坦深深地渗入到 20 世纪早期的流行文化之中时，大众媒体也在急剧地扩展。到 20 世纪末，媒体已经成为手握重权的

---

① József Illy ed., *Albert Meets America: How Journalists Treated Genius during Einstein's 1921 Travels*（Baltimore：Johns Hopkins University Press，2006）.

② Missner，"Why Einstein，" 268.

③ Pais，*Albert Einstein Lived Here*，138.

公共事务中心。对于大多数成人来说，媒体是（获取）科学或科学相关议题的主要观点和信息的渠道。在不胜枚举的各种形式中，媒体传播着信息，塑造着公众舆论，并传达着世界如何运转、如何体验世界、社会如何组织以及对公民来说哪些议题是重要的。

媒体还不遗余力地着眼于个人，名人文化因而盛行，名声成为在错综复杂的世界中理解观念的**最有力**方式。在这种文化中，一种新型的科学家走出了实验室，来到了聚光灯下，他们是名人科学家。

这些科学明星紧紧抓住公众的想象力，利用他们巨大的影响力来激励新思维，驱动科学争议，强化公众的理解，动员社会运动，并塑造政策。在名人文化中，他们在公众中为科学发声。不过更重要的是，他们的名声也赋予了他们在科学领域**内**的权力。他们的明星地位影响着科学的内部运作，塑造着有关自然界新知识的发现。

因为他们影响公共生活和专业研究的巨大能力，名人科学家构成了一批新的科学精英。

弗雷德·霍伊尔和卡尔·萨根：大众媒体明星

1950 年，英国天文学家弗雷德·霍伊尔（Fred Hoyle）成了科学新媒体时代的一个象征性人物。那一年，他在英国广播公司（BBC）上做了题为"宇宙的本质"的系列讲座。这个系列讲座十分成功，以至于听众投票选举他为英国最受欢迎的广播员。带着温和的约克郡口音，他清晰地解释了宇宙学，并且借用人们熟悉的生活场景，将复杂的科学融入听众的日常生活中。甚至专业的物理学家也会放下案头的工作，收听他的广播节目。这些讲座内容随后以《宇宙的本质》(*The Nature of the Universe*)为题正式出版，仅在 6 个月内，其销量就达到 7.7 万册，成了早期的科学畅销书。这个讲座和图书使霍伊尔成了"国际名人"[①]。

霍伊尔明星身份的崛起恰好发生在一个被称为"漫长的 60 年代"(the long sixties)的开端。这一时期大约从 1955 年延伸到 1975 年，其特点是各种观点的剧烈碰撞，急剧引发政治变革、社会分裂，以及科学生活的彻底变革，以至于被学者们称为"第二次科学革命"——第一次科学革命发生在 16—17 世纪，那次革命产生了现代科学事业[②]。

从 1970 年开始，媒体中科学报道的数量呈爆炸式增长。在美国，20 世纪 70 年代和 80 年代见证了全国数十家报纸科学版的设立，众多印刷精美的大众科学杂志的投放，以及致力于科学的新周播电视系列片《新星》(*Nova*)的开播。大众科学图书在 20 世纪 70 年代中期达到一个新高度。在此之前，科学图书在每年《纽约时报》畅销书榜单上很少超过十本。但是在那之后，每年都不下十本。英国的情况也大体类似。科学在大众文化中涌动着[③]。

电视让科学家可以面向广大公民发声。英国广播公司的系列片《人之上升》(*The Ascent of Man*)讲述了一个以科学为基础的

① Jane Gregory, *Fred Hoyle's Universe* (Oxford: Oxford University Press, 2005), 61.

② Jon Agar, "What Happened in the Sixties?" *British Journal for the History of Science* 41 (2008): 567-600.

③ Declan Fahy and Bruce V. Lewenstein, "Scientists in Popular Culture: The Making of Celebrity," in *Routledge Handbook of Public Communication of Science and Technology*, ed. Brian Trench and Massimiano Bucchi. (New York: Routledge, 2014).

人类历史的故事。这个系列片于 20 世纪 70 年代早期在英国和美国播出，担任主持的是数学家、知识分子杰可布·布鲁诺斯基（Jacob Bronowski），在这个节目让他蜚声全球之前很久，他就在杂志和电视上为广大受众撰写和解读有关科学的内容。在同一个时间段内的大洋彼岸，一个行星科学家也正在证明着自己是一个让媒体着迷的杰出人物，并将成为他那个时代最著名的公众科学家，他就是卡尔·萨根（Carl Sagan）。

萨根象征着电视时代和太空时代相遇的一个新时代。当太空成为敌对的冷战超级大国的"第二战场"（proxy battleground）时，萨根还是一个行星科学家。显然电视偏好那些像他一样表达清晰、外表迷人、能言善辩且激情四射的名人，而就这一点而言他很上镜。这位获得了普利策奖的大众科学作家在 20 世纪 70 年代末已经很出名了，他定期和约翰尼·卡森（Johnny Carson）在《今夜秀》（The Tonight Show）上为成千上万的晚间观众讲解天文学。

而当他在 1980 年的电视系列片《宇宙》（Cosmos）中向 5 亿观众揭开宇宙面纱的时候，他获得了空前的全球声誉。通过 13 集的探险旅行，60 个国家的观众们跟随着这个行星科学家穿梭于亿万年的宇宙史和人类史中。作为这个系列片的副产品，同名图书《宇宙》连续 70 多周登上《纽约时报》畅销书榜单，并且为他赚得了100 万美元的版税。萨根登上了《时代周刊》（Time）的封面，并被其称为"科学的演员""科学普及的王子""国家的人民科学导师"以及"美国最有效的科学销售员"①。

---

① Frederic Golden, "Showman of Science," Time, October 1980, 69.

《宇宙》的一个导演——阿德里安·马隆（Adrian Malone）——发誓要把"萨根打造成明星"。这个节目确实使得媒体和公众对萨根的关注开始飙升。记者们对他的私人生活进行了报道，包括他那有标志性的高领衫以及他牌照为 PHOBOS（火卫一，即火星的一颗卫星）的独特的橙色保时捷 914 汽车。他不得不应付那些出现在他工作室要求与他见面的女性——以确证他是通过她们的电视屏幕直接跟她们交流的。有时候他在餐厅中要面墙而坐以回避大量索要签名和表达祝愿的人们。

名人效应为萨根带来了丰厚的回报。1985 年那本有关外星生命科学探索的小说《接触》（*Contact*）为他带来了 200 万美元的预付款。在当时，这笔费用已经是出版商为一个还没有手稿的著作提前支付的最大金额了。名人效应还给他带来了影响力，为他提供了一个表达反核主张的公众平台。他告诫政治领袖们，沉浸在核辐射黑暗之中的全球核冬天将会让全球毁灭[①]。观看了《宇宙》的学生们也想成为科学家。没有一个当代科学家能产生这么大的影响，享有这样的名望和声誉。

但是，名声也损害了萨根在科学领域中的地位。哈佛大学拒绝授予他终身教职，这是一所大学授予有建树学者的一种终身职位。美国最具声望的科学学会——国家科学院（NAS）——拒绝接纳他为会员。很多具有影响力的同行们也只是把他看成是一个科普人员，而非一个真正的科学家，认为他在《今夜秀》中花费的时间太多，而用在潜心钻研行星观测方面的时间太少。

---

① 有关萨根的科学、职业和名望，参见 Keay Davidson, *Carl Sagan: A Life*（New York：John Wiley & Sons, 1999），and William Poundstone, *Carl Sagan: A Life in the Cosmos*（New York：Owl Books, 1999）.

从萨根身上可以鲜明地看到现代科学名声的特点，后来评论家们把这种特点称为"萨根效应"（Sagan Effect）：这是科研人员中普遍持有的一种观念，认为科学家的公众声誉水平与他们科研工作的质量是背道而驰的。事实上，大众科学家并不被看作是优秀的科学家。然而，在涉足媒体事业之前，作为一个科研人员，萨根已经（在学术圈）建立起了自己良好的声誉，他开创性地解释了金星如何变得炽热以及狂热的风暴如何在火星表面肆虐，并因而在学术圈知名。他共发表了 500 篇专业论文——这种生产率非常惊人，相当于平均每月发表一篇学术论文。对于萨根来说，"萨根效应"是一个伪命题①。

萨根并不是唯一一个发现媒体能强化权力的科学家。他是 20世纪 60 年代和 70 年代进入美国公众生活的几个科学家之一，他们把媒体看作是影响公众对科学的态度以及政治对科学的态度的一种方式。这些"可见的科学家"（visible scientist）打破了塑造科学政策的传统方式，他（她）们包括人类学家玛格丽特·米德（Margaret Mead）、生物学家保罗·埃尔利希（Paul Ehrlich）以及化学家莱纳斯·鲍林（Linus Pauling）。他（她）们绕开了专家们在幕后给决策者提建议的传统方式，直接进入公共领域，通过媒体把科学放到公共议程中，进而塑造公民的态度，并因此对科学政策产生影响。从他（她）们身上可以看到，在科学前沿领域研究的个体科学家只要能够清晰地表达具有争议以及富有个性的观点，他

---

① Michael Shermer, "This View of Science: Stephen Jay Gould as Historian of Science and Scientific Historian, Popular Scientist and Scientific Popularizer," *Social Studies of Science* 32（2002）: 489–524.

（她）们是可以吸引并掌控媒体的聚光灯的[1]。

　　这些可见的科学家改变了研究人员获得科学关注和公众关注的传统方式。科学社会学的创始人罗伯特·莫顿（Robert K. Merton）认为，传统上个体科学家名誉的建立完全是在科学**内部**实现的。只有在他们发表的研究成果被同行验证之后，一个科学家才能赢得承认。他们的研究工作做得越好、越多，名声就增加得越快，他们在科学中的地位也就越高。终极荣誉就是诺贝尔奖，这是科学上卓越的公共象征，是赠予那些被认为产生了世界上最好科学的研究人员的一种公众奖励[2]。但是萨根和其他可见的科学家们的名声在某种程度上来源于科学**之外**。除了学术造诣之外，同样重要的是，作为名人，他们如何交流，如何变得迷人，他们的科学如何与公共议题联系起来，以及如何变得有趣。

一种新的名人文化

　　作为媒体名人，可见的科学家是已经出现的无所不在的名人文化的早期演员。如今，媒体专注于名人，借助于名人的渲染来展现复杂的事件和议题。文化史学家里奥·布劳迪（Leo Braudy）在有关名声历史的著作《声望的狂热》（*The Frenzy of Renown*）中写道，在我们的名人文化中"每一个观点和事件都附着人的面孔"，

---

[1]　Rae Goodell, *The Visible Scientists* (Boston: Little Brown, 1977).

[2]　Robert K. Merton, "The Matthew Effect in Science," *Science* 159 (1968): 56-63.

"复杂的现象被简化成具有象征性人物的特点"①。批评家和评论员们对这种文化的变迁发出了哀叹，把媒体对名人的痴迷看作是日常琐事的胜利、空洞的庄严以及低廉且愚笨的文化的证据。

但是，对名声还有一种更积极的看法，这种观点看到了名人在媒体高度饱和的公共生活中所拥有的巨大权力和重要性。对布劳迪来说，名声"位于熟悉与陌生的十字路口，个体心理、社会情境和历史传统在此交错"②。明星曾经被看作是无权力的精英：他们得到认可，但是不具有影响力③。那种观点已然是明日黄花了。现在名人们有了权力，因为他们可以淋漓尽致地呈现各种观点、议题和观念，让人们形成思维图像，并且理解抽象概念。作家大卫·福斯特·华莱士（David Foster Wallace）在谈论体育明星时写道："伟大的运动员在运动方面有着深奥的含义。他们让抽象的概念不仅有血有肉，而且适于电视播出，比如**力量**、**优雅**和**控制**。"④

此外，名人让社会运动拟人化了，并且在社会运动中充当着代表人物。具有经久不衰知名度和重要性的名人有表现他们那个时代深层次问题、张力和冲突的办法。名人能把他们特定时间和空间的文化和社会拟人化，他们帮助人们理解世界⑤。

---

① Leo Braudy, *The Frenzy of Renown: Fame and Its History*，2nd ed.（Oxford：Oxford University Press，1997），604.

② Braudy, *The Frenzy of Renown*，16.

③ Francesco Alberoni, "The Powerless 'Elite'：Theory and Sociological Research on the Phenomenon of the Stars," in *Sociology of Mass Communications*，ed. Denis McQuail，（London：Penguin，1972）.

④ David Foster Wallace, *Consider the Lobster and Other Essays*（London：Abacus，2005），143.

⑤ 有关声望作为一种强有力且普遍的文化现象，参见 Graeme Turner, *Understanding Celebrity*（Sage：London，2004），以及 P. David Marshall, *Celebrity and Power：Fame in Contemporary Culture*（Minneapolis：University of Minnesota Press，1997）.

　　不过，传播学者和大众文化学者从专业角度上对名人进行了界定。名人是三个相互联系的过程彼此作用而形成的一种现象。在第一个过程中，某人被媒体报道描绘成公共生活和个人生活合二为一的独特个体。[当萨根去世的时候，《澳大利亚人报》（*Australian*）说他幸运的是有着"引人注目的仪表"和"英俊的容貌"①。]

　　当这个人成为一种文化商品，被用来销售他（她）的作品，同时也可能成为推广其他文化产品的一种方式时，第二个过程就出现了。（《纽约时报》认为，《宇宙》不遗余力地聚焦于它富有人格魅力的主持人，以至于该节目的副标题可以是：《出售卡尔·萨根》②。）

　　第三个过程最复杂，但也可以说是最核心的。这个过程涉及一个人代表和体现观点、观念和进程的方式。萨根把科学家的很多想法都具体化了，这个追求真理的英雄人物力图用理性来推翻愚昧无知和迷信，用他自己的话说就是表明科学是魔鬼出没的世界里的一支蜡烛③。（当他去世的时候，《亚特兰大宪法报》（*Atlanta Journal and Constitution*）写道："对于普通人来说，他就是科学的头面人物。"④）在描述最后一个过程方面，学者兼《纽约客》（*New Yorker*）作家路易斯·梅南（Louis Menand）写道，当名人的人格与历史之间的融合与"世界恰好存在的方式和明星出现的方式具有完美一致性"时，名人的明星地位就会达到一定高度⑤。

　　公众人物成为名人的这个过程——媒体关注如何聚焦于其私人生活，他们如何成为商品，他们如何代表更广泛的文化议题——已

① "Science Guru Captured Popular Imagination," *Australian*, December 30, 1996, 10.

② 引自 Davidson, *Carl Sagan*, 330.

③ 有关定义声望的三部分取自 Turner, *Understanding Celebrity*.

④ Bill Hendrick, "Pop Scientist," *Atlanta Journal and Constitution*, December 21, 1996, 01F.

⑤ Louis Menand, "The Iron Law of Stardom," *New Yorker*, March 7, 1997, 36–39.

经被贴上了一个实用但有些累赘的新标签：名人化[1]。

对科学的新观点

"漫长的 60 年代"也把科学的滥用带到了公众的聚光灯下。蕾切尔·卡逊（Rachel Carson）的《寂静的春天》（*Silent Spring*）首次出版于 1962 年，该书生动地展现了科学可以损害社会和公共生活。作为一个在后来成为美国鱼类及野生动物管理局的机构工作的动物学家，卡逊认为每年不加限制地释放到野外的 500 种强效化学品（很多都是杀虫剂）污染了土地，损害了脆弱的生态系统，并且导致了物种灭绝[2]。《寂静的春天》激发了新兴的环保运动，这促使约翰·肯尼迪（John F. Kennedy）总统下令进行相关调查。该书还让很多科学记者变得更加咄咄逼人，并且一改以往只讲述科学成就和优点的立场，一个记者说这种立场让他们成为"科学宣传员"。《寂静的春天》还产生了另外一种效果。在该书出版之前，当专家们在某个科学问题上存在分歧的时候，他们通常只在封闭的学术会议中或者学术期刊上进行内部讨论；而自《寂静的春天》出版后，这些辩论开始出现在了新闻的页面上，或者众目睽睽之下的现场辩论直播中[3]。

---

[1] Jessica Evans and David Hesmondhalgh, *Understanding Media: Inside Celebrity*（Maidenhead, UK: Open University Press, 2005）.

[2] Rachel Carson, *Silent Spring*, 7th ed.（London: Penguin, 2000）.

[3] Keay Davidson, "Why Science Writers Should Forget Carl Sagan and Read Thomas Kuhn: On the Troubled Conscience of a Journalist," 载于 *The Historiography of Contemporary Science, Technology, and Medicine*, ed. Ronald E. Doel and Thomas Söderqvist（London: Routledge, 2006）.

在"漫长的 60 年代"的美国，尤其展现了对科学的态度分歧。在 1957 年苏联把人造卫星（Sputnik 1）送入轨道之后，纵然寻求对太空的控制成为一种国家性的政治痴迷，但是与一些现代神话（myths）相反的是，公共舆论调查显示，这个事件并没有刺激公众对理解科学的高涨热情。阿波罗登月任务显示了科学和技术令人敬畏的能力；然而在地球上，反传统文化运动认为科学是被工业用来从事罪恶勾当的东西，包括核武器和越战中使用的凝固汽油弹。

在同一时期，历史学家、社会学家和人类学家窥探着科学隐藏的内部运作机制。他们的发现粉碎了"传奇"（The Legend）①，这是一种现代神话，即认为科学是一个有序的过程，在这个过程中新洞见如砖块般建立于已有知识构建的围墙之上，以逐步建立一个更高的真理之塔。根据"传奇"，科学家是"一场艰苦卓绝的斗争"的一部分，这场战争针对的是"迷信和无知的惯性、骗子和伪君子、欺骗者和自欺欺人者以及所有黑暗的势力和荒谬的势力，这场战争不会终结"②。

但是历史学家和社会学家对这个神话进行了抨击。与《寂静的春天》同年出版的是物理学家兼历史学家托马斯·库恩（Thomas Kuhn）的《科学革命的结构》（*The Structure of Scientific Revolutions*），库恩认为科学并不是逐步发展或者累积的。相反，科学通过革命的方式获

---

① "传奇"在文本中指的是约翰·齐曼（John Ziman）提出的观点。他把"传奇"作为描述那些与现实相比更接近神话的科学的历史的一种简化方式。这不是真实的历史，但更接近民间传统或者寓言。

② John Ziman, *Real Science: What It Is, and What It Means*（Cambridge: Cambridge University Press, 2000）；George Sarton, 1956，收录于 Denis R. Alexander and Ronald L. Numbers（eds.）, *Biology and Ideology from Descartes to Dawkins*（Chicago: University of Chicago Press, 2010）, 1.

得进步，在这些革命中，原有的观念——范式——在所谓的范式转移过程中被一套科学应如何开展的新认识所替代①。还有其他研究人员像人类学家对土著居民生活进行记录那样，冒险进入实验室中记录科学家们如何开展日常工作。这个研究表明科学家们讲究方法论，具有专业水准和社会意识；但同时也表明他们是野心勃勃且贪婪的，并痴迷于追求地位。他们嫉妒自己的竞争对手，试图获得同行的认可。简而言之，科学家和所有其他人并无二致。

在"漫长的 60 年代"里，科学事业发生了根本性的改变。科学研究越来越私有化、企业化，并越来越以营利为目的。研究人员不仅在大学里，而且在科研机构以及工业实验室——如今国家内部和国家之间都通过这些组织进行协作——里生产知识。科学越来越碎片化，分裂成越来越多的领域和分支（子域），把科学专家变成了制造大量知识的极端专业研究人员。2012 年大概有 180 万篇学术文章发表在约 2.81 万本同行评议的期刊上。公共宣传也很重要，因为它给科学带来了有利于科学的关注，并向社会展示了相关成就。个体科学家认识到他们必须向那些通常为他们的工作买单的赞助者、记者以及公众销售他们的科学。

在 20 世纪 70 年代，这种新科学的一个典型例证就是诺贝尔奖得主、遗传学家詹姆斯·沃森（James Watson）。他在 1968 年的自传体著作《双螺旋》（*The Double Helix*）中，阐释了自己如何协助确定 DNA 的结构。沃森把自己描绘成一个个人主义者，他渴望功成名就和风花雪月的生活。沃森是新型的科学家，该自传的一个评

---

① Thomas Kuhn, *The Structure of Scientific Revolutions*, 3rd ed. (London: University of Chicago Press, 1996).

论家在《科学》（*Science*）中哀叹道，沃森"完完全全受传播媒体的庸俗劲儿所影响，并且也助长了这种风气"[①]。

科学的信任危机

随着 20 世纪的结束，科学共同体感觉被围攻了。

科学可以决定真理的全部想法被一些作家所嘲笑，这些人成为这个时代所界定的知识趋势——后现代主义——的一部分。在这个范围广泛的术语所描述的世界里，现实的本质取决于个人的阐释，被视为知识的东西是不断变化的，对世界达成一致理解的传统方式——哲学理念、宗教理念和科学真理——不再被看作是正当的。没有一种真理可以放之四海而皆准[②]。

卡尔·萨根在他 1995 年的著作《魔鬼出没的世界》（*The Demon-Haunted World*）中指出，科学面临着来自大量非理性力量的威胁，包括迷信、伪科学和广告。同年，科学史学家杰拉尔德·霍尔顿（Gerald Holton）在一本副标题为《20 世纪末对科学的反叛》（*The Rebellion against Science at the End of the Twentieth Century*）的书中提出，这个时代的政客、学者和作家都反对以往的观点，他们不再认为科学可以产生不断完善且客观的知识，不再

[①] Chargaff 1968 年引自 Agar, "What Happened in the Sixties?" 590. 有关科学及其公共表征的当前趋势，参见 Massimiano Bucchi, "Norms, Competition and Visibility in Contemporary Science: The Legacy of Robert K. Merton," *Journal of Classical Sociology* (2014), DOI: 10. 1177/1468795X14558766.

[②] Jean-François Lyotard, *The Postmodern Condition: A Report on Knowledge*, translated by G. Bennington and B. Massumi (Minneapolis: University of Minnesota Press, 1984).

认为科学以理性思维为基础且可以完善社会。对于霍尔顿来说，这不亚于对西方文明基础的全面攻击。科学的合法性和权威性，以及理性、合理性和真理的历史信念岌岌可危①。

但是这些有点危言耸听的说法对损害公众对科学信任的重要争议有些轻描淡写。英国爆发的沙门氏菌挫伤了公众对食品产业的信任。疯牛病暴发后，科学家和政客们一开始告诉公众说这种疫情不会传染给人类，导致了后来的信任危机，进而扩大到了对转基因食品的强烈抗议。在美国，1979年三里岛核电站的堆芯几乎熔毁，这凸显了核能的危险。神创论的复兴出现在20世纪80年代，并且在90年代演变成了智能设计。在乔治·W.布什（即小布什）的两届任期内，自由主义者认为布什政府对科学发动了明显的战争，特别是在气候变化科学和干细胞研究方面。当时发表的而现在被证实不可信的一篇科学论文认为MMR（麻疹、腮腺炎和风疹）疫苗和孤独症之间存在着关联，一度引发了公众的恐慌，而作为对这种恐慌的反应，疫苗注射率出现了下降。

西方国家的公众仍然对科学感到困惑或者持怀疑态度不足为奇。2007年的官方调查数据显示：只有四分之一的美国人掌握了可以阅读《纽约时报》科学版内容的基本概念；五分之四的成年人知道地球的中心非常热；只有63%的成年人知道地球每年绕太阳公转一周；大多数美国成人不相信人类和黑猩猩或者老鼠共享大部分基因；只有30%的成人理解或者接受大爆炸理论；只有40%的成人接受进化论，这一比例在过去20年里已经在逐渐下降；一半成人

---

① Gerald Holton, *Einstein, History, and Other Passions: The Rebellion against Science at the End of the Twentieth Century* (New York: Basic Books, 1996).

认为人类和恐龙生活在同一个时代①。

20 世纪末的公民对科学有着不同的态度。他们或乐观，或悲观，或矛盾，或漠不关心②。他们对那些发展快于公众认知和公众认可的领域感到不安，比如生物技术；某些领域的知识并不像地球绕着太阳公转或者地球中心非常炽热一样确定，他们对这些领域也感到不安。

决策者也有些惶恐，他们将 20 世纪末看作是界定科学在社会中地位的关键时期。来自英国国会上议院的一份报告描述了信心危机以及对科学的信任危机。它在 2000 年的一份报告中写道"公众的不安、猜疑以及偶尔爆发的敌意致使科学家之间产生了一种深深焦虑的氛围"③。科学家们担心，如果没有公众对科学的理解，那么公民就无法参与民主生活。不理解就意味着没有对科学家的公众支持，不理解就意味着科学政策没有合法性。作为回应，科学精英们认识到他们在公共领域中必须更加积极主动。捕捉到这一想法后，两个科学传播学者在 1998 年的经典文献《科学与公众》(*Science in Public*) 中写道："在过去的大约十年里，上天向科学家们传递了一种新的戒律：必须传播 (thou shalt communicate)。"④

① Jon D. Miller, "Civic Scientific Literacy: The Role of the Media in the Electronic Era," in *Science and the Media*, eds. Donald Kennedy and Geneva Overholser (Cambridge, MA: American Academy of Arts and Sciences, 2010).

② Matthew Nisbet and Ezra M. Markowitz, "Understanding Public Opinion in Debates over Biomedical Research: Looking Beyond Political Partisanship to Focus on Beliefs about Science and Society," *PLOS ONE*, 9, no. 2 (2014); Dietram A. Scheufele, "Communicating Science in Social Settings," *Proceedings of the National Academy of Sciences* 110 Supplement 3 (2013): 14040 – 14047.

③ House of Lords Select Committee on Science and Technology, *Science and Society*, 3rd Report (London: HMSO, 2000).

④ Jane Gregory and Steve Miller, *Science in Public: Communication, Culture, and Credibility* (New York: Plenum, 1998), 1.

　　科学共同体正确地意识到媒体可能是提升公众科学素养的关键，但他们在理解科学传播如何发挥作用时通常过于简单。他们的论点是：科学家得出正确的科学，记者和其他媒体专业人员以简单而精确的方式传播科学，那么公众就不仅可以理解科学，而且可以欣赏科学。根据这种观点，科学精英在传统上对"科学素养"，或者说"公众理解科学"的理解是：公民知道比他们本该在学校学到的更多的科学事实。其终极目标是尊重科学权威，支持科研经费的投入，并且能像科学家们一样看待世界及其问题。

　　这种过于简单的观点没能抓住科学素养更广泛的维度。科学素养不仅仅是像在学校一样熟记科学事实，而是把理解科学作为一种理解世界的方法，一种知识的集合体，一种技术渠道，一种创造思维方法的工具，以及一种挑战已有理念的途径。学者约翰·杜兰特（John Durant）的论证很有说服力，他认为科学素养由三个互相关联的层次组成。第一个也是最基本的层次是**知道很多科学知识**（*knowing a lot of science*）：理解基本的科学事实、概念和理论。第二个较高层次的科学素养意味着**知道科学如何运作**（*knowing how science works*）：知道科学探索的过程，比如科学家使用的不同方法，科学证据的重要性以及同行评议的运作。第三个也是最高层次的科学素养是指**知道科学真正是如何运作的**（*knowing how science really works*）：理解科学是如何被与其他劳动者一样受制于同样驱动力和压力的个体科学家所开展的[1]。

---

[1]　John Durant, "What Is Scientific Literacy?" *European Review* 2, no. 1 (1994): 83 - 89, 87. 有关科学素养全球趋势的概况，参见 Martin W. Bauer, Rajesh K. Shukla, and Nick Allum eds., *The Culture of Science: How the Public Relates to Science across the Globe* (New York: Routledge, 2012).

和科学素养相关的另外一个往往被误解的术语就是"科学普及"。比如，有关大众科学图书的简单看法仅把它们看作是向非科学公民翻译专业科学的一种媒介。当然，大众科学图书确实解释了一些复杂的理念，但是它们还促进了科学的进步。比如，《混沌学传奇》（*Chaos: Making a New Science*）出版于 1987年，这本书帮助了各领域的科学家们理解新兴的混沌理论，该理论用高等数学和物理学来解释复杂的系统；《接触》或者《双螺旋》这些图书会吸引学生们选择学习科学；而诸如《寂静的春天》这样的图书则充当起了一个公共论坛，传播和讨论与科学相关的议题[①]。

科学共同体还借助其他方式精明地展开科学宣传。科学家们充当好莱坞电影的顾问，向娱乐产业提供可以让银幕上的故事更精彩的科学知识；就职于科学机构的公共关系专业人员认真地加工着信息，以便他们的科研工作在公众场合看上去还不错；类似于《自然》（*Nature*）这样的期刊不仅寻求发表重要的科研成果，而且试图让那些研究被其他媒体讨论。结果，科学被拽进了媒体饱和的公共领域[②]。

① Bruce V. Lewenstein, "How Science Books Drive Public Discussion," in *Communicating the Future: Best Practices for Communication of Science and Technology to the Public*, ed. Gail Porter (Gaithersburg, MD: National Institute of Standards and Technology, 2002). Danette Paul, "Spreading Chaos: The Role of Popularizations in the Diffusion of Scientific Ideas," *Written Communication* 21, no. 1 (2004).
② 有关科学与媒体之间关系变得越来越亲近的方式的讨论，参见 Simone Rödder, Martina Franzen and Peter Weingart eds., *The Sciences' Media Connection: Public Communication and Its Repercussions* (New York: Springer, 2012); and David A. Kirby, *Lab Coats in Hollywood: Science, Scientists, and Cinema* (Cambridge, MA: MIT Press, 2011).

新的明星科学家

那些让科学对公众来说变得重要的科学家是公共知识分子（public intellectuals），他们为其专业领域之外的受众写作，他们在公共论坛中发声。一个科学家要成为公共知识分子，通常需要经过四个步骤：首先，他（她）在其专业领域内成为专家；其次，该科学家获取了可以与其专业领域之外的普通受众进行交流的媒体渠道；再次，他（她）就广大受众参与进来的某些话题或者主题发表自己的观点或看法，或者清晰地阐述广大公众关切的内容；最后，作为准公共知识分子的科学家能以具有趣味性和影响力的方式发表这些观点或者看法，而且不怯于在媒体面前这样做，并以此建立自己的声誉……这样，一个公共知识分子就诞生了[1]。公共知识分子不仅在其他有资历的专家云集的**专业文化**内发挥作用，他们还在由来自其他领域的专家、记者、作家、评论者和公民组成的更广泛的**公众文化**内发挥作用[2]。

和其他公共知识分子一样，科学公共知识分子也扮演着强大的文化角色。杰出的文化评论家爱德华·萨义德（Edward Said）在《知识分子论》（*Representations of the Intellectual*）中写道，"知识分子是一个被赋予了一种向公众以及为公众代表、象征和表达信

---

[1]   Stefan Collini, *Absent Minds: Intellectuals in Britain* (Oxford: Oxford University Press, 2006), 52.

[2]   历史学家 Thomas Bender 在他的 *Intellect and Public Life: Essays on the Social History of Academic Intellectuals in the United States* (Baltimore: Johns Hopkins University Press, 1993)中对专业文化和大众文化这两个术语进行了细致的阐述。

息、观点、态度、哲理或者主张的才能的个体"①。知识分子还以"某种事业、运动或者立场名义上的领袖或发言人或标志"的形式存在②。知识分子在公共舞台上证明自己，向社会阐明某种事业或者观点，并且"明显地代表某种立场"③。

20 世纪末，科学公共知识分子成了文化景观中的标配。有一本著作认为科学公共知识分子克服了由科学家转变为作家的 C. P. 斯诺（C. P. Snow）所确立的科学和人文之间的二元对立立场——两种文化——反而认为科学知识分子形成了新的第三种文化。但是考虑到科学对现代生活无与伦比的影响力，比如发电站、工业食品、青霉素和止痛片，对于科学在社会中的位置，英国记者、作家布莱恩·阿普尔亚德（Bryan Appleyard）做出了更精彩的描述，他写道："我认为有一种被科学所主导、并且由对科学的不同态度所界定的文化。"④

在这样的氛围中，一小部分科学家主导了对科学的公众讨论，他们出版畅销书，以深奥主题的图书（比如量子物理学）获得六位数的收入，他们制作科学纪录片，做客深夜脱口秀，在休闲杂志上露面，接受明星摄影师的拍摄，并且游说国会。英国《独立报》（*Independent*）对这一新的趋势进行了概括，称 20 世纪之交见证了科学被"媒体超级明星"主导的时代。《时尚》（*Vogue*）杂志在 1997 年写道，严肃的科学已经变得魅力十足。《当代生物学》（*Current*

① Edward W. Said, *Representations of the Intellectual*（New York: Pantheon Books, 1994），11.

② Said, *Representations*，12.

③ Said, *Representations*，12.

④ Bryan Appleyard, "Two Cultures: A Science Fiction," *Independent*, September 27, 1995.

Biology)认为科学家们被描绘得"很时髦，甚至很性感"①。科学家变成了公共知识分子，并且在这个过程中也变成了名人。

在接下来的几章中，我按照时间顺序记述了八位——在耀眼的现代媒体中——演变成重要科学明星的科学家的公共生活和奋斗历程；然后我把他们的个人故事结合起来以讲述一个更大的故事：新名人科学家销售观点、塑造公众理解科学、促进社会运动、影响政策以及改变科学研究进程的力量。

我在本书中对引人注目之科学人物的公共生活的分析还表明，有时候科学观念在文化中传播的方式很奇怪，包括特定的科学观念如何与公众产生深切的共鸣，以及随着时间的推移，具体的人物如何与公民密切地关联起来，以满足深层次却时而隐晦的文化需求。《石板》（*Slate*）杂志的科学作家对两个物理学家的公众形象进行深思后提出了一个有趣的问题："布赖恩·格林（Brian Greene）是名人，而弗里曼·戴森（Freeman Dyson）不是，这样的科学和大众文化之间的对话说明了什么？"② 通过展示一个科学家如何以及为何成为名人的复杂动力机制，我对这个问题做出了回答。

我在本书中扼要地介绍了八位科学名人，他们分别是：

● 史蒂芬·霍金（Stephen Hawking）。在成功地出版了《时间简史》（*A Brief History of Time*）后，这位宇宙学家成了全球最知名的当代科学名人。该书首次出版于 1988 年，它把宇宙学带给了全球数百万读者，但是霍金随后在其公众生涯中的特色是一连串私生活的揭露、最叫座的科普图书的再

① Bernard Dixon，"Sexy Science," *Current Biology* 7（1997）：396.

② Amanda Schaffer，"Science as Metaphor," *Slate*，July 6, 2004.

版，以及有关他学术声誉的尖酸刻薄的公众评价。

● 理查德·道金斯（Richard Dawkins）。他被称为"公共科学先生"（Mr. Public Science himself）、"进化教授"以及"科学教授"。在几十年的公众职业生涯中，进化论者兼作家的道金斯以强硬的进化论倡导者、好斗的科学卫道士以及不屈不挠的宗教批判者的形象而获得了名声。

● 史蒂文·平克（Steven Pinker）。他曾经被说成是"留着一头长卷发，身穿牛仔靴的著名摇滚科学家"。这位哈佛大学认知科学家阐释了语言的生物学根源，并且认为生物学不仅在人类行为的定型方面发挥了重要作用，而且在人类社会和文化的定型中也发挥了重要作用，这引起了很大的争议。

● 史蒂芬·杰伊·古尔德（Stephen Jay Gould）。这位已故的古生物学家曾经被某批评家认为是"博学的哈佛教授，爱棒球的普通人"，他力挺进化论，反对神创论，并试图调和科学和宗教的矛盾，让数百万人为之兴奋。

● 苏珊·格林菲尔德（Susan Greenfield）。这位牛津大学前药理学教授兼英国上议院议员展现了一个有争议的女科学家的形象——她被称为"穿迷你裙的媒体名人"，同时也展示了提出并讨论以科学为基础的不确定的社会问题的能力，比如她声称的屏幕技术对儿童的危害。

● 詹姆斯·洛夫洛克（James Lovelock）。他被称为"环保运动的智慧大师"，这位独立的科学家在两个偏远的英国农舍工作了数十年，并且通过他有关地球生命体的具有争议的盖亚理论表明：一本科普图书不仅会影响科学，而且会触发整个信仰体系，并且强有力地代表着当前的环境危机。

- 布赖恩·格林（Brian Greene）。这位物理学家是弦理论的公众形象——弦理论这个新奇的物理学分支触发了 21 世纪之交科学和公众的想象力。他出席学术会议并发言，他在《生活大爆炸》（*The Big Bang Theory*）中出镜而又没有丧失其学术地位，在两者之间，格林实现了无缝对接。

- 尼尔·德格拉斯·泰森（Neil deGrasse Tyson）。这位纽约海顿天象馆的馆长成为卡尔·萨根的当代继承人，而且是美国有关科学和空间科学的非官方首席公众发言人，他塑造着公众的科学态度、国家的科学政策以及自己领域的未来。

我特意选择这八位科学家作为研究案例。我期望他（她）们将阐述并揭示科学名人的榜样，并清晰地展示名声对文化和社会的影响。我这里选择的所有科学家都有很多共同之处：每个人都做出了涉足公众事务的慎重决定；每个人都坚持定期在公共议程中露面，他们撰写科普图书，参与电视节目，并且成为大量记者稿件和频繁的学术分析的焦点。

然而，这些科学家在某些重要的方面又有不同之处。他（她）们在各学科领域和分支中是专家。他（她）们就职于各种不同的学术机构。比如，霍金是一所精英大学的宇宙学家，泰森领导着一个重要的公共天文馆，而洛夫洛克则是现代科学的局外人，因为他的绝大部分职业生涯都是一个独立的科学家。此外，本书中选择的八位科学家中有一位是女性，还有一位是非裔美国人，这反映了明星科学家中微小却十分重要的多元化。这八位科学家都身处英国或北美，我对这些区域最熟悉，所以可以让我更深入地钻研他们特定的文化背景。

诚然，除了这八位科学家之外，我也可以选择其他科学家，或者对这份名单加以扩展——比如物理学家理查德·费曼（Richard Feynman）或者灵长类动物学家珍妮·古道尔（Jane Goodall）。这几位拥有不同程度公众声望的科学家们会在本书接下来的故事中充当客串嘉宾，但是我认为他们的成名之路以及他们对公共事务的影响符合本书中呈现的相似路径，虽然在很多方面他们很独特。有一个例外：最近英国迅速崛起的明星科学家——物理学家布赖恩·考克斯（Brian Cox）——将在最后一章介绍，因为他在某些方面代表着明星科学家的一种新的迭代。

也有一些其他的研究考察了我在本书中选择的科学家的工作和生活，包括他们的传记和自传。我把他们的见解融入了我批判性的论述中，因为这些叙述也对明星的公众形象有所贡献，但还没有相关研究以我在本书中所采用的方式来考察他们的明星历程。现在，任何一个想就科学和科学家撰写图书的人都必须清楚地了解他们与科学的关系如何。史蒂芬·杰伊·古尔德在其 1996 年的著作《生命的壮阔》（*Full House*）中描述了他对科学的看法，这也最恰当地阐明了我的立场。他写道："自然是客观的，是可知的，但是我们只能通过黑暗的玻璃来观察她——并且遮蔽我们视野的乌云通常是我们自己造成的：社会和文化的偏见、心理上的偏好以及智力上的局限性（这存在于普遍的思维方式中，而不仅仅是个体化的愚蠢）。"[1] 在我看来，这种观点最恰当地说明了科学是如何真正运转的。

接下来的每一章都以时间为序描述了一位科学家。我把对他们

---

[1] Stephen Jay Gould, *Full House: The Spread of Excellence from Plato to Darwin* (New York: Three Rivers Press, 1996), 8. 这是一种批判现实主义的立场，对此更多的观点，参见 Roy Bhaskar, *A Realist Theory of Science* (London: Verso, 2008). Sarah Tinker Perrault 在 *Communicating Popular Science: From Deficit to Democracy* (New York: Palgrave Macmillan, 2013) 中称这种视角是怀疑的现实主义观点，并且科学作家们持有这样一种观点是好事。我对此很认同。

成名史的考察和解释作为诠释名人概念和公共知识分子的工具，通过考察他们的图书、广播、新闻和其他公共事务活动，比如演讲和谈话，来追踪他们作为公共知识分子的轨迹。我把他们的工作置于更广阔的历史洪流和对应的历史情境之中。我通过分析四种核心类型的媒体如何刻画他（她）们的公众形象来分析他（她）们的成名历程：在他（她）们的书籍类作品及广播中他（她）们是如何被刻画的，在宣传材料中——比如采访和简介——他（她）们是如何被刻画的，在推广材料中——比如新书推荐语和新闻通稿——他（她）们是如何被展示的，以及在评论和学术著作中，他（她）们是如何被描述的。在其中的几章，我采访了科学家本人以及帮助他们建构起公众形象的人。本书旨在对当代科学一些标志性人物提供一个丰富、详细且可读性强的素材①。与为设立科学名人堂而对过去 200 年的科学家进行考察的新方法不同，我把焦点放在了仔细分析过去几十年里著名的媒体科学家上②。

本书章节的安排顺序反映了科学家们在其职业生涯中运用和管理其名声的不同方式。道金斯利用自己的名声让他远离了实验室，并且成为无神论者这项新社会运动的领袖。平克和古尔德管理着既

----

① 通过对电影研究学者理查德·戴尔（Richard Dyer）颇有影响的著作的参考，我选择了这四种类型的媒体。在他的图书《明星》（Stars）中，他认为四类著作和视觉形象的融合随着时间的推移制造出了电影明星的公共形象。第一个是电影，它表现了演员最重要的形象。第二个是广告宣传，公共关系人员制造了演员的公共形象。第三个是媒体宣传，包括媒体专访，采访和新闻报道。最后一个是批评和评论，包括评论、传记、随笔、书籍中扩展的个人档案，以及虚构的画像。对于本书而言，我采用了戴尔的框架，把电影的类别用科学家们独创性的著作替代了。更多的信息，参见：Richard Dyer, Stars (London: BFI Publishing, 1998). 我曾请求对本书中记述的在世的科学家进行采访，后来我采访了史蒂文·平克和苏珊·格林菲尔德，其他科学家或拒绝了采访或没有回复。

② 有关 "The Science Hall of Fame" 的更多细节，参见 http://fame.gonzolabs.org/home.

是著名的公共知识分子又是多产的大学科研人员的艰巨任务。格林菲尔德欣然接受了她的名声及名声对科学声誉有利的优势。在主流科学对其大门紧闭之后，洛夫洛克不情愿地接受了自己的明星地位。格林把自己的名声看作是在科学领域和娱乐界左右逢源的通行证，而泰森则表明了一个在科学研究中没有重要成果的公众科学家影响公众理解科学、科学辩论和公共政策的能力。

但是我首先将焦点放到一个 20 世纪 60 年代的科学家身上，他研究了黑洞这门让人激动的新兴科学。这位科学家的作品取代了《宇宙》成为迄今为止最畅销的图书，这个科学家向我们生动地展示了科学声誉的特点，他就是史蒂芬·霍金。

第 2 章　史蒂芬·霍金自相矛盾的名声

2012 年 1 月 4 日，霍金 70 岁生日的前四天，《新科学家》（*New Scientist*）发表了一篇霍金的独家专访，题目是《全世界最伟大的物理学家之一》（*One of the World's Greatest Physicists*）。当被问到在他一生之中物理学的哪一项发现让他最兴奋时，霍金说是大爆炸理论的证实；当让他指出自己最大的科学失误是什么时，他认为是黑洞会毁灭它们所吸入的所有信息的错误观点；当被问到他每天想得最多的是什么时，他说："女人，她们对我来说完全是一个谜。"

全世界的新闻媒体——包括哥伦比亚广播公司新闻、《卫报》（*The Guardian*）、《每日电讯报》（*The Telegraph*）、《赫芬顿邮报》（*The Huffington Post*）和《印度教徒报》（*The Hindu*）——在对霍金生日的报道中都引用了这段问答。霍金的俏皮话足足引发了媒体一周的报道，其中的高潮出现在剑桥大学组织的一场专题研讨会上，这是为了庆祝这所学府最著名学者的一生和成果而专门举办的。当初没人想到霍金能活到这一天，所以这是一个历史性的时刻。

当霍金还是一个 21 岁的大学生时，被首次诊断出罹患肌萎缩侧索硬化（ALS），即卢伽雷氏（Lou Gehrig）病。这是一种损坏控制身体肌肉的运动神经疾病，会导致全身肌肉逐渐萎缩，医生们预计他活不了太长时间。

　　然而他一直活到了 70 岁。100 多位著名的物理学家，还有名模和著名演员，出席了这场独家活动。毕业于剑桥大学的名模莉莉·科尔（Lily Cole）和企业家理查德·布兰森（Richard Branson）对媒体说，霍金应该"获得很多次诺贝尔奖"，并且"是一个在其一生中发现了很多东西的人物"。

　　因为疾病的缘故，霍金本人并没有出席这场活动，但是一篇提前备好的演说通过法新社（Agence France-Presse）及路透社（Reuters）的记者向礼堂现场以及全球的听众播放。这篇演说的题目是《我的简史》（*A Brief History of Mine*），与他之前发表过的某些公共演说同名。即使他没有出席，他的生日宴会也称得上是精心策划的媒体奇观，充分展示了他如何彻头彻尾地沉浸在名人文化之中①。

　　霍金——"我们时代最著名的科学家""一个名人，大众文化的一部分""理论物理学中的米克·贾格尔"（Mick Jagger）——毫无疑问是现代最著名的科学家。他达到了世人公认的至高无上的地位，生动地表明了科学名人的特征、动机、可能性以及隐藏的风险。他的名声崛起始于剑桥，那时，20 世纪 60 年代的科学家正带着好奇心再度开始凝视宇宙②。

相对论复兴的后起之秀

　　在 20 世纪 60 年代以前，大多数物理学家把宇宙学看作是一个

---

① Alok Jha, "Hawking at 70," *Guardian*, January 9, 2012, 3.

② 参见 Jenny Turner, "Scientific Sex Appeal," *Vogue*, April 1997, 42; Elizabeth Leane, *Reading Popular Physics: Disciplinary Skirmishes and Textual Strategies* (Aldershot, UK: Ashgate, 2007), 132; Arthur Lubow, "Heart and Mind," *Vanity Fair*, June 1992, 74.

外围的科学领域——如果它真的被看作是科学的话。对宇宙的科学研究充其量处于科学和哲学的中间点。它有形而上的维度，且其理论不能通过观测进行验证。但是它有丰富的科学传统，它的基本概念建立在爱因斯坦的相对论基础之上：他描述了星系运动的引力理论。然而，很少研究人员致力于进一步完善这个一般化的理论，因为其中涉及的数学太难，并且其观点不能在实验中证实。也就是说，很难找到强有力的证据来支持新的概念[①]。

　　结果，在50年代末，宇宙学的证据非常不确定，以至于物理学家难以判定有关宇宙形成的两种对立理论。一种理论提出了宇宙的进化观点：100亿年前，宇宙爆炸产生了生命，并且在所谓大爆炸的创造性时刻之后开始了扩张。与其对立的解释——恒态论——提出了宇宙是静态的，无始无终，物质被持续地创造出来。同时，不同的观测也各自偏好其中一个理论。没有足够有说服力的证据让这场辩论平息下来。

　　但是在60年代，新的观测方法和工具把宇宙变成了一个实验室。观测发现宇宙充满了宇宙背景辐射，即大爆炸理论预测的宇宙剧烈爆炸开端的物理余存。这些新的证据表明恒态论是错误的。这些观测还发现一些现象只能用爱因斯坦的广义相对论进行解释，比如类星体、比整个星系还亮的星状物体。这一理论具有新的实用性，因为它能够解释宇宙的基本特征。伴随着这些进展，宇宙学迎来了新时代。从1962—1972年，这个领域发表的科学论文数量从50篇激增到250篇。当霍金于1966年从剑桥大学获得博士学位时，

[①]　有关宇宙学的历史，参见 Helge Kragh, *Quantum Generations: A History of Physics in the Twentieth Century* (Princeton, NJ: Princeton University Press, 2002).

他正处于这次宇宙学复兴时代的风口浪尖。

霍金潜心钻研一个根本性的问题：在宇宙的起源发生了什么？为了解决这个问题，他把精力集中于一个有趣且神秘的宇宙现象——黑洞。它是一颗死星浓缩的残余，磁场十分强大，哪怕是光线都无法从中逃逸。黑洞的中心是宇宙的尽头，物理学家们称之为奇点，那是物理学定律无法预测的一个人迹罕至的领域。

但是宇宙学家面临着更大的问题。他们研究的是广义相对论，它描述了宇宙的大尺度结构，但是它无法解释在奇点中发生了什么。为此，它需要与描述宇宙微观运作机制的量子理论融合，需要的是一个统一的解释，需要的是一个统一的量子重力理论，需要的是一个万物理论①。在 70 年代，霍金曾研究过这种融合。在这个过程中，他对宇宙学做出了青史留名的贡献。1974 年，他在《自然》上发表了一篇意义重大的论文，该论文表明黑洞并不是吸收所有的东西——它们释放出一种热量，这最终被命名为"霍金辐射"。由于这个重大发现，霍金被吸纳为皇家学会会员，这是英国最著名的科学协会。当时 32 岁的霍金已经牢牢确立了自己的学术地位。

同时，黑洞在 70 年代的文化中引起了共鸣。对于《时代周刊》而言，黑洞是天体物理学和形而上学的十字路口，在这个十字路口"科学最终与宗教进行了融合"，同时成了文化景观的一部分，充满了"通灵学、神秘学、不明飞行物、会思考的植物……以及其他伪科学噱头的时尚狂热"②。在 70 年代和 80 年代期间出版的一系列大众宇宙学图书中，大众科学作家们把这些科学的、精神的和宗教的

---

① William H. Cropper, *Great Physicists: The Life and Times of Leading Physicists from Galileo to Hawking* (New York: Oxford University Press, 2001), 456.

② "Science: Those Baffling Black Holes," *Time*, September 4, 1978.

主题混杂在一起，比如《欧米茄点》（*The Omega Point*）、《上帝与新物理学》（*God and the New Physics*）、《物理之舞》（*The Dancing Wu Li Master*）以及《物理学之道》（*The Tao of Physics*）。

作为研究黑洞的专家，霍金的第一次露面是作为一个专业科学媒体的消息人士[①]。《科学新闻》（*Science News*）在 1973 年称霍金是"该领域最重要的专家之一"。显然，该报道并没有提及他的外貌[②]。霍金是 1975 年英国广播公司纪录片《宇宙的钥匙》（*The Key to the Universe*）采访的几个宇宙学家之一。他于 1977 年为《科学美国人》（*Scientific American*）撰写的文章不仅普及了"霍金辐射"[③]，而且把他对黑洞的研究定位为寻找万物理论的一部分[④]。不久，更多的主流媒体就不仅仅把霍金看作是一个专家渠道了。

塑造象征性物理学家的形象：脱离肉体的大脑

杂志对霍金的魅力变得无法抗拒。《新科学家》、《时代周刊》、《奥秘》（*Omni*）、《科学 81》（*Science 81*）、《读者文摘》（*Reader's Digest*）、《纽约时报》以及《名利场》（*Vanity Fair*）在 1978—1984 年分别对霍金进行了深入的报道。这些描述对于霍金公众形象的建立非常关键，因为和其他媒体不一样，杂志能捕捉并反映社会趋

[①]　有关这个过程，参见 Massimiano Bucchi, *Science and the Media: Alternative Routes to Scientific Communications*（New York: Routledge, 2012）.

[②]　"Did a Black Hole Collide with the Earth in 1908," *Science News*, September 22, 1973, 180.

[③]　Stephen W. Hawking, "The Quantum Mechanics of Black Holes," *Scientific American*, January 1977, 34 - 40.

[④]　Hawking, "The Quantum Mechanics of Black Holes," 34.

势。霍金是奇怪的、超世俗的新兴物理学的完美象征。他们的报道固化了霍金的独特形象，残缺的身体中有一个发达的大脑，他成了新宇宙学的象征性物理学家①。

作家们把霍金刻画成了一个与身体分离的人——拥有一个脱离肉体的大脑。在一篇题为《无拘无束的心灵》（*The Unfettered Mind*）的文章中，《科学 81》告诉它的 5 万读者说："70 年代初之前，霍金被禁锢在了一张轮椅上，但是他的思想却在翱翔。"②《新科学家》写道"许多有关黑洞的最杰出的研究工作是在这个优秀的剑桥物理学家的大脑中完成的……这些工作**必须**在他的大脑中完成，因为霍金身患一种疾病，这种疾病使他被困于轮椅上并且让他无法书写"③。久而久之，根据《纽约时报》的报道，霍金逐渐成为一个"拥有超强大脑的生命"④。《名利场》在以歌手乔治男孩（Boy George）、作家戈尔·维达尔（Gore Vidal）和安伯托·艾柯（Umberto Eco）为封面文章的这一期中这样介绍霍金：他脱离了自己的身体，"他不能写，甚至口齿不清，但他超越了相对论、量子力学、大爆炸等理论而迈入创造宇宙的'几何之舞'中"⑤。

相关的报道还发现了霍金的对宇宙学神秘维度进行可视化的完美方式。科学兼科幻杂志《奥秘》称他为"时间与空间的奇才"，并且告诉它的 75 万读者说，霍金的黑洞研究"如此怪异且仍然如

---

① David Abrahamson, "Magazine Exceptionalism: The Concept, the Criteria, the Challenge," *Journalism Studies* 8, no. 4 (2007): 667 - 670.

② John Boslough, "The Unfettered Mind," *Science* 81, no. 2 (1981): 71.

③ Ian Ridpath, "Black Hole Explorer," *New Scientist*, May 4, 1978, 307.

④ Michael Harwood, "The Universe and Dr. Hawking," *New York Times Magazine*, January 23, 1983, 16 - 64.

⑤ Timothy Ferris, "Mind over Matter," *Vanity Fair*, June 1984, 56.

此神秘，让世界为之震撼，以至于他宣布的一个新发现听起来都像是一个禅宗心印：'何时黑洞不是黑色的？/它爆炸的时候。'"[1]

　　然而，即使作家们将霍金描述为拥有一个脱离肉体的大脑，他们还是考察了他的家庭生活。据《新科学家》观察，霍金与其十岁的儿子——罗伯特（Robert）——之间的关系"相当密切……他们两人会在罗伯特可编程的便携式计算器上花好几个小时来解决问题"[2]。《时代周刊》形容他是一个"挚爱的"父亲，并且注意到与他"结婚13年的"妻子"经常陪同他出席科学会议"[3]。《科学81》刊登了一张霍金与他两个儿子——蒂姆和罗伯特——的照片，他们在玩"一个黑洞的模型"[4]。《奥秘》描述了霍金如何依靠他妻子的帮助来用餐、穿衣、写作、梳头以及整理眼镜[5]。《科学81》注意到他的办公室和其他物理学家的一样："塞满了物理学教科书、有关宇宙学的论文，还有一块写着潦草方程的黑板、一台计算机终端机、一张堆满论文的整洁的书桌，以及三个帅气孩子的照片。"[6]

　　一个科学作家对霍金名声崛起可能产生的后果发出了警告。蒂莫西·费瑞斯（Timothy Ferris）担心霍金的形象可能会让他脱离自己的科研工作。"霍金的故事保证会让——或者说胁迫——他成为一个名人，"费瑞斯在《名利场》对霍金的报道中写道，"通过呈现一个脱离了（sans）物理学的霍金，媒体有可能强行把他变成一个典型的肌肉萎缩症病孩的成人版，一个甜美地笑着且展现出巨大

---

[1]　Dennis Overbye，"The Wizard of Space and Time，" *Omni*，February 1979，45.

[2]　Ridpath，"Black Hole Fxplorer，" 309.

[3]　"Science：Soaring across Space and Time，*Time*，September 4，1978.

[4]　Boslough，"The Unfettered Mind，" 73.

[5]　Overbye，"The Wizard of Space and Time，" 45.

[6]　Boslough，"The Unfettered Mind，" 66.

勇气的受折磨的灵魂，而人们并不期待他说些什么"[1]。费瑞斯对关于霍金的第一本书《史蒂芬·霍金的宇宙：我们这个时代最杰出的科学家》（*Stephen Hawking's Universe: An Introduction to the Most Remarkable Scientist of Our Time*）进行了评论，并且尖刻地指出该书的作者说霍金是"以我无法想象的研究为基础……'我们星球上最发达的大脑'"[2]。

把科学家的形象看作是超级大脑有着悠久的历史传统。比如，艾萨克·牛顿（Isaac Newton）最突出的公众形象就是"与自然真理或者神圣真理交流的脱离肉体的灵魂"[3]。这传达了一种对科学思想的特定观点：科学研究不是实验室中的工作人员从事的事情，不是从自然界中分离事实。相反，它仅仅是理智的和超世俗的，是一种通过纯粹的思考以掌握超验真理为目标的活动[4]。有些人能够摆脱其身体来掌握这种超世俗的真理：那就是脱离肉体的心灵。

随着霍金吸引了大量媒体的关注，他的科学职业也得到了提升。1979 年，他获得了剑桥大学卢卡斯数学教授席位，艾萨克·牛顿也曾经获此殊荣。霍金在就职演说中——题目是《理论物理学终结了吗？》（*Is the End in Sight for Theoretical Physics?*）——预测说到 20 世纪末，物理学家建立起一个统一的理论有着现实的可能

① Ferris, "Mind over Matter," 58.

② Timothy Ferris, "Earth and Air, Fire and Water," *New York Times*, December 2, 1984, 76.

③ Rob Iliffe, "Isaac Newton: Lucatello Professor of Mathematics," in *Science Incarnate: Historical Embodiments of Natural Knowledge*, ed. Christopher Lawrence and Steven Shapin（Chicago: University of Chicago Press, 1998）, 123.

④ Christopher Lawrence and Steven Shapin, "Introduction," in *Science Incarnate: Historical Embodiments of Natural Knowledge*, ed. Christopher Lawrence and Steven Shapin（Chicago: University of Chicago Press, 1998）, 10.

性。这个理论将包括该领域的所有理论——从根本上创立一个把广义相对论思想和量子力学联系起来以解释宇宙运行的万物理论。如果真的实现了，那么这将解决所有的根本问题，也就意味着物理学的终结[①]。这个演说的主题也是霍金正计划撰写的一本科普图书的主题。

销售霍金

霍金想用《时间简史》赚钱。他希望最畅销的适合大众的宇宙指南能帮助他支付女儿的学费以及他不断增加的健康护理支出。他希望该书可以在"机场书摊"销售[②]，因此拒绝了剑桥大学出版社的邀约，该出版社答应向他预支 1 万英镑——这个数目是在那之前出版社与作者协商的最大金额了。一个代理商在电话拍卖中把版权卖给了出版商矮脚鸡图书公司（Bantam Books），该公司愿意预先支付 25 万美元以及不菲的版税。当霍金在 1985 年首次与该图书公司的编辑彼得·古扎尔迪（Peter Guzzardi）会面的时候，他的开场白就是："合同在哪?"[③]

矮脚鸡公司成功地打造了霍金想要的商业焦点，而霍金恰好也

① Kragh 还认为物理学终结这个主题在这个领域的历史中反复出现。她认为物理学可能会以与最终理论没有任何关系的方式而终结，就是当"人们对物理学失去兴趣或者因为政府和资助机构认为没有必要大规模地支持基础物理学研究"的时候，它就会终结了。Kragh, *Quantum Generations*, 408.

② Stephen Hawking, *Black Holes and Baby Universes and Other Essays*（London: Bantam Books, 1994), 30.

③ 引自 Judy Bachrach, A Beautiful Mind, an Ugly Possibility, *Vanity Fair*, June 2004, 查询时间为 November 20, 2008, http://www.vanityfair.com/fame/features/2004/06/hawking200406.

是该图书公司想要的畅销书作者的类型。这家公司之所以能成为全球最重要的出版公司之一，部分原因就在于它激进的营销以及富有吸引力的图书封面。推动该公司在 20 世纪 80 年代和 90 年代商业发展的是以"重磅的非科幻小说"精装本为中心的策略[①]。霍金起初觉得《时间简史》这个书名有点轻率，矮脚鸡公司打消了他的顾虑[②]。一个编辑建议霍金在初稿中去掉所有的科学公式，因为每个方程式都会"让销量减少一半"[③]。该书最后一行写道，有关科学的统一理论将是"人类理性的终极胜利——因为到那时我们将知道上帝的心思"[④]。当霍金在考虑删除这具有争议的最后一行时，同样的道理也适用："如果我当时真的删掉了这句话，那么其销量又会压缩一半。"[⑤]

出版商围绕着"与肉体脱离的心灵"这个概念对霍金进行了宣传。该书美国版的封面上写着"从因卢伽雷氏病而让他度过了 20 年的轮椅生活来看，霍金教授改变了我们对宇宙的看法"。在对作者的描述方面，英国版则写道："因运动神经疾病而让他 20 年来被禁锢在轮椅之中，霍金教授因其在黑洞方面的研究而知名。"这些版本的封面特色都是这样一张照片：在叠加的布满星空的宇宙前面，霍金穿着黑色西装坐在轮椅上[⑥]。

《时间简史》看上去不像是一本叫好的畅销书。这本 198 页的

---

① Albert N. Greco, *The Book Publishing Industry* (Mahwah, NJ: Lawrence Erlbaum, 2005), 81.

② Bernard Ryan, *Stephen Hawking: Physicist and Educator* (New York: Ferguson, 2005).

③ Stephen Hawking, *A Brief History of Time: From the Big Bang to Black Holes* (London: Bantam, 1988), vi.

④ Hawking, *A Brief History*, 175.

⑤ Hawking, *Black Holes*, 33.

⑥ Stephen Hawking, *A Brief History of Time: From the Big Bang to Black Holes* (New York: Bantam, 1988).

面向普通大众的宇宙学指南，对高端物理的一系列概念进行了解释，比如大爆炸、广义相对论、量子物理和黑洞，并且以爱因斯坦、伽利略（Galileo）和牛顿的简短生平结尾。该书于 1988 年首次出版之后，图书销售商店里的库存一直不足。它连续 147 周登上《纽约时报》的畅销书榜单，在《星期日泰晤士报》（*Sunday Times*）畅销书榜单上的时间更是长达 237 周。在出版的短短三年时间里，其销量就达到 450 多万册。后来的销量超过 1 000 万册，并且被译成了 40 种语言，取代了《宇宙》成为迄今为止最畅销的科普图书[①]。

　　和杂志编辑一样，图书评论家也发现霍金十分迷人。马丁·加德纳（Martin Gardner）在《纽约书评》（*New York Review of Books*）中写道："在讨论他让人兴奋的著作之前……我要先说说这位更加非凡的作者本人。"[②] 罗比·威廉姆斯（Robbie Williams）在《悉尼先驱晨报》（*The Sydney Morning Herald*）书评的第一段中写道："我几乎无法抵制住首先向你介绍一下该书作者的冲动。显然他独一无二，他很不幸，也很成功。"[③]《纽约时报》写道，虽然这本书显然不打算作为霍金的自传，（但是）"霍金先生对自己的描述少之又少，不免让人很失望"[④]。霍金后来对大多数书评都不予理睬。它们几乎都是遵循相同的模式，谈到他因受到运动神经疾病的折磨而被禁锢在轮椅中，他无法说话，只能移动自己的手指，然而

[①] Stephen Hawking, *My Brief History*（New York：Bantam Books，2013）；Michael Rodgers，"The Hawking Phenomenon," *Public Understanding of Science*1（1992）：231 - 234.

[②] Martin Gardner, "The Ultimate Turtle," *New York Review of Books*，June16，1988.

[③] Robyn Williams, "Genius Unique, Tragic and Triumphant," *Sydney Morning Herald*，July 2，1988，74.

[④] Marcia Bartusiak, "What Place for a Creator？" *New York Times*，April 3，1988，10.

他还是写出了有关宇宙根本奥秘之一的科普图书：宇宙的形成。虽然充满人情味的故事令这本书广受欢迎，霍金说，"但是这本书的目的在于介绍有关宇宙的历史，而不是我自己"[1]。

　　这本书的成功让评论员们感到不解。在科学作家兼学者的乔恩·特尼（Jon Turney）看来，这本书努力向读者做出解释，但结果是失败的，因为很多问题都没有答案，但是它的优点在于它为读者提供了一个现代宇宙学运行的印象主义的描述[2]。一个拒绝出版这本书的出版商说道："我当时的错误在于认为读者阅读到三分之二的时候仍然一头雾水，并且认为这一点很重要。"[3] 而在小说家吉尔伯特·阿代尔（Gilbert Adair）看来，这个问题并不重要的原因在于是霍金本人造就了这本书的成功。他说，如果是其他物理学家撰写的，那么《时间简史》无疑会是商业上的一个失败[4]。

　　其他学术批评人士认为霍金写这本书其实还有另外一个不那么明显的动机。他把自己描绘成科学史上的重量级人物，他把自己作为伽利略、牛顿和爱因斯坦的继任者。一个学者写道，在书的末尾纳入这些标志性科学家简短生平的理由别无他图，就是为了表明"霍金自己应该是这个名单上的下一位"[5]。围绕着同一个话题，科学史学家帕特丽西雅·法拉（Patricia Fara）讲述了 1987 年与霍金在格兰瑟姆相遇时的情景，牛顿在这个英国小镇读过书。在一个为

[1]　Hawking, *Black Holes*, 33.

[2]　Jon Turney, "The Word and the World: Engaging with Science in Print," in *Communicating Science: Contexts and Channels*, ed. Eileen Scanlon, Elizabeth Whitelegg, and Simeon Yates (London: Open University/Routledge, 1999).

[3]　Charles Oulton, "Cosmic Writer Shames Book World," *Sunday Times*, August 28, 1988.

[4]　Gilbert Adair, "Tale of the Unexpected," *Guardian*, November 5, 1997, 14.

[5]　Leane, *Reading Popular Physics*, 133.

庆祝这位伟大思想者的《自然哲学的数学原理》（*Principia*）而举办的会议上，霍金坚持要在那棵被认为是曾经激发了牛顿灵感的原始且神秘的苹果树的后代下面拍照。法拉称之为"一个神秘事件的奇怪重演"[1]。

公众科学家的私生活

《时间简史》建立起了霍金产业。出版商们竞相洽购类似主题的图书，他们认为如果一本有关深奥话题的科普书能够成为畅销书的话，那么其他的图书也可以复制这种成功的模式，这股潮流被称为"霍金效应"或者"霍金现象"[2]。作家们写了霍金的两本传记。吉蒂·弗格森（Kitty Ferguson）着眼于霍金的科学生涯和观点[3]。约翰·格里宾（John Gribbin）和迈克尔·怀特（Michael White）就霍金的名声崛起讲述了他的生平故事，这本书 2003 年版本的章节题目包括"突破性的一年""名声的山麓"和"科学名人"[4]。

在对这些自传进行评论的时候，评论家们考察了霍金新建立的名声对他私人生活的影响。霍金和他的妻子简·怀尔德（Jane Wilde）分居了——小说家安东尼·伯吉斯（Anthony Burgess）认为是名声损害了他们的婚姻。他写道，从《时间简史》赚到的稿费"似乎让他有了获得某种情感动荡的资本。他离开了自己的妻子简，

---

① Patricia Fara, *Newton: The Making of Genius* (London：Picador, 2002)，269.

② 引自 Rodgers，"The Hawking Phenomenon," 233.

③ Kitty Ferguson, *Stephen Hawking: Quest for a Theory of Everything* (London：Bantam Books, 2001).

④ Michael White and John Gribbin, *Stephen Hawking: A Life in Science* (London：Abacus, 2003).

他故事中真正的英雄，凭借着对上帝深深的信仰，他持续地接受她对自己和孩子们的照顾[①]。科学家伯纳德·卡尔（Bernard Carr）是霍金以前的一个研究生，他指责怀特和格里宾在讨论霍金婚姻破裂时近乎哗众取宠的方式。卡尔写道，"唯一有资格对这个问题进行评论的是霍金夫妇二人，既然他们没有这么做，那么所有的都是谣言和猜测"[②]。

对霍金的个人反思成为其他作者相关图书的一部分。曾在《奥秘》上简要介绍霍金的丹尼斯·奥弗比（Dennis Overbye）在《宇宙的寂寞心灵》（*Lonely Hearts of the Cosmos*）一书中把霍金作为主人公，该书阐述的是现代宇宙学和宇宙学家。奥弗比概述了霍金的观点，但是也包括了自己对这位难以捉摸又似曾相识的物理学家的个人反思。奥弗比回忆起他在 1976 年见到霍金本人时的情景，"虽然我对霍金几乎一无所知，但是这位富有魅力的人物立刻就吸引了我。在某种程度上我无法理解，就好像我一直都了解他"[③]。他写道，在采访霍金之前有些紧张，"我感觉我将要登台了，却发觉自己都记不清霍金长什么样子了。我只能想象一个坐在轮椅上的瘦弱身影，但是他没有脸，只有黑暗的阴影"[④]。

脱离肉体的霍金在 1992 年电影版的《时间简史》中被搬上了荧幕，由著名的纪录片导演埃罗尔·莫里斯（Errol Morris）执导。影片把对霍金物理学的解释与对他母亲及同事的采访交织在一起，把霍金描绘成与他研究的物理学在本质上是相关的。一开头的镜头

① Anthony Burgess, "Towards a Theory of Everything," *Observer*, December 29, 1991, 42.

② Bernard Carr, "Brief Histories of Hawking," *Independent*, January 5, 1992, 24.

③ Dennis Overbye, *Lonely Hearts of the Cosmos: The Quest for the Secret of the Universe* (London: Picador, 1993), 116.

④ Overbye, *Lonely Hearts*, 118.

就是霍金婴儿时期的照片，而画外音问道："时间有多真实？它有始有终吗？过去和未来有什么区别？"他的母亲伊索贝尔（Isobel）说，"史蒂芬总是有着强烈的好奇感，我能看到星辰总是让他着迷——还有比星辰更遥远的东西"①。影片的最后一幕是坐在轮椅上的霍金漂浮在布满星辰的宇宙中。在拍摄的过程中，莫里斯在蓝色的背景前为霍金取景，以便他的影像可以投射到任何的背景中。莫里斯说："我可以把史蒂芬·霍金放到任何地方——心灵上的情境，而非真实的。"② 霍金感觉莫里斯把他拍成了一个"沙发"③。

在宣传这部影片的一篇文章中，《名利场》深挖了霍金复杂的私生活。记者亚瑟·卢保（Arthur Lubow）描述了霍金如何离开他的妻子，并且和他的一个护士——伊莲·梅森（Elaine Mason）——搬到了剑桥附近的一个公寓。《名利场》详细叙述了简和伊莲之间的人格冲突。"史蒂芬所在学院的研究生认为简是以盛气凌人的态度对待霍金的。她总是时刻告诫霍金他不应该做的事情，把他当病人一样对待。与之相反的是伊莲·梅森，这个热情活泼的护士很快就赢得了霍金的好感，她拒绝把霍金当成病人来看待。"但是他们婚姻的破裂影响到了这部影片，因为制片人无法保证可以采访到简或者他们的孩子们。如杂志报道所说，现在他的公众形象受到了"凌乱的个人生活侵入"的影响。

这篇文章还曝光了宣传霍金的机构。卢保写道，"制造神话的媒体机器制造了一个可以和割耳的凡·高（van Gogh）及失聪的贝

---

① *A Brief History of Time*，由 Errol Morris 执导（UK：Anglia Television Ltd/Gordon Freedman Productions，1992），VHS.

② Ryan，*Stephen Hawking*，74.

③ Lubow，"Heart and Mind," 74.

多芬（Beethoven）相提并论的残疾天才偶像，霍金是从身体中释放出来的纯粹心灵的典型"。但是他注意到记者们要想越过这个部分人造的形象而进一步深挖可不容易，"任何一个得到名人对常见问题的机械式回答的记者都畏首畏尾，这简直像是一场机械化程式的噩梦，霍金确实是从他的计算机存储器中找出为记者们预先备好的答案的"。该杂志总结说，这部影片将为霍金的公众声誉"注入另外一剂肾上腺素"。矮脚鸡公司也在同一时间发布了《史蒂芬·霍金的时间简史：读者指南》（*Stephen Hawking's A Brief History of Time: A Reader's Companion*）。《名利场》称之为与"《时间简史》这本书的电影相关的图书"[①]。

霍金沉溺于暴露自己私生活细节所带来的商业回报和公众兴趣。他的论文集《黑洞和婴儿宇宙》（*Black Holes and Baby Universes*）首次出版于 1993 年，将他理论物理学的论文与揭示他小时候记忆［"站在海格特（Byron House）幼儿园的门口，埋头大哭"］的文章、他父亲把一套美国火车玩具作为圣诞礼物送给他的文章（"我还记得我打开盒子时的兴奋劲儿"）以及他肌萎缩侧索硬化诊断测试的文章（"他们从我的胳膊上取下一块肌肉样品，在我身上贴上电极，把一些不透 X 射线的液体注入我的脊柱中"）混在一起[②]。据其推销广告说，在这些论文中，霍金"从不同方面展示了自己是一个科学家、一个男人、一个关心世界的公民"。这本书卖得很好，它连续三周登上《纽约时报》畅销书榜单——最佳排名是第 14 位[③]。

---

① Lubow, "Heart and Mind," 76 - 86.

② Hawking, *Black Holes*, 2 - 20.

③ "Best Sellers：7 November 1993," *New York Times*，November 7，1993，30.

霍金成了一个品牌，他不仅能卖出自己的图书，而且包括其他文化和商业产品。1993 年，他在英国电信（British Telecom）的一个 90 秒广告中露面①，为平克·弗洛伊德（Pink Floyd）的歌曲《保持对话》（*Keep Talking*）采集自己声音的样本，还在《星际迷航：下一代》（*Star Trek: The Next Generation*）的一个片段中出镜。霍金还出现在全息的扑克游戏中，他的对手是爱因斯坦和牛顿，这个环节在他后来的公关活动中还将重现，包括造访白宫。但是在 1993 年，他否认说自己将继续撰写《时间简史》的续集。他问道："我该叫它什么呢？《较长的时间简史》（*A Longer History of Time*）？《超越时间的尽头》（*Beyond the End of Time*）？还是《时间之子》（*Son of Time*）？"② 到《黑洞和婴儿宇宙》报价的时候，矮脚鸡已经出版了《史蒂芬·霍金的时间简史：读者指南》。2005 年，该公司又出版了《极简时间简史》（*A Briefer History of Time*）。

1995 年，霍金与伊莲·梅森结婚。全球的媒体都报道了这一事件。大量的媒体报道头一回全部聚焦于霍金的私生活。但是更具有分析性的报道把这个事件当成揭露霍金神话的一个机会。《多伦多明星报》（*Toronto Star*）说，霍金的离婚与再婚揭示了"隐藏于因病残疾的四肢及疲惫耷拉的头脑之下的情感骚动。撇开其他的不谈，至少我们可以看到霍金那脱离了世俗欲望和需求的、流浪在宇宙中的知识分子的媒体形象是错误的"③。

但是揭露霍金私生活最多的不是媒体记者，而是他的前妻。多年来，出版商一直设法央求简·霍金写一本书。她的回忆录——

① "Beam Me Up, Stephen," *Evening Standard*，April 2，1993，8.

② Hawking, *Black Holes*, 34.

③ "Emotional Turmoil of a Genius," *Toronto Star*，September 24，1995，E2.

《驱动星辰的音乐：与史蒂芬的生活史》（*Music to Move the Stars: A Life with Stephen*）——于 1999 年首次出版，这本 612 页的著作包含了她们恋爱、婚姻、家庭生活和性生活的私人细节。她写道，"他每一项微小的个人需求——穿衣、洗澡——以及一些较大的动作都需要我的帮助。他必须整个身子被抬起来才能在轮椅上、车上、浴室里以及床上移动"。外界从来没有看到过她前夫每日的挣扎与艰辛。她写道，"不过，外人对他的身体变得多么让人痛苦的孱弱可能没有概念，就像我曾经在电视纪录片中看到的位于贝尔森（Belsen）的死尸一样；他们也不曾目睹那些从晚饭时一直持续到深夜的可怕的窒息性痉挛，那时他像一个吓坏了的孩子一样被我抱在怀里，直到他那呼哧呼哧的喘息声逐渐平缓，呼吸慢慢进入睡眠状态平缓的节奏"[①]。

　　一个评论家认为这本回忆录是一个嫁给了著名且"富有魅力的"霍金的女人写的一本典型的得了便宜还卖乖的书[②]。简·霍金则说她有不同的动机。她对一个记者说，"因为史蒂芬如此知名，我的生活也变成了公共财产。如果我不讲自己的故事，那么在将来会有人就这个话题杜撰一个故事"[③]。值得注意的是她认为名声侵蚀了她们的婚姻。她对一名记者说："名誉和财富把水搅混了，并且真的使他脱离了我们家庭的轨道。"[④] 另外一个记者则写道，在霍金的家"被他的名声变成了马戏团之后——疯狂的电话，不请自来的神医圣

---

① Jane Hawking, *Music to Move the Stars: A Life with Stephen*（London：PanBooks，2000），218，298 - 299.

② Helen Elliott, "Memoirs of a Blushing Bride," *Sydney Morning Herald*，January 15，2000，12.

③ Magdalen Ng, "My Life with a Genius," *Straits Times*，February 20, 2011.

④ Tim Adams, "Brief History of a First Wife," *Observer*，April 4，2004，4.

手——以及络绎不绝的影片摄制组"，家庭似乎变得不重要了①。

媒体毁灭的史蒂芬·霍金

　　到 20 世纪 90 年代中期，霍金的媒体形象开始对他的科学声誉产生特殊的影响。一个物理学家认为霍金的文化地位损害了新科学知识的产生。杰里米·邓宁-戴维斯（Jeremy Dunning-Davies）认为，霍金和牛顿或者爱因斯坦不同，他的理论还没有被证实。他写道，"然而，有时候对这些理论的批判会受到限制——甚至被扼杀掉。据我所知，某些同事的其他论文被拒绝了，原因仅仅是因为得出的结论与霍金的理论存在分歧"②。因为霍金在大众中的地位太高，"在纯科学领域内挑战霍金的论文无法成功，因为他的声誉在某种意义上已经超越了纯粹的科学"③。

　　到 90 年代末，记者们和霍金的同行戳破了霍金是历史上最伟大科学家之一的公众形象。物理学会的会刊《物理世界》（*Physics World*）在 1999 年进行了一项抽样调查，要求被调查者列出五个在物理学领域做出最重要贡献的全球顶尖物理学家。在 130 个受访者中只有一人把霍金放到了前五的名单中④。物理学家们对霍金关于

---

① Elizabeth Grice, "A Brief History of Marriage," *Daily Telegraph*, October 20, 2006, 23.

② Jeremy Dunning-Davies, "Popular Status and Scientific Influence: Another Angle on 'The Hawking Phenomenon,'" *Public Understanding of Science* 2 (1993): 85.

③ Dunning-Davies, "Popular Status," 86.

④ "Physics: Past, Present, Future," *Physics World*, December 1999, 查询时间为 March 10, 2010, http://physicsworld.com/cws/article/print/851. Einstein 居首，获得 119 票，随后是 Newton，获得 96 票。Maxwell (67)，Bohr (47)，Heisenberg (30)，Galileo (27)，Feynman (23)，Dirac (22)，以及 Schrödinger (22)，他们均名列前十名。

2020 年之前将有 50% 的可能性发现大一统理论的预测也不赞同。比如，普林斯顿大学的菲尔·安德森（Phil Anderson）证实说："这个问题对我以及那些自称为理论物理学家的人来说简直是侮辱。一个统一的理论根本不可能告诉我们很多东西，即使它可能会让一些有关宇宙学的问题变得简单。"[1]

　　《旁观者》（*Spectator*）对霍金的科学生涯进行了评价。一个训练有素的物理学家和科学记者罗伯特·马修斯（Robert Matthews）就他认为的到当前为止霍金对物理学做出的三个重要贡献进行了考察。对于马修斯来说，霍金博士后期间对奇点所做的研究是"一种学术上扫尾性（loose-end）的工作：很重要，但是很难说是划时代的"。"霍金辐射"被认为是真实的，但是没有证据证明这个理论。而宇宙将永远膨胀下去的证据反驳了时空将在大坍缩中瓦解的看法。但是随着记者们把霍金建构成世界一流科学家，他的这些成就也被夸大了，这个建构过程揭示了"媒体在对待自己都搞不太懂的事情时所存在的弱点"。他补充说："因为不像他的同行科学家——或者说，就此事而言，不像霍金自己——媒体继续坚持着小报式的见解，即霍金是受困于无用的身体之中的一个天才。"[2] 英国天体物理学家彼得·科尔斯（Peter Coles）就同一主题在《霍金和上帝的心灵》（*Hawking and the Mind of God*）中正确地评价了霍金的科学。他写道，霍金是他那个时代的一个重要理论家，但是把他和爱因斯坦及牛顿相提并论有些"荒唐"[3]。

　　记者们注意到霍金的名字有时候已经变成了一种营销工具。在

---

① 引自 "Physics: Past, Present, Future."

② Robert Matthews, "Who's Afraid of Stephen Hawking?" *Spectator*, June 10, 2004.

③ Peter Coles, *Hawking and the Mind of God* (Cambridge: Icon Books, 2000), 61.

对公共广播公司（PBS）六集探索宇宙的系列片——《史蒂芬·霍金的宇宙》（*Stephen Howking's Universe*）——进行评论的时候，一个评论员说，霍金"在每一集的开头和结尾都会出现，并时不时插入他的评论，但他在其中的价值主要还是他的名声"[①]。《纽约时报》对该节目忠实素材的做法表示赞赏，但是也指出这个系列片的同伴书并不是由霍金撰写的。《纽约时报》的评论员写道，霍金被称为"这个系列片的主持人，在电视上'主持人'通常是指借用其明星魅力来打造其他效果的一个词语"[②]。有影响的科学记者约翰·霍根（John Horgan）以另一种方式把霍金的科学**本身**形容为一种对天体物理学的推广。在《科学的尽头》（*The End of Science*）中，他说霍金的宇宙学从最严格的意义上来说并不是科学，因为它的理论既无法测试也无从解决。霍根写道，"它首要的功能是让我们在宇宙的神秘面前保持敬畏之心"[③]。

在《果壳中的宇宙》（*The Universe in a Nutshell*）出版之后，评论员们对霍金产业进行了仔细审查。乔恩·特尼在一篇评论中总结说，因为物理学自 1988 年以来都没有巨大的进展，因而对这本新书的需求不大——"除了矮脚鸡公司急切地想保持这种特许经营权"[④]。霍金的一个传记作者约翰·格里宾提出了一系列严肃的问题，关于霍金究竟在多大程度上以作者身份在这本书中发挥作用。"先前的统一口径都说简史系列是他自己的作品（任何一个看到早期

① Jim Schembri, "Stephen Hawking's Universe," *The Age*, February 19, 1998, 2.

② Walter Goodman, "Humankind's 3,000 Years of Prowling the Universe," *New York Times*, October 13, 1997, E6.

③ John Horgan, *The End of Science: Facing the Limits of Knowledge in the Twilight of the Scientific Age* (Reading, MA: Addison-Wesley, 1996), 94.

④ Jon Turney, "Strung Out," *Guardian*, November 10, 2001, 8.

草稿的人都知道这不是真的），这回，霍金则对'编辑了手稿'的安·哈里斯（Ann Harris）和吉蒂·弗格森表达了感谢。"

格里宾继续写道，"我不了解安·哈里斯的工作，但是目前这本书中一些技术性不太强的部分读起来显然像是出自吉蒂·弗格森之手"。评论者认为，除非霍金已经开始对自己的大肆宣传深信不疑，否则他应该告诉他的出版商在这本书的推荐广告中要谦虚一些。他补充说："'伟大'这个形容词应该慎重使用，在科学界中这个词应该用在像阿尔伯特·爱因斯坦和理查德·费曼这样的人身上。矮脚鸡公司应该有人鼓起勇气告诉霍金他的玩笑并不好笑。"①

其他物理学家的抱怨在报纸报道中喷涌而出。诺丁汉大学天文学教授彼得·科尔斯在《独立报》的一篇文章中说道："物理学系咖啡时间的讨论通常会提出同一个话题：要让任何人对霍金发表任何批判性的观点都非常困难。但是在一个机构中由这样的人负责同行评议也是不健康的。问题在于，人们担心他们会被认为是出于嫉妒而批判霍金。"② 一个匿名的宇宙学家告诉《独立报》说："批评霍金有点像批评戴安娜王妃（Princess Diana）——你不能在公共场合那么做。"③ 尼尔·德格拉斯·泰森在他的自传中回忆说，物理学会议中的深夜谈话总是不可避免地进入关于霍金的科学成果能否保证他在大众中的地位的争论中④。

① John Gribbin, "Theories of Nearly Everything," *Independent*, November 3, 2001, 11.

② Charles Arthur, "The Crazy World of Stephen Hawking," *Independent*, October 12, 2001, 7.

③ Steve Connor, "Higgs vs. Hawking: A Battle of the Heavyweights That Has Shaken the World of Theoretical Physics," *Independent*, September 3, 2002, 3.

④ Neil deGrasse Tyson, *The Sky Is Not the Limit: Adventures of an Urban Astrophysicist* (Amherst, NY: Prometheus Books, 2004).

彼得·希格斯（Peter Higgs）是曾在公开场合批评霍金的一位物理学家，他的名字被用来命名希格斯玻色子，也就是所谓的"上帝粒子"。他认为霍金的名声让他的理论的科学价值放大了。在《时代周刊》的报道中希格斯说，"让他参与讨论非常困难，所以他侥幸地逃脱了其他人无法逃脱的判决。他的名人地位给他提供了即时的公信力"①。

当霍金出版《站在巨人肩上》（*On the Shoulders of Giants*，2002）的时候，他的历史专业知识受到了嘲笑。这是一本哥白尼（Copernicus）、伽利略、开普勒（Kepler）、牛顿和爱因斯坦基础科学文本的遴选集。天文学兼科学史教授欧文·金格里奇（Owen Gingerich）在《自然》发表的评论中说霍金的历史著作错误百出。霍金声称哥白尼绝不是一个牧师。金格里奇问道："一个大胆的出版商诱骗霍金为一本陈旧的文集押上自己的名声，我是否应该为他感到羞愧？还是对于这样一位杰出的但在科学史方面没有学术声誉的科学家如此自负地对五部经典科学历史著作进行背书，我应该感到愤慨呢？"②

大众媒体把霍金的形象吹捧成了一个标志性的科学家，而现在大众媒体又揭穿了很多人认为的（他）言过其实的科学地位。

很多个霍金相冲突

在 21 世纪初，大众文化中流传着一些有关霍金的叙事。一个

---

①　Mark Henderson, "Scientific Minds Collide in Matter of Hawking's Fame," *Times*（London），September 4，2002，12.

②　Owen Gingerich, "Looking Up to the Stars," *Nature* 421（2003）：694.

脱离了肉体的天才，一个父亲和丈夫的化身，一个伟大的科学家，一个被过分夸大的明星。这些故事在 2004 年发生了冲突。

自 2000 年以来，全球的新闻机构都报道了霍金因不明原因受伤而住院治疗的说法，包括手腕骨折、嘴唇破裂以及脸上的伤口。警察就霍金被虐待的指控对霍金和他的妻子伊莲进行了询问。总部位于墨尔本的《周日时代》（*Sunday Age*）的头条标题是：《霍金的家里正在发生什么?》（*Just What Is Going On in the Hawking Home?*）① 记者们报道说，与这种指控接踵而来的是，霍金的女儿露西·霍金（Lucy Hawking）也因抑郁症和酗酒而寻求治疗②。在发现没有证据证实这种指控之后，警察停止了问询。霍金拒绝在公开场合宣称自己受到了虐待。有报道说他的儿子蒂姆（Tim）如是说："我非常担心。每次我和他说这件事情的时候，他都拒绝谈论，我多希望他充分尊重我，并告诉我事实真相。"③

霍金夫妇在媒体面前的统一战线是面和心不合。《每日邮报》（*Mail Daily*）报道说："为了回应那些有关她残忍地虐待这个科学家的指控，史蒂芬·霍金的第二任妻子伊莲策划了一场情人节的恩爱秀。她把一个印着'我爱你'三个醒目大字的红色心形气球系在了霍金的电动轮椅上，然后推着他来到他们家附近的泰国餐厅（位于剑桥市中心）吃午饭。用完餐后，气球仍然在随风摆动，他们和其他家庭一起在康河岸边散步。"④

---

① Marion Frith, "Just What Is Going on in the Hawking Home?" *Sunday Age*, February 1, 2004, 10.

② Paul Sims, "Hawking Daughter: How Claims of Abuse Drove Me to Drink," *Evening Standard*, April 13, 2004, 20.

③ Steve Connor, "The IOS Profile: Stephen Hawking," *Independent on Sunday*, January 25, 2004, 23.

④ Andy Dolan, "Mrs Hawking Says 'I Love You' with a Red Balloon," *Daily Mail*, February 16, 2004, 9.

同年，霍金的公共空间和私人空间在电视剧《霍金》中发生了冲突。这档由英国广播公司制作的节目聚焦于霍金博士后研究期间关键的两年，他第一次被诊断出罹患肌萎缩侧索硬化，遇到了简·怀尔德，以及他就奇点所做的博士论文。这档节目是在霍金的配合下完成的，霍金抱怨说剧本的第一稿并没有充分体现科学话题，并把它称之为"肥皂剧"①。

2004年，他的科学再次受到了公众的审查。他应邀在一个重要的科学会议上发言，并承诺说他破解了一个理论物理学领域纠缠了40年的问题——黑洞信息悖论。他70年代的研究表明热量可以从黑洞中逃逸出来，进而导致黑洞爆炸的结局，这种毁灭性的结局也会破坏黑洞吞噬的宇宙物质的所有信息，比如恒星。但是科学家们知道作为一个物理学铁律，信息是永不消失的。那么信息去哪里了呢？会议的组织者并不知道霍金的答案，因为和其他发言人不同，霍金并没有提前提交论文或摘要。物理学家柯特·卡特勒（Curt Cutler）告诉《新科学家》说："老实说，我是冲着霍金的名声来的。"② 当霍金走上演讲台并在600多名同行——以及全球媒体——面前承认他有关黑洞会破坏它所吞噬的信息的说法是错误的时候，闪光灯在此起彼伏地闪烁；但是他同时还认为丢失的信息穿过黑洞逃逸到了一个平行宇宙中。然而他的说法并没有让很多物理学家信服。在霍金通过详细的数学运算把这个想法变成论文之前，很多物理学家持保留意见③。

---

① Ian Burrell, "Hawking Rejected BBC Drama Script as Soap Opera," *Independent*, December 5, 2003, 7.

② Cited in Kate Holton, "Galactic Black Holes May Have Looser Grip; Stephen Hawking's Findings Shifts Earlier Work," *Philadelphia Inquirer*, July 16, 2004, A02.

③ Kitty Ferguson, *Stephen Hawking: An Unfettered Mind* (New York: Palgrave Macmillan, 2012).

霍金对这个观点的数学论证成了 2005 年英国广播公司一档纪录片——《霍金悖论》（The Hawking Paradox）——的故事梗概。这档节目的导演威廉·希克林（William Hicklin）想就霍金试图解决 70 年代首次出现的令人费解的难题讲述一个复杂的故事。但是他认为对于普通受众来说，有关高端物理技术层面的故事会过于复杂。相反，希克林就霍金如何试图恢复其在同行中的地位讲述了一个更戏剧化且更容易让人理解的故事，霍金的很多同行都认为自 70 年代他的开创性研究以来，他几乎没有做出什么重要贡献。希克林说："我设想这个影片的构思是他在生命的最后阶段试图恢复自己在物理学共同体中的名誉。"① 节目导演说霍金承诺他将在节目制作完成之前发表他的证据。

霍金和导演一起塑造着自己在屏幕上的形象。他自己回答着问题，指示着自己偏好的镜头角度，并且让节目组在白色背景的演播室内为自己取景，这样他的肖像就可以叠加到不同的背景上。《霍金悖论》重复着建构霍金的标准模式，讨论着他如何在身体残疾的大脑中研究问题，他对"霍金辐射"的发现，他从事物理学研究的独特方式。科学研究学者海伦·米阿莱（Hélène Mialet）认为，霍金的参与有助于该影片把霍金的传说标准化为一个脱离了肉体的天才物理学家②。在拍摄完成的时候，霍金还没有完成他有关信息悖论的论文——该论文发表于 2005 年 10 月，但物理学家们一致认为霍金并没有解决信息悖论的问题③。

① Hicklin 引自 Hélène Mialet，*Hawking Incorporated: Stephen Hawking and the Anthropology of the Knowing Subject*（Chicago：University of Chicago Press，2012），92.

② Mialet，*Hawking Incorporated*，116.

③ John A. Smolin and Jonathan Oppenheim，"Locking Information in Black Holes," *Physical Review Letters* 96，081302 - 1.

物理学家还进一步地公开批判霍金的研究和声誉。当他因为开展科学传播而获得皇家学会的科普利奖章（Copley Medal）时，一位知名的科学家说他对华而不实的科学理论的推广带来了一种对日常科学工作的误导性观点。这位匿名的科学家告诉《星期日泰晤士报》说，霍金"让我们非常尴尬"[①]。当霍金在公开场合说如果研究人员**不能**找到上帝粒子——理解亚原子世界非常重要而难以捉摸的粒子——反而会更让人兴奋之后，彼得·希格斯对他同事（即霍金）的研究进行了批评。他说，霍金对粒子物理学和万有引力的研究"做得不够好"[②]。

尽管霍金生活的不同侧面被展现了出来，但记者们还是发现要谈论霍金是非常困难的，因为他的本质仍然让人捉摸不透。对于一个记者来说，困难在于"你无法理解以及无法**触及的**……东西。神秘感就像是无底采石场上的薄雾一般环绕在他身上"[③]。

把贩卖上帝作为营销

霍金继续向普通公众解释着最新的物理学理念。他与加州理工学院的物理学家、作家伦纳德·蒙洛迪诺（Leonard Mlodinow）共同撰写的《大设计》（*The Grand Design*，2010）认为，M理论目前是万物理论的最佳选择。该理论是一个统一了宇宙基本结构的各种理

① Bryan Appleyard, "Give Hawking a Medal — But Not for His Cosmic Theory," *Sunday Times*, December 3, 2006, 6.

② Mike Wade, "Higgs Launches Stinging Attack against Nobel Rival," *Times*（London），September 11, 2008, 8.

③ Rachel Cooke, "Master of His Universe," *Observer Magazine*, March 2, 2008, 14.

论的宏大数学框架。《大设计》描述了多元宇宙，这也许是当代物理学最重要的概念，即一系列宇宙被连续地创造出来，并且每个宇宙都有自己的物理学法则，而这个观点只是推测出来的且尚未被证实。其他物理学家对这个观点进行了普及，但是正如《自然》在其评论中所说的那样："当霍金张嘴说话的时候，所有人都在倾听。"①

在解释多元宇宙之前，霍金和蒙洛迪诺对哲学和宗教的价值进行了一番贬低。他们认为哲学已死，因为这个领域与物理学脱节了。在解释宇宙的起源方面不再需要上帝了②，这个主张不可避免地带来铺天盖地的媒体报道：《卫报》写道，"霍金说，宇宙不是由上帝创造的"③。《每日电讯报》问道，"霍金送走了上帝吗？"④ 这一声明广受欢迎，科学作家菲利普·鲍尔（Philip Ball）写道，这就好像是"科学对圣经创世的最终判决：霍金已经说了"⑤。

专家们——包括霍金的同行和同事——对《大设计》进行了严厉的批判。物理学家罗杰·彭罗斯（Roger Penrose）说这本书的观点严重地脱离了可测试的验证方法，"几乎不能说是科学的"⑥。天文学家马丁·里斯（Martin Rees）说霍金没读多少神学著作，所以读者不应该看重他的观点⑦。一个物理哲学家说，在作者们宣布哲

① Michael Turner, "No Miracle in the Multiverse," *Nature* 467 (2010): 658.

② Stephen Hawking and Leonard Mlodinow, *The Grand Design* (New York: Bantam Books, 2010), 5.

③ Adam Gabbatt, "Universe Not Created by God, Says Hawking," *Guardian*, September 2, 2010, 11.

④ Graham Farmelo, "Has Stephen Hawking Seen Off God？" *Telegraph*, September 3, 2010, 19.

⑤ Philip Ball, "The Hawking Delusion," *Prospect*, September 8, 2010, 查询日期为 July 16, 2014, http://www.prospectmagazine.co.uk/science-and-technology/the-hawking-delusion.

⑥ 引自 Hannah Devlin, "Hawking Has Got It Wrong, Says Colleague," *Times* (London), October 1, 2010, 26.

⑦ Steve Connor, "We Shouldn't Attach Any Weight to What Hawking Says about God," *Independent*, September 27, 2010, 14.

学已死之后，他们接着"不知不觉地发展了一套自 80 年代以来哲学家们所熟悉的理论，即视觉主义"，这一理论断言"科学为一个共同的现实提供了很多不完善的窗口，哪一个窗口都不比其他窗口更'真实'"[①]。保罗·狄拉克（Paul Dirac）的一个传记作者格雷厄姆·法米罗（Graham Farmelo）说，这本书就好像是杂志上凑数的文章。"它没有给我带来任何快乐，"他写道，"如果霍金的名字不出现在封面上，我都怀疑《大设计》这本书能否得到出版。"[②]

批评家们认为，《大设计》肤浅的宗教争论是为了吸引媒体的关注。对于《纽约时报》来说，对上帝的调用是贩卖上帝（Godmongering）的一个例子：宗教议题不过是用来捞取关注的标题。《纽约时报》说霍金是"一个令人敬畏的数学家，也是一个令人敬畏的销售员"[③]。确实，霍金为了宣传而对上帝进行了贩卖，比如，他对英国广播公司新闻（ABC News）说，"物理学定律不需要一个创造者就可以对宇宙进行解释"[④]。《自然》这样开始它的评论："《大设计》没有对上帝的存在提出反证，尽管它的宣传是正面的。"《卫报》对贩卖上帝的策略进行了嘲讽[⑤]。"谢谢，史蒂芬，这太可爱了，"对这本书进行嘲讽的一篇文章的结尾这样写道，"如果你在结尾写一些以前从未写过的东西，就可以制造几个标题，那么就到此为止吧。上帝不存在又如何？干得漂亮。让我们几年后再

① Craig Callender，"There Is No Theory of Everything," *New Scientist*，September 11，2010，查询日期为 July 16，2014，http：//www. newscientist. com/blogs/culturelab/2010/09/stephen-hawking-says-theres-no-theory-of-everything.html.
② Graham Farmelo，"Life, the Universe and M-theory," *Times*（London），September 11，2010，9.
③ Dwight Garner，"Many Kinds of Universes, and None Require God," *New York Times*，September 8，2010，C1.
④ 引自 "Science Makes God Unnecessary：Stephen Hawking," *Korea Times*，September 8，2010.
⑤ Turner，"No Miracle," 657.

来一次。"① 霍金确实在一年之后这样做了，他在为一个讲座进行宣传而接受《卫报》独家专访时说道："天堂或者来世并不存在……那只是一个为害怕黑暗的人创造的一个童话故事。"② 贩卖上帝显然奏效了：该书首次登上了《纽约时报》非小说类畅销书榜单的第一位，并在榜单上停留了几个星期。

开发霍金的遗产

在庆祝霍金 70 岁生日的 2012 年，霍金产业得到了强化。在霍金的配合下，曾写过霍金早期传记的吉蒂·弗格森撰写了《史蒂芬·霍金：无拘无束的心灵》（*Stephen Hawking: An Unfettered Mind*）。她在霍金的批评者面前为他辩护。在他对《果壳中的宇宙》投入程度的问题上，她讲述了安·哈里斯——霍金在矮脚鸡公司的编辑——如何首先把霍金一些杂乱无章的文章和学术著作提供给她，并询问弗格森是否可以把这些素材整合成一本著作。"史蒂芬·霍金是她和矮脚鸡公司王冠上的宝石之一，"弗格森写道，"把这些素材送还给霍金并告诉他这不能出版，那是让人无法接受的。"③

在对《大设计》尖酸刻薄的批评方面，弗格森声称几个评论家似乎并没有读过这本书④。在有关霍金与伊莲的婚姻以及他受虐待

---

① John Crace, "The Grand Design," *Guardian*, September 14, 2010, 17.

② Ian Sample, "There Is No Heaven or Afterlife … That Is a Fairy Story for People Afraid of the Dark," *Guardian*, May 16, 2011, 3.

③ Ferguson, *An Unfettered Mind*, 199.

④ Ferguson, *An Unfettered Mind*, 261.

的指控方面，她称这个时期是"（霍金）生活中难以理解的时期"①。至于对他神学主张的批判，她说引用他的言论可以同时用来支持那些信仰上帝的人和不信仰上帝的人——他是"这两个阵营的英雄和恶棍"②。在霍金的自我营销方面，她指出，到1995年，"霍金已经成为自己公众形象的操纵大师……他的一个个人助理在评论霍金时曾经跟我说，'你知道，他并不愚蠢'"③。这本书的评论还算恭恭敬敬，但是至少有一个评论家已经厌倦了阅读淡而无味的霍金官方版本。埃德·莱克（Ed Lake）在《每日电讯报》上写道，弗格森"过分乐观的"处理方式几乎没有提到有关霍金的"阴暗面或者可悲之处""其效果几乎是不祥之兆"，就好像有什么不该遗忘的东西被遗漏了，"名人需要其名人地位迫切需要的那种揭发丑闻的传记"④。

霍金还得到了其他方式的颂扬。正如图2-1所示，2012年媒体对霍金的报道达到了顶峰⑤。

伦敦科学博物馆开设了霍金生活和工作的临展，主打内容是他在办公室的新照片、画家大卫·霍克尼（David Hockney）为霍金制作的鲜有的肖像、他在《辛普森一家》（*The Simpsons*）中出镜的注释脚本，以及他在2007年零重力太空飞行中所穿的蓝色太空

---

① Ferguson，*An Unfettered Mind*，225.

② Ferguson，*An Unfettered Mind*，131. 同样，该传记的开篇承认但是没有解决他的生活和职业之间明显的矛盾。Ferguson写道："霍金的生活故事和他的科学充斥着矛盾。事情并不是通常看上去的那样。" Ferguson，*An Unfettered Mind*，4.

③ Ferguson，*An Unfettered Mind*，178.

④ Ed Lake，"I Think；Therefore I'm Rich，" *Daily Telegraph*，January 14，2012，29.

⑤ 作为文化形象的一个指标，我为霍金获得的媒体关注设定了唐斯式的经典模式，从 Lexis-Nexis 数据库中抓取提到他名字的素材，在世界主流出版物的标题下逐年地进行搜索。这不是一种正规的内容分析法，却是旨在以某种方式刻画出长期以来对他的关注。还应该注意的是 Lexis-Nexis 中 1980 年之前的档案通常是不完整的。参见 Anthony Downs，"Up and Down with Ecology：The 'Issue-Attention Cycle，'" *Public Interest* 28（1972）：38-50.

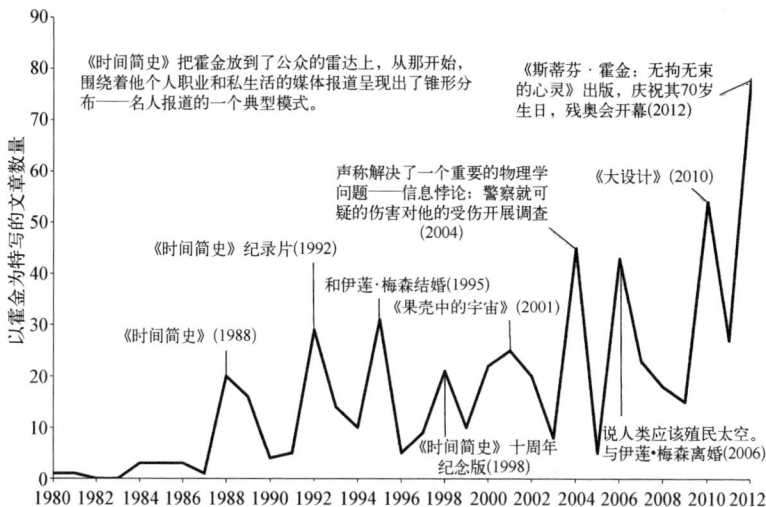

图 2-1　媒体对史蒂芬・霍金公共职业生涯期间的兴趣变化

服。他是以宇宙为主题的残奥会开幕式的主要演员，因为他象征着人类精神的胜利，组织者把他描绘成了"全世界最著名的残疾人"①。在剑桥，精心锻造的霍金雕像将竖立在数学科学中心的花园里。剑桥大学的永久霍金档案馆（Permanent Hawking Archive）将收藏霍金的科学论文、图书著作、媒体报道以及《时间简史》的打印稿。霍金的遗产将会延续下去。

　　通过他 127 页的自传《我的简史》（My Brief History），霍金促进着他职业生涯末期的遗产建设。除了包括新的个人照片之外，他描述了他第二任妻子良好的一面。他写道，"我和伊莲的结合是激情四射且汹涌澎湃的。我们有很多跌宕起伏，但是作为护士的伊莲在很多场合都救了我的命"。其中一次事件就发生在剑桥大学请他

①　Gordon Rayner, "Stephen Hawking Says He Was 'Delighted' to Feature in Paralympics Opening Ceremony," Telegraph.co.uk, 91, August 30, 2012.

为该校 800 周年纪念而筹款之后，"我被派往旧金山，在那里我六天做了五场报告，我感到非常疲倦"。"某天早晨，当我拿下呼吸机的时候，我昏厥过去了。"他回忆说，"如果不是另外一个护理员叫了伊莲，我可能已经死掉了。伊莲使我恢复了知觉。所有这些危机给伊莲带来了感情上的伤害。"[①]

在这本书中，霍金强调了他自己的科学成就。他写道，大多数物理学家都认同在"霍金辐射"的问题上他是正确的，"虽然迄今为止它还没有给我带来一个诺贝尔奖"[②]，因为它的理论概念难以用实验证据进行证明。"在另外一方面，"他在接下来的一句写道，"我获得了更有价值的基础物理学奖。"

尽管有对他婚姻的揭露，对他职业的批判，他对自己感情的评论，以及他对自己未获诺奖的辩护——所有这些都表明他是一个真实的人——但是一个研究人员认为霍金广为人知的公众形象并不是霍金这个人。相反，它是被一个巨大的支持网络和基本不加批判的大量媒体所创造和维持的一种建构，这种建构就是"HAWKING"（大写的霍金）[③]。

2013 年拍摄的一张照片形象地显现了一个真正的霍金和一个象征性的霍金。在伦敦科学博物馆举办的一次演讲中，霍金在他身后的屏幕上投射了一张美国第一版《时间简史》的巨大封面（见图 2 - 2）。据霍金说他对这个版本的封面没有控制权，而这个版本的封面也成了霍金具有代表性的公众形象——在太空中漂浮的心灵。

① Hawking, *My Brief History*, 91.

② Hawking, *My Brief History*，121 - 122.

③ Mialet, *Hawking Incorporated*. 和戏剧《霍金》(*Hawking*)一样，2014 年的影片《万物理论》(*The Theory of Everything*)从更全面的视角展现了这个物理学家，让观众们一睹霍金年轻时以及为人夫的形象。无独有偶，该影片取材于简·霍金描述他们一起生活的那本自传。

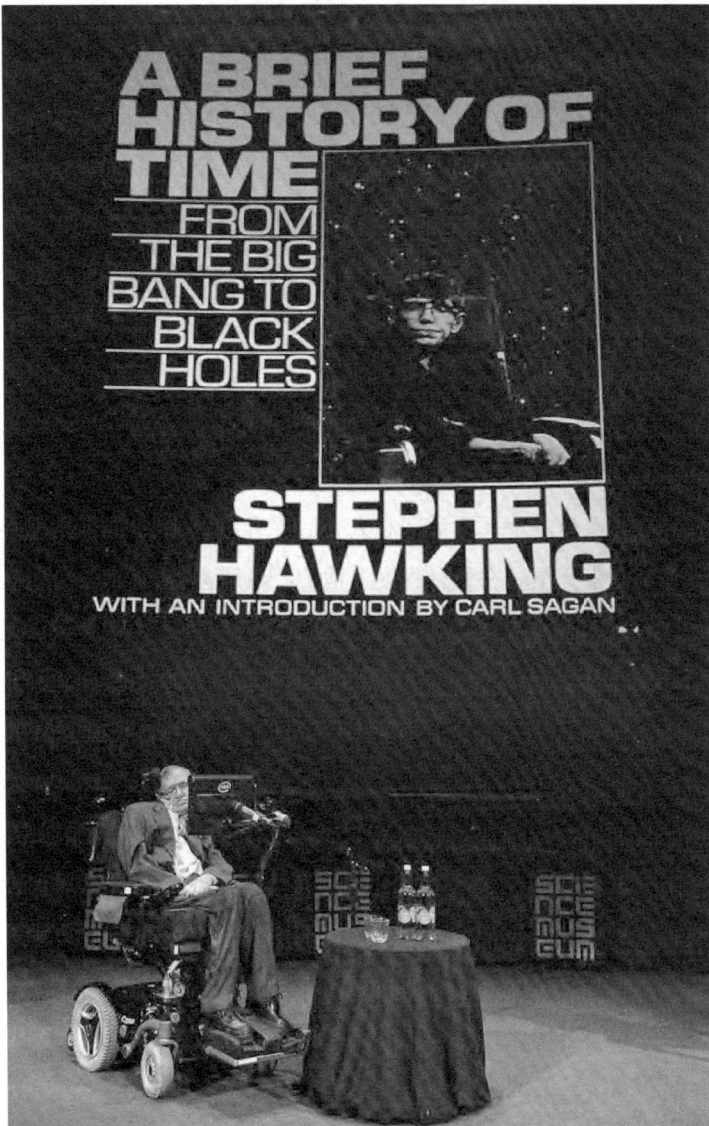

图 2-2 2013 年，霍金在伦敦科学博物馆演讲，他的后面是一张促使他成为全球名人的美国第一版《时间简史》的巨大封面。这本书的封面赋予了他一种独特的形象，一个漂浮在太空中寻求纯粹知识的脱离了肉体的心灵。安德鲁·马修斯（Andrew Matthews）/PA Wire URN：18185512（美联社新闻图片社）

最著名的明星科学家

作为现代最著名的科学家，霍金的地位是以他的研究质量为基础的。在 20 世纪 60 年代和 70 年代，霍金处于宇宙学的风口浪尖，当时这个领域产生了对宇宙革命性的全新认识。他于 1974 年提出的信息从黑洞中逃逸出来的观点对这个新的物理学做出了持久的贡献。科学是排在第一位的。

然后杂志作者们把他塑造成了这个时代奇怪的新物理学的化身。他们把霍金的个人生活和私人生活混合起来，把他作为一个另类的科学家来介绍，在某种程度上他的心灵脱离了受困于轮椅的身体漫步在神秘的宇宙中，并发现了宇宙的深奥真理。霍金的象征意义被设定了，尽管早期的报道自相矛盾地表明他依赖于一个由讲求实际的同事、合作者和护理人员组成的网络来协助自己工作，远非自由地漫步于宇宙之中。

尽管如此，这个物理学家的形象和科学还是被包装了起来，对外营销，并在《时间简史》中被销售。这本书让他的观点在社会中得以传播，并且标示出他在大众文化中，也许包括在科学史中，持久的地位。然而，仅仅营销本身并不能解释这本书史无前例的成功。霍金和他对现代物理学的解释与 20 世纪末渴求了解人类存在的起源和意义答案的观众深刻地连接起来。

霍金在《时间简史》出版之后的公众职业展示了名声所带来的不太受欢迎但不可避免的后果。霍金的私人生活迅速地被公开，接受公众审查，往往是为了满足人们对桃色新闻的八卦心理和营利的目的。批评家们挫伤了他的科学声誉，特别是当所有的人都认同自从他做出了有关黑洞的研究以来，他的任何一个后续研究都无法与他早期的黑洞研究相匹敌。这导致了一个特殊的局面：在公众眼中他被颂扬成科学上伟大的人，但是他的同行并没有把他列入有史以来顶尖物理学家的行列。这是他名声的另外一个悖论。

　　但是凌驾于所有这些因素之上的是霍金明星地位的关键特征——他把某个科学观念象征为纯粹真理的理智探索的独特能力。他成了西方文化史中某种人物根深蒂固的现代化身：脱离肉体的心灵。在霍金身上我们可以看到，名人文化的这个观点既生动又真实。

第 3 章　理查德·道金斯的形象问题

2013 年，为了宣传其回忆录的第一卷，《观察家》（*Observer*）为理查德·道金斯拍摄了照片。在拍摄期间，他要求查看摄影师所拍的照片。摄影师安迪·豪尔（Andy Hall）把数码相机的屏幕展示给理查德·道金斯看。这份报纸记录了接下来发生的一幕：

> 道金斯对豪尔说："你让我看起来太严苛了。"
>
> 摄影师说他希望展现道金斯的庄重。
>
> 道金斯回答说："我不要他妈的庄重……我要人性化。"[①]

通过把两人的交流印刷成文字，这份报纸向读者展示了这个最佳明星采访背后的斗争：对公共形象控制的争夺。通常为了推广最新的电影、图书或者其他事业，明星希望展现他（她）自己一个良好的形象，那时道金斯显然是一个明星，一个全球知名的无神论者，一系列全球畅销书的作者。然而，记者和摄影师试图透过公共关系的外表来展示明星在品格方面朴实无华的本质。

当道金斯在宣传《玄妙的诱惑：一个科学家的产生》（*An*

---

① Andrew Anthony, "God of the Godless," *Observer*, September 15, 2013, 18.

Appetite for Wonder: The Making of a Scientist）时，《观察家新闻报》对他进行了采访，本书描述的是他在非洲殖民地度过的童年以及他在牛津作为生物学家的早期职业生涯。封面内页上印刷的宣传信息写道，道金斯 2006 年与宗教论战的《上帝错觉》（*The God Delusion*）让他的公众形象成了一个才华横溢但强硬的"冷酷的怀疑主义"的支持者。相反，这本回忆录提供了一个"更个人化的视角"①。《观察家新闻报》记者说，道金斯似乎"决意要在回忆录和我们的采访中展现其性格平静且柔和的一面，这与他的公众形象并不太相符"。

这篇报道的一个主题就是道金斯试图摆脱他的公众形象。记者不偏不倚地把道金斯描述成一个世俗人文主义的热情拥护者。但是他也报道了这个科学家有争议的言论，并指出在道金斯对他认为的穆斯林科学的弱点进行描述之后，他"富有争议的测振仪"偏离了里氏震级。不过记者总结说："我们非常温和地各执己见，但没有争议或者争论，这个伟大的人文学者成功地展现了自己人性化的一面。"

这个想法在文章插图里引人注目的肖像摄影中有所体现（见图3-1）。摄影师豪尔把道金斯定格在蔚蓝的天空下，这是把某个对象塑造成英雄经常使用的一种拍摄手法。道金斯闭唇微笑，凝视着取景器，在他身后阳光透过四散的云朵照耀而下，代表着在他那个非理性的、黑暗的可怕世界中零星的理性之光。

界定道金斯形象的斗争的含义远远不止于销售图书。道金斯的公共事业彰显了名人的力量如何把一个才华横溢的研究人员变

---

① Richard Dawkins，*An Appetite for Wonder: The Making of a Scientist*（New York：Ecco，2013）.

图3-1　2013年,《观察家》拍摄了理查德·道金斯的照片,以宣传他的自传。在自传中,他对自己进行了更详尽的审视,以反驳一个记者所谓的"懒惰的记者们所喜爱的咄咄逼人的粗鲁的人物漫画"。(安迪·豪尔拍摄,盖蒂图片社增加轮廓线)

成我们这个时代可能最具影响力的科学公共知识分子。当史蒂芬·霍金在撰写大众图书的时候,他仍然位于精英物理学的中心,但是道金斯则在其职业生涯期间逐渐远离学院科学,利用他的科学名人效应创建了一个新的身份,成为无神论者这个新社会运动的领袖。

作为一个名人公共知识分子,道金斯代表了至关重要的科学观念和文化观念,比如从基因的角度看待进化,达尔文主义解释生命的力量,科学和理性在个人生活和政治生活中的核心作用,以及自豪的无神论的社会需求。随着他成为"进化论教授""科学教授"[1]

① Fern Elsdon-Baker, *The Selfish Genius: How Richard Dawkins Rewrote Darwin's Legacy* (London: Icon Books, 2009), 2.

和"无神论教授"①，他给这些复杂且有争议的观点赋予了人的面孔，让抽象概念变得发自肺腑且真实。因而，他被如何刻画会影响公民如何看待和理解这些观点。道金斯的公众形象关乎科学的公众形象。

基因机器

在 20 世纪 60 年代和 70 年代，道金斯是生物学领域冉冉升起的明星。他在牛津学习动物学，这里是进化论思想的源泉，适应主义学派的中心。该学派强调自然选择如何改进生物，以便他们更适合生存和繁殖。道金斯的专业是动物行为学，即有关动物如何表现的生物学研究，这通常是在自然环境中进行的，但是也在实验室中开展。道金斯是尼克·庭伯根（Niko Tinbergen）的研究助理，后者是该领域的创始人，还获得过诺贝尔奖。道金斯的博士论文研究的是小鸡的啄食行为，目的是观察这种习性是否是与生俱来的。

作为一个富有天赋的研究人员和传播者，他所做的有关自己研究的第一次学术会议报告让人印象十分深刻，这使得加利福尼亚大学伯克利分校给他提供了一份工作。除了在那里教授动物学之外，在回到牛津之前他还参与反越战抗议和亲民主的集会。从 1968 年开始他就在科学期刊上发表论文，并且在 70 年代的一段时期内，他还出任《动物行为学专论》（*Animal Behavior Monographs*）和《动物行为学》（*Animal Behavior*）的欧洲编辑。1970 年，他被任命为动物学大学讲师，他的科学研究事业逐渐步入正轨。

---

① Ginny Dougary, "Gene Genie," *Times*（London），August 31，1996.

当时公众对动物行为学很感兴趣。动物学家们——比如康拉德·劳伦兹（Konrad Lorenz）和德斯蒙德·莫里斯（Desmond Morris）——撰写了把动物行为研究和进化论联系起来的畅销书，告诉读者人们和动物在性生活和职业生活中是何其相似，这是普通读者欣然接受的一种叙述方式（不仅仅是因为它为不文明的行为提供了一种生物学的托词）①。但是这些科普读物中有几本让道金斯感到恼火，因为他认为它们传播了错误的观点，即自然选择在确保物种的生存方面发挥了作用。

道金斯不赞同这个观点。他与剑桥大学的进化生物学家持有相同的见解，比如威廉·汉密尔顿（William Hamilton）和约翰·梅纳德·史密斯（John Maynard Smith）。他们是把遗传学的新发现与查尔斯·达尔文的旧观念关联起来以展示自然选择是**如何**发挥作用的生物学革命的一部分。这些新达尔文主义者认为自然选择并不是为了保证物种或者个体幸存下来，而是确保基因幸存下来。这就是从基因的角度看待进化。

这个观点让道金斯十分兴奋。他已经发表过有关从基因的角度看待进化的演说，并且渴望这些观点得到更广泛的传播。那时，他正沉浸在有关蟋蟀行为的研究项目中。但是在 1973 年，一场煤矿工人发动的罢工引发了为节省燃料而实行电力配给的行动，他的实验室研究工作被迫中断。电量只够每周工作三天，道金斯不得不推迟他的研究工作，于是他坐在了便携式打印机前面，开始撰写从基因的角度向公众解释进化的科普图书的第一章。

罢工结束了，电力得到了恢复。道金斯把手稿放到了书桌的抽

---

① Jenny Diski, "Back to *The Naked Ape*," *Guardian*, October 15, 2011, 9.

屉里，这一放就是两年之久。在发表了大量的从基因视角看待进化的文章后，他精神抖擞地返回到这个项目中，他后来回忆说，他"以近乎疯狂的创造力"撰写这部图书。当牛津大学出版社的迈克尔·罗杰斯（Michael Rodgers）读到他的作品时，他打电话给道金斯大声说道："我必须出版这本书！"出版社承诺将破纪录地在六个月内出版它。罗杰斯和出版商给这本书想了好几个名字，包括《永恒的基因》（*The Immortal Gene*）或者《合作的基因》（*The Cooperative Gene*）或者《无私的工具》（*The Altruistic Vehicle*）或者《基因机器》（*The Gene Machine*）①。道金斯最终给它起名叫《自私的基因》（*The Selfish Gene*）。

牛津大学出版社预测该书将会带来公众影响——因为它将对刚刚爆发的科学争议有所贡献。1975 年，哈佛大学生物学家 E. O. 威尔逊（E. O. Wilson）通过他的著作《社会生物学》（*Sociobiology*）引发了激烈的争论。他考察了动物社会行为的生物学基础，并且得出结论：侵略性、道德、宗教信仰和性别角色与我们的进化历史相关。在第二次世界大战后，利用生物学对行为进行解释的观点是禁忌。大屠杀就是建立在某些种族天生低劣的可恶观点之上的。美国数十年来的公民权利运动推翻了黑人生来下等的种族主义主张。

威尔逊的著作具有很大的煽动性，因而一系列左翼科学家和受马克思主义影响的科学家构成了一个社会生物学研究小组（Sociobiology Study Group，SSG），并对他的主张发起了挑战。其中进化生物学家史蒂芬·杰伊·古尔德和理查德·列万廷（Richard

① Dawkins, *An Appetite for Wonder*, 275 - 281; Soraya de Chadarevian, "The Selfish Gene at 30: The Origin and Career of a Book and Its Title," *Notes and Records of the Royal Society* 61, no. 1 (2007): 31 - 38.

Lewontin）是这个群体引人注目的成员，这个群体认为《社会生物学》传递了一个政治信息：他们认为这意味着某些人因其生物学特征而注定成为二等公民，何苦还要改变社会以实现人人平等呢？在他们看来，社会生物学对社会中权力的不平等分配提供了正当理由，为当前的现状提供了科学上的合法性，并且对社会变革施加了阻碍。

在这种氛围下，牛津大学出版社的迈克尔·罗杰斯对他的同事说，社会生物学正是"火爆的时候"——这只会有助于销售《自私的基因》①。该书首次出版于 1977 年。在该书出版的当月，英国广播公司的旗舰性科学节目——《地平线》（*Horizon*）——制作了一集题为《自私的基因》的节目。道金斯接受了采访，而主持人是他的导师和进化生物学的老前辈：约翰·梅纳德·史密斯。

道金斯与政治争议或者社会争议保持着距离。他着眼于从基因的视角向普通公众解释进化论。他没有使用数学，而是采用了绝妙的隐喻，这是很艰难的工作。基因是自私的，因为和其他基因相比，它们往往想增加自己繁殖和幸存的可能性。人类是他们基因幸存的机器，因为人类会死亡，但是他们的基因会继续生存下去。他在《自私的基因》的末尾表达了乐观的人文情怀，不像其他动物，人类并不是他们自私基因的奴隶，他们也受到道德和伦理的驱使。（《纽约时报》称之为"近乎是好莱坞式的结尾"②。）

《自私的基因》获得了普遍的好评。《纽约时报》称之为第一本通俗地诠释新达尔文主义的书，并且为未来的阐述设立了高标准。《华盛顿邮报》的评论者认为该书超越了科学，对人类生存状态提

①　引自 de Chadarevian, "*The Selfish Gene* at 30," 33.

②　John Pfeiffer, "*The Selfish Gene*," *New York Times*, February 27, 1977, 10.

供了一个前景黯淡却令人信服的看法。"这是我读过的有关人类的最冷漠、最不人道且最让人迷失方向的观点之一，"他写道，"但是我很喜欢它！它的见解如此深刻，它在无生命者和生者之间、化学和生物之间、随机和目的论之间、身体和精神之间架设起了桥梁。"《自私的基因》为评论者们提供了一个"有关我们是谁的清晰且怪异的观点"①。

道金斯开始卷入社会生物学的争议之中②。比如，1978 年《新闻周刊》（*Newsweek*）一篇题为《我们自私的基因》的 3 000 字专题报道对道金斯关于社会生物学的观点进行了讨论③。这本书在英国还产生了特别的政治反响。左翼批评人士将它阐释为给英国首相玛格丽特·撒切尔（Margaret Thatcher）的保守政策提供了生物学角度的正当理由。他们认为，撒切尔在社会层面上的政治个人主义反映了基因层次上的自私④。心理学家奥利弗·詹姆斯（Oliver James）认为这本书的观点抓住了 80 年代"贪婪是好事"（greed-is-good）的个人主义的**时代思潮**⑤。哲学家玛丽·米奇利（Mary Midgely）在评论中把道金斯的观点和那些文化潮流关联起来，称他是"不加批判的哲学利己主义者"，他的典型读者是那些"对人类个

① Douglas R. Hofstadter, "The Romance of Science," *Washington Post*, December 2, 1979, 1.

② Ullica Segerstråle, *Defenders of the Truth: The Sociobiology Debate* (Oxford: Oxford University Press, 2000).

③ Peter Gwynne, Sharon Begley, and Allan J. Mayer, "Our Selfish Genes," *Newsweek*, October 16, 1978, 118.

④ Steve Rose, Richard Lewontin, and Leon Kamin, *Not in Our Genes: Biology, Ideology and Human Nature* (London: Pantheon, 1984).

⑤ Oliver James, "Despite Ourselves, We Are All Gordon Gekkos Now," *Independent on Sunday*, January 27, 2008, 查询时间为 July 16, 2016, http://www.independent.co.uk/voices/commentators/oliver-james-despite-ourselves-we-are-all-gordon-gekkos-now-774535.html.

体心理有着模糊利己主义倾向的人"。她在《哲学》（*Philosophy*）期刊中写道，他"粗鲁的、廉价的、模糊不清的遗传学，是他粗鲁的、廉价的、模糊不清的心理状态的重要支柱"[①]。

道金斯把这本书作为独创性的科学知识。他写道，"一个科学家能做的最大贡献往往不是提出新的理论或者揭露一个新的事实，而是发现一个看待旧理论或者事实的新方式"[②]。这本书影响了专业的生物学家，因为它为他们的研究提供了一个清晰的现代达尔文主义框架。进化生物学家艾伦·格拉芬（Alan Grafen）写道，"我深信《自私的基因》给生物学带来了静悄悄的且立竿见影的革命"。他认为，其影响是静悄悄地发生的，尽管它不值得科学家们对其进行引用，因为它并不是以人口遗传学家这些进化理论中的权威所期待的数学形式来展现其观点的[③]。

道金斯为专业的进化论者撰写了他的下一本书——《延伸的表现型》（*The Extended Phenotype*，1982）。他把自私的基因拓展到了更具推测性的概念：以超出其有机体身体之外而在更广阔的世界产生影响——表型效应——的方式，基因增加了它们幸存下来的可能性。比如，海狸坝和它围成的湖面不仅是海狸本身的产品，也是基因的产品：湖水保护海狸不受捕食者的掠食，并为其提供食物。因而同坚固的大坝相关的基因会以牺牲它竞争对手——与软弱大坝相关的基因——为代价幸存下来。

---

① Mary Midgley，"Gene-Juggling," *Philosophy* 54，no. 210（1979）：439-458.

② Richard Dawkins，*The Selfish Gene*（Oxford：Oxford University Press，1989），ix.

③ Alan Grafen and Mark Ridley(eds.)，*Richard Dawkins: How a Scientist Changed the Way We Think*（Oxford：Oxford University Press，2006），72. 出版社在这本书 30 周年纪念版的宣传语中说，这本"富有想象力的、具有影响力的且文体上才华横溢的作品不仅让广大读者洞察到新达尔文主义，而且会让生物学共同体感到震惊，产生很多辩论并刺激这个全新的研究领域"。

　　道金斯把这本书看作是他一流的独创研究。"最后四章,"他写道,"最确切地反映了我提供的'革新性'的书名。"① 在以《自私的基因之子》为标题的评论中,《生物学评论季刊》(*Quarterly Review of Biology*) 总结说,"对于人口遗传学家而言,这本书没什么新鲜内容"②。《美国科学家》(*American Scientist*) 对它进行了谨慎的赞扬,把它作为"有关进化论过程的可读的但非常个性化的叙述"向读者进行推荐③。《科学》杂志没有被他的论点完全说服,但认为这本书表明了为什么进化论在 80 年代早期如此让人兴奋④。

善于雄辩的神创论挑战者

　　神创论骗取了这种兴奋。在罗纳德·里根(Ronald Reagan)治下,重塑的共和党把商业和宗教保守派整合在一个政治旗帜之下,神创论运动在 20 世纪 70 年代和 80 年代上升为一种文化力量。神创论者成为自诩的创世论科学家,他们辩称化石记录是因诺亚洪水而形成的,并且世界形成于 6 000 年到 10 000 年前。(到 90 年代末,神创论演变成了智能设计。他的拥护者声称生命形式过于复杂,因而他们一定是由一个超自然的造物主设计的。他们主张有关进化论机制未解决的议题意味着这个理论存在着重要的缺陷,并且游说公立学校向学生教授他们有关进化论的假定理论。)

---

① Richard Dawkins, *The Extended Phenotype: The Long Reach of the Gene* (Oxford University Press, 1999), vi.

② John A. Endler, "Son of Selfish Gene," *Quarterly Review of Biology* 58(1983): 224 - 227.

③ Richard E. Michod, "The Extended Phenotype," *American Scientist* 71, no.5 (1983): 526.

④ Christopher Wills, "Evolution by Metaphor," *Science* 218, no. 4577 (1982): 1109 - 1110.

　　神创论者在公众辩论中进行着游说。神创论研究所（Institute for Creation Research，ICR）是这场运动的旗舰机构，它使大学辩论成为其宣传活动的基石。在 70 年代和 80 年代，神创论研究所在全美开展了 300 多场公众讨论[①]，他们的看法获得了大量的公众支持。1982 年，盖洛普的民意测验发现，被调查的美国人中有 44% 认为是上帝创造了人类目前的形式，47% 的人相信进化论——然而，在这 47% 的人当中，有 38% 认为上帝指引着进化，只有 9% 相信进化不需要上帝的存在[②]。

　　在这样的背景下，道金斯于 1986 年出版了《盲眼钟表匠》（*The Blind Watchmaker*）。"在其他科学分支中，达尔文主义似乎比类似的既定真理更需要拥护和支持。"道金斯写道。并且他承担起了公众倡议者的角色，把这本书定格为对神创论的直接挑战。他给本书加的副标题是：《为什么进化的证据揭示了一个没有设计的宇宙》（*Why the Evidence of Evolution Reveals a Universe without Design*）。他阐释了渐进演化如何塑造了地球上所有的生命，用蝙蝠的声呐和人眼的进化来说明随着时间的推移，累积的自然选择是非随机的，没有长期目标，没有终极目的，除了短期的幸存或者繁殖成功之外没有其他目的。他希望这本书"说服读者，达尔文主义者的世界观不仅**碰巧**是正确的，而且它是——在原则上——**可以解开我们存在之谜的唯一已知理论**"[③]。

---

① Hee-Joo Park, "The Creation-Evolution Debate," *Public Understanding of Science* 10 (2001)：173 - 186.

② 有关神创论的历史，参见 Ronald L. Numbers, *The Creationists* (New York：Alfred A. Knopf, 1992)；Chris Mooney, *The Republican War on Science* (New York：Basic Books, 2006)；以及 Barry A. Palevitz, "Intelligent Design Creationism：None of Your Business? Think Again," *Evolution* 56, no. 8 (2002)：1718 - 1720.

③ Richard Dawkins, *The Blind Watchmaker* (London：Penguin, 1991)，xiv - xv，着重号为原文所有。

《盲眼钟表匠》在文化中传播着这些观点。它的平装本在 1988 年登上了《星期日泰晤士报》畅销书榜单的第二位，同年《纽约时报》也把它列为著名的平装本图书。道金斯在一期《地平线》节目上讲述了这本书的中心议题。《悉尼先驱晨报》给这本书加的标签是"有关进化论与神创论辩论的当代状况的开创性著作"[1]。《纽约时报》说它"可能协助了那些试图让科学不受宗派主义者抨击的人"[2]。伦敦的《泰晤士报》把这本书定位为"达尔文主义的一个扩展的论战"[3]。

达尔文主义在 90 年代的学术生活和流行文化中蓬勃发展。它从进化论生物学迁移到了其他领域，产生了理解旧的学科的新方式，在某些情况下产生了新的领域，比如进化心理学、进化经济学、进化医学，甚至是进化文学批评理论。哲学家丹尼尔·丹尼特（Daniel Dennett）的话令人记忆深刻，他形容达尔文主义是通用酸，可以腐蚀和烧穿它所碰到的任何东西。

达尔文主义抓住了公众的想象力，因为畅销书目的激增不仅解释了自然选择，而且让读者有机会洞察到生命的起源和意义[4]。英国文艺评论员梅尔文·布莱格（Melvyn Bragg）在 1998 年写道，"理查德·道金斯在现代生物学凯歌高奏的潮流中带着惊人的成功在冲浪，这证明了在现代生物学潮流所及之处，达尔文主义是我们这个时代的'主义'"[5]。道金斯把这个主题进行了扩展，写成了

① "The Blind Watchmaker," *Sydney Morning Herald*, December 30, 1989.

② Michael T. Ghiselin, "We Are All Contraptions," *New York Times*, December 14, 1986, 18.

③ Sarah Duncan, "The Zoology Man," *Times* (London), October 3, 1986.

④ Jon Turney, "Telling the Facts of Life: Cosmology and the Epic of Evolution," *Science as Culture* 10 (2001): 225 – 247.

⑤ Melvyn Bragg, "There Is Poetry in Science," *Observer*, October 18, 1998, 13; Daniel C. Dennett, *Darwin's Dangerous Idea: Evolution and the Meanings of Life* (New York: Simon & Schuster, 1995).

90 年代的两本著作，《伊甸园之河》（*River Out of Eden*，1995）和
《攀登不可能山峰》（*Climbing Mount Improbable*，1996），这两本
书都讨论了他公众职业最重要的主题：达尔文主义在解释生命方面
有几乎无限的力量[①]。

　　道金斯和古尔德是普及达尔文主义的两个最具影响的作家。他
们两人分别象征着截然不同的进化思想学派。古尔德和道金斯在进
化论的技术性细节和自然选择的重要性方面存在着分歧。道金斯认
为自然选择在基因层面上发挥作用，并且进化通过很长时间里基因
谱系的复杂适应而逐渐发生。他和他的同事被称为渐变论者或者适
应主义者。他们认为可以通过基因之间的竞争和适应对进化进行研
究。古尔德则在古生物学时间表上来考察生命进化的大规模历史，
他认为自然选择也在有机体、群体和物种的层次上发挥作用。

　　在他们两人周围形成了一个撰写达尔文主义的科学家和哲学家
的矩阵。记者安德鲁·布朗（Andrew Brown）在《达尔文战争》
（*The Darwin Wars*，1995）中把这些作家们不是划分成了古尔德派
（Gouldians），就是划分成了道金斯派（Dawkinsians）。他说这两派
的交锋在"流行文化中"引发了一场"革命"[②]。他们的冲突创造出
了自己的衍生产品：《道金斯与古尔德：优胜劣汰》（*Dawkins vs.*
Gould: Survival of the Fittest，2001），为普通读者解释了这两种观

[①] 道金斯将在 *The Ancestor's Tale: A Pilgrimage to the Dawn of Evolution*（2004）中更深入地探讨
这个主题，对于一位作家来说，道金斯有关地球上的生命史是"伪装的一种教科书"。Jon
Turney，"The Latest Boom in Popular Science Books," in *Journalism*，*Science and Society*：
Science Communication between News and Public Relations，ed. Martin W. Bauer and Massimiano
Bucchi（New York：Routledge，2007），89.

[②] Andrew Brown, *The Darwin Wars: How Stupid Genes Became Selfish Gods*（London：Simon &
Schuster，1999），21.

点的巨大冲突。《观察家新闻报》在 1998 年把这种冲突描述为"刻薄者的幸存"（Survival of the Bitchiest）。这篇文章说，双方的科学家都是"深谙世故的自信满满的自吹自擂者"。学术口水战让人很难过，因为两者在公众理解进化论方面都起到了积极的推动作用。文章提到，"另外一方面，没有什么比任性的侮辱更能提升图书的销售了"[①]。生物史学家尤里卡·塞格斯特罗勒（Ullica Segerstrale）写道："争议物有所值，并且……一个巴掌拍不响。"[②]

道金斯和古尔德都轻而易举地成了神创论最明显的敌人。因此，菲利普·约翰逊（Philip Johnson）曾经说过他想与道金斯或者古尔德进行辩论，因为他们是达尔文主义重要的公众代表。约翰逊是在加利福尼亚大学伯克利分校任教的长老会（Presbyterian）律师，同时也是智能设计运动中很有影响的人物。到 90 年代中期，科学作家约翰·格里宾把道金斯称为"达尔文的新斗牛犬"[③]。

帅气的鹰派科学发言人

到 90 年代中期，道金斯已经是一个被认可的科学明星了。比如，1996 年《卫报》对距离伦敦很近的布拉顿的一个文学节进行了报道，这个文学节上道金斯下午 6 点演讲的门票已经售罄。"理查德·道金斯有些紧张。这让人很吃惊，"该报道提到，"他有一系列

①　Robin McKie, "Survival of the Bitchiest as the Darwinian Bulldogs Go to War," *Observer*, September 27, 1998, 3.

②　Segerstråle, *Defenders of the Truth*, 324.

③　John Gribbin, "The Gene Genie," *Sunday Times*, May 21, 1995.

让他信心爆棚的条件：如小行星般大小的头脑，让普通小说家心生妒忌的语言掌控能力，在牛津大学的一个教席，有着 40 年代电影明星般狂热且鹰派的长相。"

　　记者注意到，道金斯的第三任妻子——女演员拉拉·沃尔德（Lalla Ward）——也夹杂在观众中，她因在科幻节目《神秘博士》（*Doctor Who*）中扮演的角色而知名。她现在也给道金斯的图书做插图，并且在进化论的启发下为道金斯设计领带款式。道金斯迷住了观众。"当他说话的时候，整个剧场都竭尽全力地在聆听。当他停下来的时候，听众们似乎可以稍微放松一下，就好像他在帮助听众们开始消化被他横溢的才华洗尽铅华后的针对性观点。"《卫报》写道，"当演讲结束后，掌声雷动，并一直持续到他离开演讲台。"

　　《卫报》的文章还表明了科学写作的受欢迎程度。道金斯是夜晚文学节的暖场人物，在夜场活动中小说家们将讨论谍战作品。但是那场活动被取消了，因为没有一张票售出①。

　　在 1995 年，道金斯所享有的这种公众声望和文化影响被转变成了一种学术地位。他辞去了受尊敬的动物学准教授职位，并且成为牛津大学最早的公众理解科学教授。这是一个为向公众传播从事科学的乐趣的科学家而设立的职位。用哲学家迈克尔·鲁斯（Michael Ruse）的话说，道金斯成了"科学指定的发言人"②。

　　对于科学记者约翰·霍根来说，道金斯是一个非常合适的公共知识分子。"他是一个冷酷的帅哥，有着虎视眈眈的眼神，刀锋般立体的鼻子，以及不协调的红润的面颊。他穿着好像很昂贵且量身

① Tim Radford, "Astounding Stories," *Guardian*, July 17, 1996, T2.
② Michael Ruse, "The Survival of the Evolutionists," *Globe and Mail*, December 12, 1998, D19.

定制的西装，"霍根在《科学的终结》（*The End of Science*，1996）中写道，"当他伸出纹理入微的双手来谈自己的看法时，它们稍微有些颤抖。这不是一个紧张的人所表现出来的颤抖，而是一个在观念斗争中完美高效的竞争者的颤抖：达尔文的灰狗。"①

　　在他的新角色中，道金斯对那些他认为质疑科学和理性的人进行了诋毁。在《伊甸园之河》（1995）中，他已经对极端的后现代主义者的断言进行了抨击，这种断言用他的话说就是"科学和部落神话同样都不占有真理"。道金斯的回应是："在三万英尺的高空给我一个文化相对主义者，我就给你一个伪君子。根据科学原理制造出来的飞机会发挥作用。"②

　　他继续把文化相对主义者和后现代主义者批判为科学的敌人。他们是"汇集了似乎不值得成人关注的伪哲学假贵族的低品位知识分子"的供应商③。这些作家们都遵从他所谓的"道金斯难度守恒定律"（Dawkin's Law of the Conservation of Difficulty）："某一学科中的蒙昧主义会不断扩张并填补其内在简单性的真空。"④《解析彩虹》（*Unweaving the Rainbow*）首次出版于1998年，道金斯在书中对撰写了反科学长篇大论文章的作家们进行了抨击，因为他们"个人感到极度痛苦、遭受威胁、受到围攻，并且由于科学看起来是难以驾驭的而产生了屈辱感"⑤。

　　杰出的科学作家蒂莫西·费瑞斯在《纽约时报》发表了题为

①　John Horgan, *The End of Science: Facing the Limits of Knowledge in the Twilight of the Scientific Age* (London: Abacus, 1998)，116.

②　Richard Dawkins, *River out of Eden: A Darwinian View of Life* (London: Phoenix, 1995)，35 - 36.

③　Richard Dawkins, *A Devil's Chaplain: Selected Essays* (London: Phoenix, 2004)，22.

④　Dawkins, *A Devil's Chaplain*，8.

⑤　Richard Dawkins, *Unweaving the Rainbow* (London: Penguin, 2006)，34 - 35.

《欺诈！赝品！骗子！》（*Frauds! Fakes! Phonies!*）的一篇评论，在评论中他认为，在《解析彩虹》这本书所处的文化中，大众化的反科学电视节目对异常现象进行调查，同时像《高级迷信》（*Higher Superstition*）这样的精英图书对后现代主义者的科学作品进行抨击。但是费瑞斯认为道金斯著作的影响力有限："阅读该书的大多数读者都是已经认同他观点的大学教授。"①

但是《解析彩虹》不仅仅是一种抨击。它清晰且具体地阐明了90年代中期道金斯已经设立的工作核心目标：他希望用对自然界荣光的理性鉴赏来取代对反理性主义的神秘主义的误导且恶意的信任。在这本书中，他旨在创造"诗意的科学"。换句话说，一种科学家和诗人对世界如何运转的非理性妄想提出质疑并对所有自然现象（从相对论到彩虹）的美丽和庄严产生他们自己的描述的文体。科学是诗意的，科学可以唤起奇迹，科学可以揭示美。

记者们揭露着他个人生活的细节。具有标志性的是《卫报》的一个长篇采访。该文描述了他与拉拉·沃尔德共有的位于牛津北部的一所大房子，可以通过"墙上两个缺口中的一个轻易地进去，砾石上蜷缩着长得很雅致的一片小草，但其边缘不怎么整洁"。道金斯被描述成"一群幸运儿之一，在他身上你仍然可以看见他少年时的面孔，尽管他已经是一个有着白如柳絮的眉毛和灰白头发的56岁老人了"。记者问到在有了女儿后，他的生活和写作发生了什么变化。"我不是经常见到她，对此我非常抱歉。我只是隔周的周末见到她。"道金斯回答说，"如果你忙于设法确保每个周末都顺利地告一段落，并且那些事情不能出差错，那么你就无暇顾及其他奢

① Timothy Ferris, "Frauds! Fakes! Phonies!" *New York Times*, January 10, 1999, 7.

侈的事情。"

这篇文章发现了所谓的"道金斯悖论"。他的作品有着强有力的直率，然而记者发现他本人并不吸引人。原因呢？记者写道，"也许是他身上带着高智商优越感的疯狂的牛津风……与他灵敏的个人敏感度结合在一起的缘故"。但是对于道金斯来说，通过文字展现科学之美并非易事。用记者的话来说，他的公众形象已经携带了"很多包袱"，他会对他认为有误导性的其他进化论学者予以讽刺攻击，或是对宗教给予激烈的抨击，这在很大程度上界定了他当前的公众形象。如果"他不继续这样做的话"，他无法写下大自然的奇妙[1]。

这种公众形象偶尔也会成为离奇故事的主题。当道金斯说道，在适当的情况下他会让自己的女儿被克隆之后，《每日邮报》提出道金斯是否"是当今英国最危险的人物"的疑问。它把道金斯称为"激进的无神论者"，并且认为"道金斯，这个在电视和广播上英俊潇洒、花言巧语且自信满满的表演者，不仅利用他的立场来削弱对上帝的信仰，而且还竭力主张许多人觉得可怕的科学冒险主义"[2]。（随后道金斯把这篇文章中的照片用作自己的网络头像。）

其他一些更敏感的作家和记者把道金斯的公众自我和私人生活进行了对比。作家马利克·科恩（Marek Kohn）在他有关自然选择和"英格兰化"的图书中对道金斯进行了描述。他把道金斯描述成一个害羞的人，他有着"勤勉谦恭"的态度，而这种态度产生了

---

① Colin Hughes，"Richard Dawkins: The Man Who Knows the Meaning of Life," *Guardian*，October 3，1998，6. 该文的另一个题目是"The Evolution of Richard," *Sydney Morning Herald*，November 28，1998，35.

② Paul Johnson，"Is This the Most Dangerous Man in Britain Today?" *Daily Mail*，February 1，1999，10.

"一道调和而非敌对的防线"。他还提到道金斯"受普遍关注的外表通过时尚眼光所选择的修饰和装饰能衬托出最佳效果"①。《卫报》说道金斯的家看起来更像是一个"好玩的图书馆",在那里墙上放满了图书、"面具、兔子模型、鸟巢和来自古老的旋转木马上的木质小马",楼下浴室的特色是放满了镶在框里的博士学位、奖项以及道金斯从网络上下载的一个装饰:世界生命教会(the Universal Life Church)的一个证书②。

著名的作家和记者对他的品格也发表了深入的见解。作家兼怀疑论者迈克尔·舍默(Michael Shermer)说,道金斯"稍微有点害羞和安静",尽管"他有着倔强的自我中心主义者的名声"③。英国记者布莱恩·阿普尔雅德说,道金斯是"我知道的最奇怪的人之一……他是一个十分容易激动且经常发脾气的人。我曾看到他气冲冲地离开一次气氛友好的晚宴,因为他不喜欢那里的音乐"④。对于记者鲁思·格莱德希尔(Ruth Gledhill)来说,这个科学家"本人与描述中的易怒且充满仇恨的反宗教人士的形象毫无相似之处"。她写道,与他本人见面让人感觉"有点超然"⑤。

阿普尔雅德对道金斯的影响力和声望提供了一种解释。"道金斯是至高无上的元权威思想者,"他写道,"是主宰者的雄辩捍卫

---

① Marek Kohn, *A Reason for Everything: Natural Selection and the English Imagination* (London: Faber & Faber, 2005), 319.

② Simon Hattenstone, "Darwin's Child," *Guardian*, February 10, 2003.

③ Michael Shermer, "The Skeptic's Chaplain: Richard Dawkins as Fountainhead of Skepticism," in *Richard Dawkins: How a Scientist Changed the Way We Think*, ed. Alan Grafen and Mark Ridley (Oxford: Oxford University Press, 2006), 228.

④ Bryan Appleyard, "The Fault Is Not in Our Genes But in Our Minds," *Sunday Times*, November 28, 2004, 5.

⑤ Ruth Gledhill, "God ... in Other Words," *Times* (London), May 10, 2007, 4.

者，但是很少表达我们这个时代的世界观——好斗的无神论和世俗主义，柔和的左倾主义、科学主义和对进步的信念。对他的粉丝来说，他是理性的化身。"[①]

对其他作家来说，他的一部分吸引力在于他好斗的知识分子风格。科学记者罗宾·麦凯（Robin McKie）称道金斯是"科学中的警探哈里（Dirty Harry）"——"你不用给他分配任务。你只需要让他随心所欲。"[②]英国政治杂志《旁观者》用具有自己特色的动词对道金斯的抨击做出了回应。在对其 2003 年的论文集《恶魔的教士》（A Devil's Chaplain）进行评论的时候，它这样写道："成为道金斯式的人物不仅仅是要被责骂或者被痛打一顿：这需要被研碎，被磨成粉末，并被转换成普遍适用的原始糨糊。"但是该杂志说，道金斯对那些他认为是真理之敌的人进行的抨击通常太过于粗鲁和咄咄逼人了。它写道，"道金斯看起来是科学雇用的打手：穿着破衣烂衫的彪形大汉，手拿棒球棒，迈步向前执行一场混乱且不必要的"死刑[③]。

然而，尽管有着学术头衔，道金斯并没有欣然接受英国迅速发展的公众理解科学（PUS）运动[④]。在《解析彩虹》中，他把很多公众理解科学活动轻蔑地视为有损科研工作尊严的低俗活动。他写道，"滑稽的帽子和玩闹的声音宣称科学有趣，有趣，有趣。怪诞

① Appleyard, "The Fault Is Not in Our Genes But in Our Minds," 5.

② Robin McKie, "Doctor Zoo," *Observer*, July 25, 2004, 25.

③ Robert Macfarlane, "Articles of Faith," *Spectator*, February 15, 2003, 查询日期为 July 16, 2014, http://www.spectator.co.uk/books/20455/articles-of-faith/.

④ Brian Trench, "Towards an Analytic Framework of Science Communication Models," in *Communicating Science in Social Contexts: New Models*, *New Practices*, ed. Donghong Cheng, Michel Claessens, Toss Gascoigne, Jenni Metcalfe, Bernard Schiele and Shunke Shi (Berlin: Springer, 2008), 121.

的'名人'表演着爆炸和时髦的把戏"，这些活动"暴露出了一种科学家们渴望被爱的焦虑情绪"。一种更现实的途径是把科学呈现为一项难度很高的学科，只有专注的人通过有价值的艰苦卓绝的努力才能掌握。作为一种比拟，"科学"这支军队"肯定不能承诺这是一项轻松的工作：他们寻找的是足够专注的年轻人来胜任这项工作"①。道金斯说他没有谴责所有的科学素养活动——"只谴责那种玷污了科学的奇迹的民粹主义者活动"。

相比之下，道金斯把自己置于一个不同的传统中。"在科学写作方面，我是卡尔·萨根派，"他后来说，"科学作品应该优美、启发灵感、扣人心弦且引人入胜"。②但是他有关科学传播的观点并不全是美学的。他也认为科学新闻太重要了，因而不能只留给科学记者，并且科学家们发现的客观真理应当享有与诽谤法律类似的法律权利，以保护科学的名誉。他把自己的传播哲学整理进了他在2000年提交给首相托尼·布莱尔（Tony Blair）的一份备忘录中。"如果要求我用一个短语来描述我作为公众理解科学教授的角色，"他写道，"我想我会选择'无私真理的倡导者'（Advocate for Disinterested Truth）。"③

第一个明星无神论者

早在撰写《自私的基因》的时候，道金斯就写到了有关宗教的

---

① Dawkins, *Unweaving the Rainbow*, 22 - 23.
② Eryn Brown, "Feeding an Insatiable 'Appetite for Wonder,'" *Los Angeles Times*, November 30, 2013, AA2.
③ Dawkins, *A Devil's Chaplain*, 43.

内容。《自私的基因》介绍了他迷因的概念——用来解释文化概念在世代相传中如何复制和幸存的类似于基因的文化单位，比如歌曲、宗教信仰和民间传说。道金斯列举的迷因的主要案例是宗教信仰。

随着他的公众职业持续发展，他对宗教的批判越来越强烈，并且为无神论辩护。但是9·11恐怖袭击成为其公众职业的关键时刻。两架飞机冲入世贸中心并导致3 000人死亡的这场恐怖袭击使道金斯的写作更为激进。他抛弃了人们对宗教的敬重在某种程度上让这种话题与批判主义格格不入的观念。

在恐怖袭击后的第四天，他在《卫报》中写道，对来世的信仰激发了基地组织的劫机犯。"让宗教，或者亚伯拉罕的宗教遍布全球，就好像是在大街上凌乱堆放着上膛的机枪，"他写道，"如果这些机枪被派上用场，你不要惊讶。"① 他想把自己的观点立刻变成一本书，但是代理商认为在恐怖袭击刚刚过去不久，美国不会接受这样一本对宗教吹毛求疵的作品。道金斯继续等待着。

《上帝错觉》首次出版于2006年，这本书是对宗教和信徒的全面抨击。道金斯认为信仰超自然的神没有理性基础，也没有证据支持宗教信仰。但这不仅仅关乎个人问题：他认为宗教信仰阻碍了公众生活的进步。在这本书中他呼吁加强无神论武装，力图把宗教信徒和不可知论者转化成无神论者，并在书后附加了一个无神论者支持群体的名单。《上帝错觉》和《万恶之源？》（*Root of All Evil?*）同时发布，后者是在英国公共服务电视台第4频道首播的一档纪录片，该节目把宗教描述成世界上的一股邪恶力量。当《卫报》问他

---

① Richard Dawkins, "Religion's Misguided Missiles," *Guardian*, September 15, 2001, 20.

这一部分的智力成果为何如此强烈时，他说："我似乎，我似乎失去了耐心。"①

这本书让评论者出现了极化。学者们就他们认为的道金斯对宗教理解上的不足进行了批判。哲学家托马斯·内格尔（Thomas Nagel）在《新共和》（*New Republic*）中认为道金斯的哲学著作是业余水平的②。进化生物学家 H. 艾伦·奥尔（H. Allen Orr）在《纽约书评》中指出，道金斯早期科学作品中那种对细微差别的详细阐述和关注不见踪影了，并且在提到宗教的时候，他"是一种笨拙的工具，这种工具无法把一元论者和堕胎诊所的炸弹手区别开来"③。对于奥尔来说，《上帝错觉》不是一本科学著作或者进化生物学著作。"道金斯有关上帝的任何一个响亮的声明都不是从任何实验或者一份数据中得出的，"他说道，"这只是道金斯的自说自话。"在《伦敦书评》（*London Review of Books*）中，文化批评家特里·伊格尔顿（Terry Eagleton）指出道金斯没有接受过神学训练。此外，他认为如果这本书让其作者，也就是道金斯，避免使自己成为"本书中提到的第二最多的个人——如果你把上帝也看作是一个个体的话"，这本书可能会更好④。

道金斯的支持者则对这本书进行了辩护。丹尼尔·丹尼特说这本书并不意在对哲学理论做出贡献，而是希望提高普通读者的自我意识⑤。诺贝尔物理学奖得主史蒂文·温伯格（Steven Weinberg）说，对道金斯缺乏哲学训练或者神学训练而进行抨击是不公平的，

---

① Decca Aitkenhead, " 'People Say I'm Strident,' " *Guardian*, October 25, 2008, 31.

② Thomas Nagel, "The Fear of Religion," *New Republic*, October 23, 2006.

③ H. Allen Orr, "A Mission to Convert," *New York Review of Books*, 54, January 11, 2007.

④ Terry Eagleton, "Lunging, Flailing, Mispunching," *London Review of Books*, October 19, 2006.

⑤ Daniel Dennett, "The God Delusion," *New York Review of Books*, 54, March 1, 2007.

因为期望只有专家对公共事务进行评论是不合理的①。小说家伊恩·麦克尤恩（Ian McEwan）对道金斯毫不掩饰的理智诚实予以称赞②。在该书平装本的序言中，道金斯对他称之为相信信仰的无神论评论家的软弱自由主义进行了斥责。他认为该书的批判对象——福音主义者杰瑞·法威尔（Jerry Falwell）和帕特·罗伯特森（Pat Robertson），以及奥萨马·本·拉登（Osama bin Landen）和阿拉图拉·哈梅内伊（Ayatollah Khomeini）——并不是非典型的漫画人物，而是在文化生活中具有影响力和说服力的存在③。

新社会运动的挂名领袖

《上帝错觉》在公民中引发了共鸣，在全球销售了 150 余万本。这成了缺乏公众发言人的全球无神论者的一个标志性文本，尽管事实上不到 1/10 的西欧公民去教堂做礼拜，1/7 的美国公民认为他们自己对宗教完全无动于衷④。即便如此，无神论者在美国公众生活中的空间也十分有限，并且还会招致很大的个人和社会羞辱⑤。对于迈克尔·舍默来说，这本书的成功通过市场见证表明了"很多人——现在我认为，比民意调查显示的更强烈——渴望某个

---

① Steven Weinberg, "A Deadly Certitude," *Times Literary Supplement*, January 19, 2007.

② Ian McEwan, "A Parallel Tradition," *Guardian*, April 1, 2006.

③ Richard Dawkins, *The God Delusion* (London: Black Swan, 2007).

④ Robert C. Fuller, *Spiritual, but Not Religious: Understanding Unchurched America* (New York: Oxford University Press, 2001).

⑤ Richard Cimino and Christopher Smith, "The New Atheism and the Formation of the Imagined Secularist Community," *Journal of Media and Religion* 10 (2011): 24-38.

拥有声望和权力的人用雄辩有力的声音替他们说话"①。

这本书引发了一场社会运动。道金斯观点的各种变体不约而同地出现在了著名知识分子出版的图书中：山姆·哈里斯（Sam Harris）的《信仰的终结》（*The End of Faith*，2004）、丹尼尔·丹尼特的《打破魔咒》（*Breaking the Spell*，2006）以及克里斯托弗·希钦斯（Christopher Hitchens）的《上帝并不伟大》（*God Is Not Great*，2007）。这四本书共同构成了新社会运动——新无神论——的基础文本。

新无神论者对宗教进行了直接的抨击，目标是说服无信仰者宣布他们是无神论者，他们认为信仰是没有证据支持的未经证明的信念，并且相信宗教是注定要失败的。他们认为科学是认识世界的唯一途径，也是治愈信仰和引导人们走向理性启蒙的途径。这场运动对怀疑论者和世俗人文主义者长期艰苦卓绝的工作也表示赞同和支持，他们在公众中倡导理解世界应该以理性、证据和共识为基础，而非超自然力量②。

这些作家们把自己看作是社会变革的代理人。类似于女权主义者和同性恋权利运动所做的努力，他们致力于动员边缘化的公民，试图说服无信仰者站出来宣称自己是无神论者③。宗教学者们认为，这四本新无神论著作成了把全球各种各样的世俗主义者团结起来的

① Michael Shermer, "Arguing for Atheism," *Science* 315, no. 5811 (2007)：463.

② Trench, "Towards an Analytic Framework of Science Communication Models," 122.

③ Andrew Brown, "The New Atheism: A Definition and a Quiz," *Guardian*，December 29, 2008，查询日期为 July 16, 2014，http://www.guardian.co.uk/commentisfree/andrewbrown/2008/dec/29/religion-new-atheism-defined.新无神论和社会运动共享三个核心特征：他们和可确认的对手存在冲突，他们由非正式网络联系起来，他们有集体认同。参见 Donatella della Porta and Mario Diani, *Social Movements: An Introduction* (Malden, MA: Blackwell Publishing, 2006).

文化试金石，他们利用这些文本来明确并深化他们的无神论①。

　　道金斯成为这场新社会运动的名誉领袖。《连线》（*Wired*）称他为新无神论的"领军人物"②。如图 3 - 2 所示，通过《上帝错觉》，全球媒体对道金斯的兴趣一路飙升③。

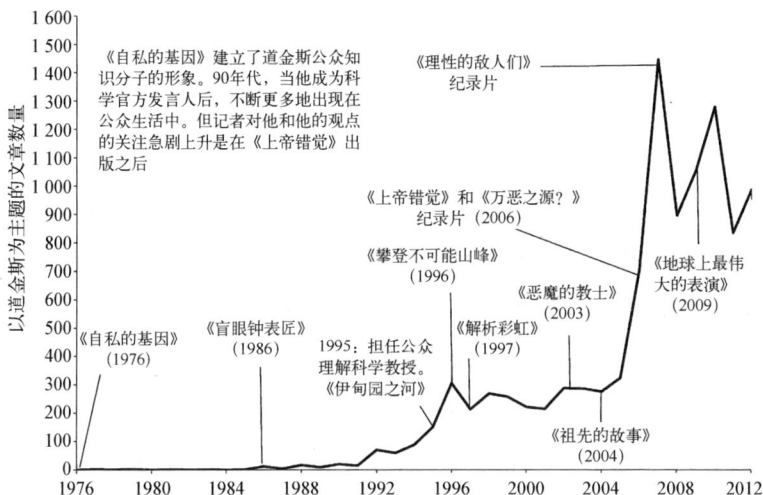

图 3 - 2　理查德·道金斯公共职业生涯期间媒体对他的兴趣变化

　　这本书的流行和道金斯大量的媒体曝光让他建立起了一个围绕着其科学无神论倡议的共同体。2006 年，他成立了理查德·道金斯理性和科学基金会。该基金会刚一成立，道金斯就阐明了其使

---

① Cimino and Smith，"The New Atheism and the Formation of the Imagined Secularist Community，" 37.

② Gary Wolf，"The Church of the Non-Believers，" *Wired*，November 2006，182 - 193.

③ 作为文化形象的一个指标，我为道金斯获得的媒体关注设定了唐斯式的经典模式，从 Lexis-Nexis 数据库中抓取提到他名字的素材，逐年地在世界主流出版物的标题下进行搜索。这不是一种正规的内容分析法，却是旨在以某种方式刻画出长期以来对他的关注。还应该注意的是 Lexis-Nexis 中 1980 年之前的档案通常是不完整的。参见 Anthony Downs，"Up and Down with Ecology：The 'Issue-Attention Cycle，'" *Public Interest 28*（1972）：38 - 50.

命："启蒙运动正遭受威胁。理性如此。真理如此。科学亦如此，特别是在美国的学校中。"他写道，"我是那些感觉一味继续埋头做科学已经不够的科学家之一。我们必须投入很大一部分时间和资源，让科学免遭来自有组织的无知力量的蓄意攻击。"

他还建立了理查德·道金斯网站（Richarddawkins. net），这是一个他的支持者可以聚集起来讨论无神论问题并且阅读与道金斯有关的所有资料的空间。粉丝们可以购买图书、DVD、有声读物、手提包、马克杯、保险杠贴纸、印有《上帝错觉》的 T 恤衫、帽衫以及呈 A 型的徽章——以表明他们是无神论者。他们还阅读敦促无信仰者公开宣布他们是无神论者的"站出来"（Out）运动的叙述。他们可以从上面打印传单、与其他无神论者交流以及给道金斯留言——道金斯通常会进行答复。

支持者们在网络上对道金斯表达崇敬和吹捧。在 YouTube 官网的道金斯主页上，2009 年 7 月 3 日的一些评论中就有："道金斯先生，你太牛了。我希望更多的人可以看到你的观点，也许那时我们就可以建立一个更好的世界"（来自 bloodlover）；"理查德·道金斯万岁。我爱死道金斯了……谢谢你打了漂亮的一仗。谢谢你把无神论带到了阳光之下，并且让普通人更容易接近"（来自 reytrue）；"道金斯自己就是神。无神论之神"［原文如此］（斯巴达战士）；"如果我能和道金斯握手，我保证，我将**永不**再洗手！我的手上将有天才的 DNA！对我来说，这就好像遇到了柏拉图或者爱因斯坦。"（来自 silviafarfallina）[①]。

对于一个宗教社会学家来说，道金斯扮演了一个类似于福音传

---

① 查询日期为 July 3，2009，http：//www.youtube.com/user/richarddawkinsdotnet.

播者的象征性角色。道金斯是无神论者的模范和榜样。《上帝错觉》不仅传播了观点，而且成了无信仰者确立其无神论者身份的图书。道金斯的媒体形象和商业产品有助于把无神论合法化为一种生活方式①。

围绕着《上帝错觉》形成了一个出版业的子行业。对道金斯予以反驳的著作有约翰·康威尔（John Cornwell）的《达尔文的天使：对"上帝错觉"的天使的还击》（*Darwin's Angel: An Angelic Riposte to "The God Delusion"*，2007）和牛津大学神学家阿利斯特·麦格拉思（Alister McGrath）与人合著的《道金斯错觉？无神论原教旨主义和对神圣的否认》（*The Dawkins Delusion? Atheist Fundamentalism and the Denial of the Divine*，2007）。反道金斯的著作则包括：《上帝不是错觉：对理查德·道金斯的驳斥》（*God Is No Delusion: A Refutation of Richard Dawkins*，2007）以及《挑战理查德·道金斯：为什么理查德·道金斯对上帝的认识是错误的》（*Challenging Richard Dawkins: Why Richard Dawkins Is Wrong About God*，2007）。

同时，道金斯还通过传统媒体传播这些观点。他主持了两集纪录片《理性的敌人们》（*The Enemies of Reason*，2007），在这档节目中他揭穿了各种形式伪科学的真相。在这个故事中，他是一个重要人物。观众们看到他被拍摄出来的光环，看到他的塔罗牌占卜，他的脉轮被发光的晶体赋予了能量。《查尔斯·达尔文的天才》（*The Genius of Charles Darwin*，2008）是一档三集纪录片，它描述

---

① Gordon Lynch, "Richard Dawkins, TV Evangelist," *Guardian*，August 11，2007，查询日期为 July 16，2014，http：//www.theguardian.com/commentisfree/2007/aug/11/atheismthenewzealotry.

了这名博物学家的生活和理论。2006 年,《理查德·道金斯:一个科学家如何改变我们的思考方式》(*Richard Dawkins: How a Scientist Changed the Way We Think*)这本庆典式的散文集出版了,这是强化其科学地位和具有影响的声誉的一种方式。

道金斯对科学传播的思考仍然没有变化。比如,他出现在了 2006 年一场有关科学与宗教的会议上,科学作家乔治·约翰逊(George Johnson)认为这场活动不像是一次礼貌的对话,而更像是"在一个单板上建立的政党的成立大会:在充满意识形态的危险世界中,科学需要发挥福音派的作用,与作为最伟大故事讲述者的宗教展开斗争"[①]。

在会上,尼尔·德格拉斯·泰森认为道金斯好斗的传播风格弱化了他说服更多人认可科学价值的潜力。"你是公众理解科学教授,不是向公众传播真理的教授,这是两种不同的实践。"泰森对道金斯说,"说服并不是说'这就是事实,你要么是白痴,要么不是',而是说'这都是事实,并且对你的思想状态有敏感性',事实和敏感性加权叠加的时候,影响就产生了。"

为了对观众的哄堂大笑做出回应,道金斯说:"一则轶事表明在这种事情上我并不是最差的一个:《新科学家》杂志的一个非常成功的前任编辑……说,'我们《新科学家》的哲学是:科学是有趣的,如果你不赞同,你他妈的就滚开。'"[②]

他的观点以不同寻常的方式在大众文化中传播开来。他自己出

---

① George Johnson, "A Free-for-All on Science and Religion," *New York Times*, November 21, 2006, F1.

② Agillesp123, *Dawkins vs. Tyson*. YouTube. 查询日期为 October 8, 2012, http: //www. youtube.com/watch? v =-_2xGIwQfik Dawkins Vs Tyson.

现在了《神秘博士》2008 年的一集中，他在电视采访中的第一句话
就是："这是经验事实。"在讽刺漫画《南方公园》（*South Park*）
第 10 季第 12 集 "Go God Go" 中他被画成了高中进化论的新
老师。

"那么，你**是**说我们都和猴子有关系吗？"在课上他被问道。

"是的，基本上是这样的。"①

自私的天才？

道金斯名声的崛起并不是没有遭遇到重大的批判。他自己精心
编织的达尔文公众发言人的角色受到了挑战。科学史学家弗恩·艾
尔斯顿-贝克（Fern Elsdon-Baker）撰写的《自私的天才》（*The
Selfish Genius*）认为，道金斯把以基因为中心的观点展现为当代进
化论核心，当这个学科还没有完全符合这个视角的时候，他的这种
方式"绑架"并"曲解"了达尔文的遗产。新达尔文主义悖论也受
到了质疑和挑战，特别是通过细菌和微生物的遗传学研究，水平的
基因转移——基因在非相关生物之间的运动——使得基因在代际间
传递的观点变得更加复杂。艾尔斯顿-贝克写道，在进化生物学中，
大家公认的是道金斯不能为这个领域代言。一些进化论学者质疑他
是否可以称得上是一个科学家②。

随着他公众职业的进展，道金斯原创的科学观点在生物学家中

---

① "Go God Go," *South Park*，首播于 November 1, 2006.

② Elsdon-Baker, *The Selfish Genius*, 2.

的影响非常有限。他把《延伸的表现型》的最后四章看作是他对进化论新颖的贡献,但是进化论在任何一个科研机构里都还没有成为一个研究主题。道金斯说他不能对其研究议程进行扩展,因为他全神贯注于撰写图书①。但是有兴趣重燃的迹象。2008 年欧洲科学基金会的一次研讨会把科学家们聚集到一起,以新的目光来看待延伸的表现型。这次会议的一篇新闻稿说,它让这个观点作为“帮助解释进化的一个重要且有价值的概念”“重新出现了”②。

人们对道金斯在迷因上看法的接受有些错综复杂。其他研究人员拓展了这个观点,但是却从来没有在科学中获得动力。在线的《迷因杂志》(*Journal of Memetics*)在为其目标和术语争斗了八年后消失了。研究人员认为,迷因并没有带来大量的研究论文,并且没能产生原始的观察或者实验数据,因而是一个“科学上的失败”③。

但是随着 20 世纪 90 年代末互联网文化的崛起,迷因的概念作为一种描述网络观点如何传播和突变的方式蓬勃发展起来。互联网迷因不同于《自私的基因》中的迷因;它们不是随机变异的——它们是可以被富有创造性的人操控的。**迷因**成了互联网领域的一个流行语,科学作家詹姆斯·格雷克(James Gleick)在其信息概念史的著作中这样写道。在格雷克所谓的我们的“病毒式传播时代”,

---

① Richard Dawkins, "Extended Phenotype — but Not Too Extended: A Reply to Laland, Turner and Jablonka," *Biology and Philosophy* 19 (2004): 377 - 397.

② European Science Foundation, "European Evolutionary Biologists Rally Behind Richard Dawkins's Extended Phenotype," January 20, 2009, http://www.sciencedaily.com/releases/2009/01/090119081333.htm.

③ Jerry A. Coyne, "His Tale Is True," *Times Literary Supplement*, June 16, 2006, 9;和 Robert Aunger, "What's the Matter with Memes?" in *Richard Dawkins: How a Scientist Changed the Way We Think*, ed. Alan Grafen and Mark Ridley (Oxford: Oxford University Press, 2006).

迷因是有关信息如何传播的最佳描述，在这个时代中，几次按键就能让观点立刻传遍彼此关联的全球。对于格雷克来说，迷因是道金斯"最值得纪念的发明，其影响力远远大于他自私的基因或者他后来对改变宗教的劝诱"①。

无神论共同体的一部分人让自己与道金斯保持一定的距离。当丹尼尔·特里林（Daniel Trilling）出任英国理性主义协会的会刊《新人文主义者》（*New Humanist*）杂志的编辑后，他召集了一次对宗教的最新讨论——这场讨论超越了"性格冲突"，或者在科学与宗教的斗争中胜者为王的较量。在坚持世俗价值方面需要一个新的方法来协商伦理议题和政治议题。这是一项艰难的任务。特里林写道，"目前，理查德·道金斯正在做出的榜样是反面教材"②。2012 年，物理学家彼得·希格斯说道金斯采取了一种"原教旨主义的"方法来对待信徒，并且说科学和宗教是可以相容的③。

在《上帝错觉》之后，道金斯继续撰写给他带来名声的科学：进化。他利用写作来填补他认为的其全部作品中存在的空白：一本清晰地解释进化如何发生的作品。为纪念《物种起源》出版 150 周年，《地球上最伟大的表演》（*The Greatest Show on Earth*，2009）在达尔文诞辰纪念日那天出版，并成为《纽约时报》畅销书。在该书结尾，道金斯就撰写进化相关作品的持续的社会重要性提出了警告。他写道，至少有 40% 的美国人是"彻头彻尾的、不折不扣的反

---

① James Gleick, *The Information: A History*, *a Theory*, *a Flood*（New York：Vintage，2011），312 - 316.

② Daniel Trilling, "Beyond Dawkins," New Humanist，September/October 2013，查询日期为 July 16，2014，http：//rationalist.org.uk/articles/4271/beyond-dawkins.

③ Nigel Farndale, "Has Richard Dawkins Found a Worthy Opponent at Last?" telegraph.co.uk，December 29，2012.

进化论的神创论主义者",并且他补充说这个数字在英国没那么极端,但是也不让人感到欢欣鼓舞。他写道:"现在仍然没有自鸣得意的理由。"① 他把下一本著作的目标锁定在儿童身上,希望向他们灌输他在自然界感受到的奇妙,这种想法就体现在他的书名中——《自然的魔法》(*The Magic of Reality*)。

同时,他的宣传工作仍在持续。理查德·道金斯理性和科学基金会致力于"实现道金斯在科学教育和公共政策中移除宗教影响,并且消除无神论和无信仰所背负的污名的愿景"②。同样在近年来,道金斯的网络影响力也在急剧地扩展。他有 100 多万推特粉丝。他在推特上的自我描述概述了他的公众职业——并且明显地试图弱化他对宗教的态度:"英国生物学家兼作家。喜欢科学,喜欢现实之诗。不喜欢狂妄的蒙昧主义。用善意的嘲笑来对待所有的宗教。"他继续和第 4 频道制作纪录片。其中《信仰学校之威胁》(*Faith School Menace*,2010)分析了具有宗教特色的学校对学生和社会产生的有害影响。《性、死亡和生命的意义》(*Sex,Death and the Meaning of Life*,2012)探索了科学和理性如何解决生命的重大议题。

然而,他的公众形象长期以来围绕着他的无神论具体化了。通过追踪记者们用来描述他的不断变化的标签可以看出他公众形象的变化。比如,在《泰晤士报》长达 20 年的报道中,对道金斯的描述已经从"动物学家"③ 和"牛津大学动物学讲师"④ 开始变成"一

① Richard Dawkins, *The Greatest Show on Earth: The Evidence for Evolution*(London:Bantam,2009),437.

② "Our Beginnings," Richard Dawkins Foundation,查询日期为 July 16, 2014,http://richarddawkins.net/aboutus/.

③ Duncan, "The Zoology Man."

④ Richard Girling, "The Tracing of the Shrew," *Times* (London),August 13, 1994.

个让人们爱恨交加的生物学家"① "牛津大学第一个公众理解科学教授"② "达尔文主义的传教士"③ "英国最著名的达尔文主义者"④ "英国最著名的无神论者"⑤ "我们这个时代最伟大的无神论者之一"⑥ "著名的无神论者"⑦ "科学无神论的重量级捍卫者"⑧ "英国最愤世嫉俗的无神论者和自封的魔鬼牧师"⑨ "媒体村的头号无神论者"⑩ 以及 "生物学家和首要的无神论者"⑪。一次，道金斯和史蒂芬·霍金的互相采访被作为一档有关英国科学遗产的电视节目的一部分，当他们在屏幕上相遇的时候，物理学家霍金问道金斯："你为何如此痴迷于上帝呢?"⑫

《玄妙的诱惑》（*An Appetite for Wonder*）是道金斯重塑其公众形象的一个工具，这让他可以展示其复杂性格更温柔、更人性的一面。他的朋友说在道金斯的很多公众形象中，这方面的性格被模糊化了。道金斯描述了他的童年，他在英国公立学校的学习以及他被

---

① Matt Ridley, "A Biologist Whom People Love to Hate," *Times*（London），May 15，1995.

② Brenda Maddox, "Let's Say Goodbye to Frankenstein," *Times*（London），March 20，1996.

③ Quentin Letts, "Faith, Hope and the Darwin Man," *Times*（London），March 29，1996.

④ Andrew Billen, "Show Us the Monkey," *Times*（London），September 11，2004，8.

⑤ Alister McGrath, "The Enlightenment Is Over, and Atheism Has Lost Its Moral Cutting Edge," *Times*，October 29，2005，77.

⑥ Jonathan Sacks, "Danger Ahead — There Are Good Reasons Why God Created Atheists," *Times*，October 21，2006，80.

⑦ Matthew Parris, "The Terrorist Virus Is No Lightweight Matter," *Times*（London），November 11，2006，17.

⑧ Mark Henderson, "Science vs. God: The Showdown," *Times*（London），November 25，2006，11.

⑨ Gledhill, "God ... in Other Words," 4.

⑩ Andrew Billen, "Mr. Logic Takes on the Idiots," *Times*（London），August 14，2007，23.

⑪ Anjana Ahuja, " 'Evolution Is God's Work,' " *Times*（London），June 4，2009，4.

⑫ Episode 5, *Genius of Britain: The Scientists Who Changed the World*，首播于 June 3，2010.（顺便提一句，道金斯的回答是："我认为是你提出了上帝的问题，而我没有。"）

培养为生态学研究者的那段时间。这本书是一个知识分子的传记，回顾了他的科学影响力和学术发展，还强调了他的科研资质：其副标题是《一个科学家的产生》（*The Making of a Scientist*）。道金斯很少谈个人的隐私，除了叙述其 22 岁时在某大提琴手身上失去自己的童贞之外。他写道："这不是那种类型的自传。"[1]

评论者总体上欢迎道金斯这种深思熟虑的自画像。《独立报》在一篇具有代表性的评论中写道："这里浮现出的理查德·道金斯与被懒惰的撰写专栏文章的记者所喜爱的尖锐且刁钻的漫画式人物大相径庭。"[2]《纽约时报》发现了数十年来撰写了大量作品的道金斯所面对的特殊困难。该报纸指出这本书包含了他在其他地方讲过的故事，摘录自他在其他地方讲过的语录——这"读起来像一个已经大量地描写过自己的人的著作"[3]。但是这本书引发了敌意：对于《星期日泰晤士报》来说，这是一种毫无启示作用的"没有自知之明的自抬身价"。为了阐明这一点，这篇评论着眼于这本书的结语，在这里道金斯把自己的品质与达尔文进行了对比。评论员写道，"道金斯说他'以谦卑的态度'来做这种对比，但是在虚假的自嘲方面这是一种惹人讨厌的行为，与他这里很多的文章一样"[4]。尽管如此，读者们还是用行动做出了回应。这本书进入到了《纽约时报》精装本非小说类畅销书榜单第 11 位——这表明读者对道金斯的兴趣可以让他继续吸引住普通读者。

---

[1]　Dawkins，*An Appetite for Wonder*，166.

[2]　Brandon Robshaw，"Dawkins Gives an Insight Beyond the Caricature," *Independent*，September 15，2013，18.

[3]　Janet Maslin，"Science，Evidently，Was in His Genes," *New York Times*，September 19，2013，C1.

[4]　Jenni Russell，"Charles Darwin and Me," *Sunday Times*，September 15，2013，Culture，40 - 41.

在道金斯向这些读者展示自我的一部分的同时，他继续着自己棱角锋利的无神论宣传。纪录片《不信教者》（*The Unbelievers*）追随着道金斯和宇宙学家劳伦斯·克洛斯（Lawrence Krauss）促进无神论（和销售图书）的旅程。它以华盛顿特区的理性集会（Reason Rally）为结局，在那里道金斯俯视着拥挤的人群并且称"这是我见过的最让人难以置信的场景了"[1]。《洛杉矶时报》（*Los Angeles Times*）称这个影片是"两个忠贞不贰的知识分子与他们摇滚明星粉丝团一样众多的无神论者、世俗主义者、自由思想家、怀疑论者和激进分子之间高尚的爱的盛宴"[2]。

但是他的影响有所减弱。造就了他声誉的公众争议消失了。2013 年，他被英国时事杂志《展望》（*Prospect*）提名为全球最重要的思想家。2014 年，道金斯并没有进入前 50 名。

明星科学知识分子

史蒂芬·霍金象征着精神生活，但是他仍然是一个从事实际工作的科学家，他对公众思想的贡献被局限于对复杂物理学的简单化解释当中。正如科学作家菲利普·鲍尔所说，作为一个对科学影响公众生活众多方式进行深刻思索的人，霍金在科学家中并没有什么名声。

然而，理查德·道金斯是原型的明星科学知识分子。他是牛津

---

[1] Dennis Overbye, "Intellectuals on a Mission," *New York Times*, December 10, 2013, D5.

[2] Gary Goldstein, "'Unbelievers' Preaches to the Skeptical Choir," *Los An-geles Times*, November 27, 2013.

大学动物系的动物行为学专家，而该系是进化思想公认的智力推动力。利用《自私的基因》，他把遗传进化的新的生物观点传播给更广泛的社会，也就是那些把这本书与其年轻的作者同 19 世纪 70 年代末关于一个个体的生物学特征是否决定着他在社会中位置的悬而未决的煽动性观点联系起来的话题。

在现代很多观点的重大冲突中，道金斯继续充当着主人公。当神创论上升为一股政治力量时，道金斯成了进化论坚定的公众辩护人；当进化思想上升为理解生命和社会的重要方式时，他和史蒂芬·杰伊·古尔德一起成了达尔文主义的公众人物；当科学在 20 世纪 90 年代认为自己受到大量伪科学、反科学和后现代主义力量的围攻时，他成了强壮的科学的鹰派象征，一个咄咄逼人的科学倡议者；当 9·11 恐怖袭击之后人们对宗教恶性影响的担忧升级的时候，他成了全球最著名的——同时也是最激进的——无神论者。

道金斯把这些角色中的每一种都整合进了下一种角色，因为它们是表达公众生活对理智、合理性和证据需求的不同方式，也是科学的基本特征。作为一个思路清晰的思想者和作家，他获得了值得尊重的声誉，在把复杂的观点用煽动性的、尖锐的且简洁的散文进行阐述方面，他有着罕见的才能，这意味着他的观点能透过人潮涌动的嘈杂声传达给广大读者。同时，随着他的风格吸引住了受众，也给科学创造了一种强硬、不宽容且权威的形象——但对于渴求得到更多更广泛的人群欣赏的科学家们来说，这些特点并不会有多大帮助。

随着他成为公共知识分子，名人的动力机制开始发挥作用。他不仅清晰地阐述和主张基因视角的进化，达尔文主义的力量，科学的潜能以及无神论的逻辑，而且他还在公众中让这些看法**具体化**。

在名人文化中，他成了这些复杂议题在公众生活中的简称，他让这些抽象的观点人性化了：达尔文的灰狗，公众科学先生，无神论者的神。

但是道金斯的名声还体现了明星科学知识分子的难题。为了出现在公众视野中，一个明星需要在公众的心目中创造自己清晰的形象。一旦这种形象确立起来，放弃这种形象并且重新建立一个全新的形象几乎不可能。那也是道金斯从"科学中的警探哈里"到"英国最愤世嫉俗的无神论者"无缝对接的原因。

然而，更成问题的是在他的自传中他试图展现一个更具人情味的道金斯。一种形象不会取代另外一种。在公众领域中，它们是两个对立面，彼此推推搡搡。当道金斯呈现一个更柔和的形象时，他作为理性的、头脑清晰的捍卫者的形象变得模糊起来。这就是他的形象问题，在名人驱动的公众生活中明星因为没有一个清晰的特征所带来的不幸的负面效应。

第4章 史蒂文·平克的学术明星地位

全世界的人都可以对史蒂文·平克的基因一探究竟。2008 年，这个哈佛大学心理学家成为首批向哈佛大学个人基因组计划捐赠个人 DNA 的十名志愿者之一，这项事业想通过梳理 1 万人的遗传蓝图和病史，预测人类是如何产生疾病的，或者人类可以如何避免疾病的侵扰。此外，平克还允许研究人员把他的基因组在互联网上公布于众。他还发表了一篇 7 974 字的杂志文章，为普通公众解读他的原始基因数据。这个曾经被《纽约时报》称为"自然的病理学家"的人把自己的基因组放到了台面上，并且在数百万观众面前对其进行剖析。

平克——在这个项目中被标号为 PGP6 以及 hu04FD18——透露说，他携带有家族性植物神经功能障碍症的基因，这是一种会导致早产儿神经系统紊乱的疾病，死亡概率很高，且无法治愈。这一发现对平克家族的延续是重要的。他在《纽约时报》的长文中写道，"我不考虑要孩子，但是我的侄女和侄子有 25% 的可能性是这种基因的携带者，他们知道自己该去测试了"。

这份基因蓝图透露了平克先人们的历史迁移。生于蒙特利尔的平克是流亡犹太人的后裔，他们在罗马人毁灭耶路撒冷之后逃到了意大利，然后辗转到莱茵河谷，之后又到了波兰和摩尔多瓦。他写道，"即使这种世俗的、基督教宗教合一的犹太裔在学习宗谱中体会到了与伴随我成长的传承下来的传统相一致的原始部落情感，但是我的蓝眼睛提醒着我不要被闪米特人本质的错觉冲昏了头脑"[①]。

　　然而，平克拒绝查明他罹患阿尔茨海默症的风险。但是他确实注意到了他喜欢啤酒、西兰花和球芽甘蓝，尽管他携带了可以品尝出它们苦味的基因。并且他发现自己有一种可能导致他拥有红头发的典型基因，即使他齐肩的黑灰色卷发会让记者们不由自主地把他和 20 世纪 70 年代长头发的摇滚明星罗伯特·普兰特（Robert Plant）、罗杰·达尔特雷（Roger Daltrey）和吉米·佩奇（Jimmy Page）相提并论。

　　就像是新基因社会中愿望和焦虑的缩影，平克的故事触动了文化的神经。这篇文章先后被《美国最佳散文集 2010》（*Best American Essays 2010*）、《美国最佳科学写作 2010》（*The Best American Science Writing 2010*）和《现代医学伦理问题》（*Ethical Issues in Modern Medicine*，2012）转载。该文向个性化医疗的乌托邦式承诺和《美丽新世界》（*Brave New World*）式社会的反乌托邦恐惧发起了挑战，在这样一个社会中，在遗传基因上处于下层阶级的人被迫从事卑微的工作，并且被剥夺了人身或者医疗保险。

　　这个有见地的、带有煽动性的典型化作品让平克成为全球重要的公共知识分子。他被誉为向普罗大众解释语言学的一流解说员，被称赞为对语言发展和视觉认知领域做出持久贡献的具有影响力的学者，被称赞为达尔文主义的倡议者，也被公认为是科学的智慧力

---

① Steven Pinker，"My Genome，My Self," *New York Times Magazine*，January 11，2009，30. 平克的基因图谱可以在 PGP 的网站中找到，https：//my.pgphms.org/profile/hu04FD18，accessed October 22，2014.

量之有说服力的大使。

　　他还被称为"语言的坏小子"之一、"全球一流的摇滚神经科学家"以及"科学的帅哥"。和理查德·道金斯不一样，平克仍然待在实验室里；他也和史蒂芬·霍金不一样，因为他的科普图书不仅解释观点，而且还介入公共事务的争议之中。道金斯写道，"平克是一个明星，科学界拥有他是幸运的"①。集争议和显赫、流行与多产于一身，平克是现代超级学术明星的典范。

在认知科学来临之际的研究

　　有关人类心智的研究在 20 世纪 50 年代末发生了改变。在那之前，行为主义主导了 20 世纪的心理学。行为主义——主要与哈佛大学心理学家 B. F. 斯金纳（B. F. Skinner）有关——将行动解释为对外界刺激的一种条件反射。比如，老鼠学会了穿越迷宫找到芝士，当狗听到了它们习得的与食物相关的铃声时会流口水。当来自萌芽期的计算机科学、信息理论、人工智能领域的新观点和悠久的心灵哲学开始涌现在心理学家的研究中时，这个领域发生了剧烈的变化。知识是信息的一种形式以及思维是一种类似于电脑的信息处理过程，研究人员对这个全新的、共享的观点进行了整合。认知的革命就这样开始了，认知科学的新领域也诞生了。

---

① 道金斯的引文来自对平克的著作 *The Blank Slate* 的评论，该文于 2002 年发表于 *Times Literary Supplement*，而后重印于平克的著作 *Language，Cognition，and Human Nature* 的封底. Steven Pinker, *Language，Cognition，and Human Nature: Selected Articles*（New York：Oxford University Press，2013）.

这门新的科学给语言学带来了一场变革。直到 50 年代末，语言学领域的共识一直认为是文化创造了知识。专家们一致认为，儿童从成人和其他儿童那里习得语言。通过研究不同的口语来发现词语、发音和句子的模式，语言学家了解了语言是如何产生效果的。通过这些模式，他们撰写和整理出了词典和语法。

但是一个年轻的语言学家对此并不认同，并且打算驳倒这个共识，他就是诺姆·乔姆斯基（Noam Chomsky）。他认为语言并非植根于文化之中，而是植根于生物学中。语言的所有规则——对全球所有的语言来说——在新生儿的大脑中就是根深蒂固的。婴儿是语言的机器，语法是与生俱来的[1]。

认知科学和行为主义被嵌入更广泛的政治观念之中。行为主义者的方法被认为是优生学和雅利安人上等而犹太人下等的纳粹主张的科学理由的对立面[2]。此外，公民权利运动的某些激励思想意味着科学家们对人类具有先天性的主张很谨慎。平克后来写道，20世纪 60 年代的一个遗产就是对人性的反生物学观点，这源于这个时代的指导思想之一，即对社会弊病进行变革就意味着对社会制度进行变革[3]。

在认知革命和乔姆斯基革命之后，平克学习了心理学。"当时，认知心理学家被看作是新贵和革命者，"平克后来回忆说，"遭遇到当时的起义是很有意思的。"[4] 他在麦吉尔大学完成了自己的本科学业，然后于 1979 年从哈佛大学拿到了实验心理学的博士学位。

---

[1] 有关 Chomsky 思想的可获取的概述，参见 George Steiner, *George Steiner at "The New Yorker"* (New York: New Directions, 2009), 276 - 294.

[2] 参见 Michael Burleigh, *The Third Reich: A New History* (London: Pan Books, 2001).

[3] Steven Pinker, *How the Mind Works* (New York: W. W. Norton, 1997), 426.

[4] *Me & Isaac Newton*, 由 Michael Apted 执导 (USA: First Look Pictures, 2000), DVD.

视觉认知是他的博士专业，他研究大脑如何处理双眼接收到的信息，特别是三维空间是如何被展现为精神意象的。但是正是在哈佛大学，他第一次学习了将会塑造其毕生事业的心理学的子领域。这是一个充满了竞争性理论的领域，也是发展心理学最让人忧虑也最困难的领域之一：人类如何习得语言。

但是平克发现儿童学习语言的理论是"模模糊糊的"，这不像他所使用的那些从其过去视觉和记忆的学习中获得的清晰、确定且机械式的模型。平克希望把儿语（指婴儿吐字不清，不连贯）的理论置于类似的坚实的科学基础之上。通过采用来自数学和计算机科学的概念，平克首次以独立作者的身份于 1979 年发表了论文，利用乔姆斯基的观点来找到语言学习的确切机制[①]。

平克很快就在认知科学领域确立了自己新秀的地位。1982 年，在先后效力于麻省理工学院、哈佛大学和斯坦福大学之后，平克在麻省理工学院获得了一个职位并安顿下来。1984 年，美国心理协会（American Psychological Association）就他在职业生涯早期对该领域做出的贡献为他颁发了著名奖项，哈佛大学出版社出版了他第一本著作，这是一本有关儿童语言发展的图书，名为《语言可学性和语言发展》（*Language Learnability and Language Development*）。平克还撰写了另外一本有关语言的著作，在语言领域和视觉认知领域编辑或者共同编辑了三本其他专业著作[②]。麻省理工学院于 1985 年授予他终身教职。他在学术领域之外的著作引起了关注：1986

---

① Pinker，*Language*，*Cognition*，*and Human Nature*，1.

② 平克是 *Learnability and Cognition: The Acquisition of Argument Structure*（1989）的唯一作者，*Visual Cognition*（1985）的编辑，*Connections and Symbols*（1988）以及 *Lexical and Conceptual Semantics*（1992）的共同作者。

年，《时尚先生》（*Esquire*）把他列入了 40 岁以下的杰出男性和女性之一。

语言上的坏孩子：把语言学带给了社会

语言学革命没能抓住公众的想象力。如今，在公众事务中，乔姆斯基最出名的是他对美国媒体和外交政策左翼的一针见血的批判——而不是现代语言学中鹤立鸡群的人物。他的同行指责他的行文风格十分难懂，以至于专业语言学家也常常发现它难以阅读。因此，语言学陷入了一个悖论：它的发现对于人类境况至关重要，然而用语言对这些发现进行的传播只有专业的语言学家才能理解。这个领域需要清晰有效的沟通①。这个领域需要一个科普人员。

平克似乎是这个角色的最佳人选。他后来写道，在他出版了第二部学术著作之后，"一个编辑告诉我说（我在此予以转述）我的写作不算太差，并鼓励我面向更广泛的受众"②。他在某个夏季开始撰写有关语言的科普图书，并且是他职业生涯中唯一一次保持着每周写一章的紧张节奏③。

《语言本能》（*The Language Instinct*）首次出版于 1994 年，该书把乔姆斯基的观点传播给了更广泛的受众。平克传达了乔姆斯基的核心论据，即语言的根源是生物学的。平克写道，人们知道如何

---

① John Algeo, "Words and Rules," *Journal of English Linguistics* 28, no. 4 (2009): 593 - 595.

② Pinker, *Language*, *Cognition*, *and Human Nature*, ix - x.

③ Steven Pinker, *The Language Instinct: How the Mind Creates Language* (New York: Harper Perennial Modern Classics, 2007).

说话"在一定程度上几乎和蜘蛛知道如何织网差不多"[1]。平克把来自语言学、认知神经科学、发展心理学和言语治疗的观点整合起来，以挑战有关语言的其他传统和先入之见。他认为语言并不塑造思想，而是无论人们说的是英语，或者法语，又或者阿帕切语，他们都共有一种通用的思维语言，平克称之为"心理语言"，这先于言语能力而存在。他使得语言学对于无法阅读的人变得充满朝气和颇具趣味："**魅力**（glamour）这个词来源于**语法**（grammar）这个词，"他写道，"并且自从乔姆斯基革命以来词源学已经拟合了。"[2]

凭借着这本书，平克开拓了自己的知识空间。乔姆斯基认为语言是复杂的大脑进化不可避免的副产品。相反，平克认为语言进化出了一种适应特性：语言受进化的影响发生改变，在将基因传给下一代的过程中获得某种优势。在依靠狩猎和采集维持生存的祖先们当中，当涉及生存和繁殖时，那些最善于使用语言的人相较于其他人则具有优势。《自然》后来将这种方式总结为"最清晰者生存"（Survival of the Clearest）[3]。

这本书是公众理解语言的一个里程碑。一个语言学家在《自

---

① Pinker，*The Language Instinct*，5.

② Pinker，*The Language Instinct*，119. 平克认为他通常被看成是 Chomsky 的学生或者信徒。在哈佛大学的时候，他可以去 MIT 上课，他听了 Chomsky 开设的心智理论的课程。平克后来在 *Language，Cognition，and Human Nature*（228）中写道，Chomsky"对他的知识产生了重大的影响"，但是他让自己和 Chomsky 的某些语言理论以及那些围绕着这个老家伙的"虔诚的学术崇拜者"保持一定的距离。对平克的知识产生最具有决定性影响的人是 Stephen Kosslyn，他主要的博士生导师以及 Roger Brown，平克后来把 Roger Brown 这个精明练达的学者称为"心理学上的加里·格兰特"，这个社会心理学家对平克随后着眼研究的领域做出了重要贡献，比如孩子如何习得语言，语言如何同思想关联起来。参见：Steven Pinker，"Obituary：Roger Brown，" *Cognition* 66（1998）：199.

③ Steven Pinker，"Survival of the Clearest，" *Science* 404（2000）：441-442.

然》中写道，它"是在传播语言学和认知科学观点方面最好的著作之一"[1]。另外一个语言学家认为这本书确立了平克作为"我们这个学科面向普通公众的出类拔萃的翻译者"[2]。但是另外一个语言学家警告读者说，平克呈现的是这个广阔领域的一种特殊观点。"他在为乔姆斯基的理论游说，而不是描述这个领域，也不是对共识进行报道，"兰迪・哈里斯（Randy Harris）在《环球邮报》（*Globe and Mail*）中写道，"记住他不只是在解释。他还在兜售，这意味着他……让语言学比实际上稍微性感一些。"[3] 然而，《纽约时报》提名它为 1994 年编辑精选图书大奖，美国语言学学会（Linguistic Society of America）给这本书颁发了公众兴趣奖，《美国科学家》提名它为 20 世纪最好的 100 本科学著作之一。

这本书——精装本共销售了 3.5 万册，并且在《新共和》中进行了摘录——展示了平克作为一个思想者和作家的品质。他把自己描述为"一个固执己见且痴迷的研究人员，不喜欢做索然无味的让步，让问题变得模糊不清"，在写作时，"他对强大且解释性的观点满怀激情，不断迸发出对相关细节的深挖"[4]。评论家们发现他和其他著名的科普人员有类似的技巧。"在某种方式上这让人想起古生物学家史蒂芬・杰伊・古尔德的作品，"《纽约书评》写道，"平克来回穿梭于聪明外行读者及专家的问题和关切之间。"[5] 大众科学作家约翰・格里宾在《星期日泰晤士报》中写道："他对语言所做

---

[1]　Massimo Piattelli-Palmarini, "Speaking in Too Many Tongues," *Nature* 408（2000）：403.

[2]　Thomas Wasow, "Words and Rules：The Ingredients of Language," *Language* 77，no. 1（2001）：168.

[3]　Randy Harris, "The Popularization of Noam Chomsky," *Globe and Mail*，June 18，1994.

[4]　Pinker, *The Language Instinct*, 8.

[5]　Howard Gardner, "Green Ideas Sleeping Furiously," *New York Review of Books*，March 23，1995.

的事情就是大卫·爱登堡（David Attenborough）对动物所做的事情，用浅显易懂的文字诠释难解的科学概念，让读者能够轻松地读懂和吸收。"① 平克后来把这本书看作是"我个人职业生涯的一个转折点"②。

《语言本能》瞬间启动了平克的名人化进程。《波士顿环球报》（*Boston Globe*）在一篇文章中称他是"语言学的坏孩子"之一，这篇文章配了一张平克阅读英国《太阳报》（*Sun*）的图片，这是他收集的报道他研究主题的其中一份小报。记者把平克怪异的外表和他具有煽动性的写作联系了起来。"有着齐肩的灰黑色卷发，39岁的麻省理工学院教授史蒂文·平克看起来有点像没有胡须的年轻的阿尔伯特·爱因斯坦，"这篇文章开篇写道，"他更像是一个身穿牛仔裤的聪明且时髦的研究生，而非一个教授。这种稍微有点摆脱传统模式的风格与平克正在撰写的图书相得益彰，这本有关我们如何以及为何使用语言的书意义深远，爱小恶作剧，又打破传统。"③

回首过去，平克说对他的这种人物塑造让他有些意外。他说："我知道记者们必须有一种技巧……某种让新闻逼真的独特的东西……我是一个十足的新闻消费者，知道记者们喜欢对一个故事进行包装。"④

《蒙特利尔公报》（*Montreal Gazette*）也同样着眼于平克的个人外表，该报提到他"让人震惊的卷发垂到了肩膀"。它还描述了平克的家庭生活，提到他在一条安静街道的楼上公寓里独自居住，

① John Gribbin, "To Boldly Go," *Sunday Times* (London), April 10, 1994.
② Pinker, *Language, Cognition, and Human Nature*, x.
③ David Mehegan, "Language's Bad Boys," *Boston Globe*, March 29, 1994, 69.
④ 作者2014年3月4日电话采访了史蒂文·平克。

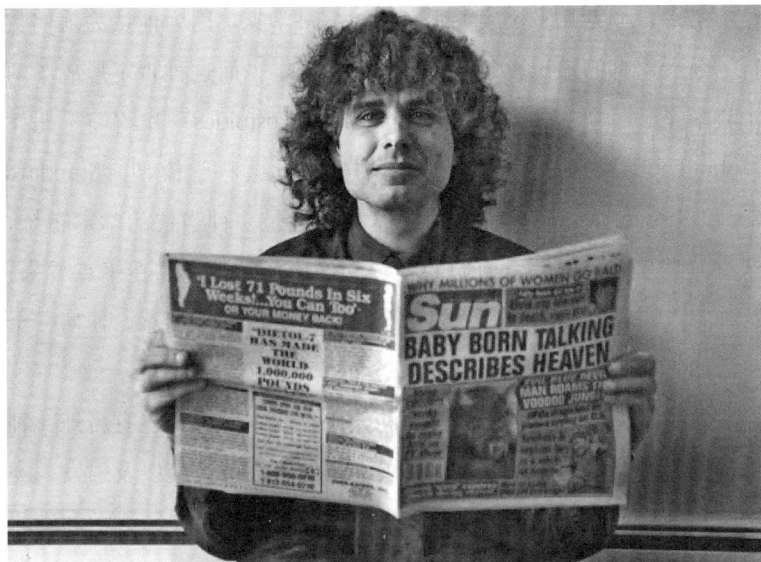

图 4-1　1994 年《波士顿环球报》拍摄了史蒂文·平克的照片。平克手里拿着一份他个人收集的报道他的研究的报纸，写的是有关他认为人类使用语言是天生固有行为的主张。（波士顿环球报，来源：盖蒂图片社）

但是该文章说"插着新鲜郁金香的花瓶放在一个小餐桌上，旁边是一副鸢尾花的画作，这表明他喜欢花朵"。《蒙特利尔公报》对平克的未来做出了大胆的预测。"长期拥有其同行的尊敬，"该文章写道，"平克现在做好了成为美国最著名科学家之一的准备。"[1]

进化生物学的大使

《语言本能》揭示了平克是一个无所畏惧的知识分子斗士。在

---

[1]　Mark Abley, "Language Expert, Montrealer's the Genuine Article," *Gazette*, April 2, 1994, A1.

这本书中，平克几乎挑战了所有的社会科学家，因为他认为他们实行了令人窒息的知识教条——对人性的否定。而这种否定形成了两个科学家——勒达·科斯米德斯（Leda Cosmides）和约翰·托比（John Tooby）的夫妻档——所谓的标准社会科学模型（Standard Social Science Model，SSSM）的基础，这是一种当代的学术正统，认为人类几乎完全是由他们的教育和经历所塑造的，在平克看来，这种观点当时已经成为"我们这个时代的世俗意识形态，任何一个正派的人在人性的立场上都应该坚守的"观点[①]。

但是平克——在科斯米德斯和托比之后——认为还有另外一种看待世界的方式，这种方式解释了进化如何锻造大脑以及引发人类学习和掌握价值观，这种视角把心理学、人类学、神经科学和进化生物学整合进了一种新的思维方式中，而这种思维方式接纳了人性的生物学现实。科斯米德斯和托比是这种新科学的一个派别的领袖，他们称其为"整合因果模型"（Integrated Causal Model），也称为"进化心理学"。

进化心理学迅速地成为 20 世纪 90 年代紧跟最新潮流的知识趋势。它的核心信条是因为依靠狩猎和采集维持生存的小分队来获取食物、获得安全和满足性的需要，所以进化设计了人类的思想，以让他们在更新世的非洲大草原上幸存下来，这个时代处于 1 万到 170 万年前。在科斯米德斯和托比的隐喻中，这种思想是一套瑞士军刀，这套军刀配有各种工具，完成自然选择在古代图景中不断演化时设计的各项艰难任务。从本质上来说，就是现代的头骨容纳着石器时代的思想。《纽约客》后来把这个多次重复的短语称为这个

---

① Pinker，*The Language Instinct*，406.

领域的"时髦口号"①。

生物学家在识别出适应性变化的特质方面更加谨慎，因为进化十分复杂。但是基于进化心理学的信条，各种研究人员——心理学家、人类学家、经济学家、史学家、文学理论家和其他学者——在进化心理学的框架下聚集起来了，试图用达尔文主义的术语来理解人类的思想和行为。《时代周刊》在其封面故事中对这个领域和它的观点进行了报道②。到 90 年代末，《语言本能》成为面向普通读者出版的进化心理学著作之一，其他图书包括特伦斯·迪肯（Torrence Deacon）的《象征性物种》（*The Symbolic Species*）、迈克尔·加扎尼加（Michael Gazzaniga）的《自然的思想》（*Nature's Mind*）和丹尼尔·丹尼特的《达尔文的危险思想》（*Darwin's Dangerous Idea*）。

在加利福尼亚大学与科斯米德斯和托比休假期间，平克撰写了《心智探奇》（*How the Mind Works*，1997）。这本 660 页的图书对《语言本能》的一个主题进行了扩展，假设语言是一种进化的本能，那么人类心智的其他方面也是如此。平克认为视觉认知、思想、艺术、音乐、文学、政治和友谊可以通过了解进化心理学而揭示出来。艺术授予了我们地位。当我们需要的时候，朋友会帮我们脱离困境（以我们未来的相互援助作为回报）。年轻女性寻找那些可以照顾她们后代的男性。男性寻找那些可以为他们生育健康孩子的适婚年轻女性③。他写道，进化心理学可以把宗教看作是一种加强人

---

① Anthony Gottlieb, "It Ain't Necessarily So," *New Yorker*, September 17, 2012.

② Robert Wright, "The Evolution of Despair," *Time*, August 28, 1995.

③ 平克后来写道，他通常被错误地看作是一个进化心理学的研究人员。实际上，他说他只在这个框架内发表过一篇原创研究。Pinker, *Language*, *Cognition*, *and Human Nature*.

们对生存的信念的方式。

在这本书中，平克利用自己的个人经历来说明人类如何推翻他们的生物学动力。"步入生育年龄，迄今为止，我自愿不生育子女，我把自己的生物资源挥霍在了阅读和写作上，挥霍在了做研究上，挥霍在了帮助朋友和学生上，以及挥霍在了慢跑上，忽视了传播我的基因的庄严义务。"他写道，"根据达尔文的标准，我是一个犯下严重错误的人，一个悲哀的失败者……但是这样做我很开心，并且如果我的基因不喜欢这种方式，它们可以走开。"[1]

凭借着这本书，平克成了这个新领域最著名、最好斗，也最雄辩的发言人。科学记者约翰·霍根写道，也许科斯米德斯和托比的最大功绩就是把平克带入了这个领域当中，因为他作为一个认知科学家的背景给这个领域授予了科学上的严谨性，或是给人以严谨的印象，并且他作为一个作家的技巧确保了他可以清晰地传播这个领域的中心思想[2]。科学作家史蒂文·约翰逊（Steven Johnson）认为，平克"为自己赢得了'进化心理学最有魅力的大使之一'的名声。"[3]

有影响力的评论家对《心智探奇》大加赞扬，它最终入围了普利策非小说类作品奖。克里斯托弗·莱曼-豪普特（Christopher Lehmann-Haupt）在《纽约时报》中总结说："这本书篇幅巨大，而它在读者头脑中会让人感觉篇幅更长。因为它彻底地改变了人们看待思维的方式。"[4] 作家马利克·科恩预测说，它对认知科学和

① Pinker，*How the Mind Works*，52.

② John Horgan，*The Undiscovered Mind: How the Human Brain Defies Replication*，*Medication*，and *Explanation*（New York：Touchstone，2000）.

③ Steven Johnson，"Sociobiology and You," *Nation*，November 18，2002，12 - 18.

④ Christopher Lehmann-Haupt，"Thinking Deeply About Thinking and Having Fun, Too," *New York Times*，November 24，1997，E8.

达尔文主义的综合将使它"成为大众科学中的一个里程碑"①。科学作家奥利弗·莫顿（Oliver Morton）在《纽约客》中说，这本书"划出了即将到来的世纪里将开展的有关人性的辩论的范围"②。迈克尔·加扎尼加是认知科学的一个领袖和先驱，这本书对这个领域的科学家们如何开展工作具有启示意义。"在充分考虑其信息的基础上，"他在《认知科学趋势》（*Trends in Cognitive Sciences*）中写道，"认知科学家可以更加透彻地考察他们试图做的是什么，神经科学家们也可以开始提出不同类型的问题。"他指出，这本书指向了未来的科学工作。"把戏已拆穿，"加扎尼加写道，"再不能仅仅沉浸在自己的分支学科中了。"③

　　然而，其他科学家对这本书进行了批判，他们的论点反映了对作为一个整体的进化心理学的总体反对。比如，遗传学家史蒂夫·琼斯（Steve Jones）在《纽约书评》中认为平克过于强调行为的生物学根源了。他说，平克有"对人类过于生物化的倾向"。心理学家也是冒着风险，过于信任对过去凌乱的人类行为给出的引人注目的新解释。"在最初的阶段（心理学）被这样一种回想起来很荒谬的观点吸引住了，即人类社会的产生是源于儿子想跟母亲发生性关系的这种无意识的欲望，"他写道，"现在又有了一种更加微妙的诱惑：人的思想之所以像现在这样运作，是因为他们的祖母采集了浆果。"④

　　这本书加快了平克的名人化进程。《爱尔兰时报》（*Irish*

①　Marek Kohn, "Undressing for Success," *Independent*, January 17, 1998, 10.

②　Oliver Morton, "Doing What Comes Naturally," *New Yorker*, November 3, 1997, 102.

③　Michael S. Gazzaniga, "How the Mind Works," *Trends in Cognitive Sciences* 2, no. 1 (1998): 38.

④　Steve Jones, "The Set within the Skull," *New York Review of Books*, November 6, 1997.

Times）在题为《进化摇滚明星》（*Evolutionary Rock Star*）的专访中，以问他为什么不顺应一个麻省理工学院教授的观点作为采访的开头。"也许是因为他磨损的牛仔靴，或者齐肩的卷发，"记者写道，"这个有些羞怯的 43 岁教授似乎显得太年轻、太滑稽且太友好，以至于与他获得的那种头衔不太相符。"[1] 这篇文章写道，因为他的文字思路清晰且生机勃勃，大脑主题作为科学出版的一个趋势，平克是这个主题的"理想普及者"。它还认为他已经成了"一个明星科学家，人类心智的卡尔·萨根"。然而记者发现他是一个忠诚的教师和研究人员，远非仅仅是"一个认知研究中的海报男孩"。

其他一些记者迎合着他的外表。《星期日邮报》（*Mail on Sunday*）的一篇评论认为他的"发型尚未超越 1975 年"，并且"精装书护封上粗犷的、长发的照片表明他可能是世界上一流的摇滚神经科学家"[2]。在《时代周刊》中，伊莱恩·肖沃尔特（Elaine Showalter）称他为"世界级的认知心理学家、科学界的帅哥，他有着迷人的笑靥、酒窝和长长的卷发"[3]。

与此同时，其他记者则对他精心打造的公众形象给予了猛烈批评。科学记者约翰·霍根认为，平克"未免有点太过于自我包装成一个严肃的科学家了。当我采访他的时候，他穿着黑色牛仔靴、黑色牛仔裤，以及一件和他的双眼出奇搭配的蓝绿条纹衬衫"[4]。《泰晤士报高等教育副刊》（*Times Higher Education Supplement*）写道："这个 43 岁的旅行推销员之子，史蒂文·平克的形象是有自我

---

[1] Anna Mundow, "Evolutionary Rock Star," *Irish Times*, January 3, 1998, 60.

[2] Simon Garfield, "Mind Games with Kate, Karl and Groucho," *Mail on Sunday*, January 25, 1998, 40.

[3] Elaine Showalter, "Something on His Mind," *Times* (London), January 15,1998.

[4] John Horgan, "Darwin on His Mind," *Lingua Franca* 7（1997）：42.

推销天分的一个平民主义研究人员。"

平克本人对有关他形象络绎不绝的评论做出了回应。"我的生活方式是因循守旧的。我和其他科研人员没有很大的不同。我不骑摩托车。我不嗑药。"他说，"我生命的大部分时间都用在了写作、阅读和参加会议上。我确实留着长发，我打色彩丰富的领带，我听摇滚乐。"①

平衡公共知识分子的工作

到 20 世纪 90 年代末，平克已经成了一个公认的科学名人。《时代周刊》在 1999 年称他为"一个明星"，认为他的图书"让他在演讲台上为人所熟知的年轻面孔和摇滚明星式的发型传遍了全世界"②。在小说《无限测试》（*Infinite Test*，1996）中他客串了一个麻省理工学院语言学家的角色，这也是十年来界定后现代主义的小说之一。一个语言学家在 1999 年的《纽约时报》中写道："平克现在是一个著名的公共知识分子，认知科学这个新领域最引人注目的代表，英语世界中的媒体明星。"③ 科学家乔治·C. 威廉姆斯（George C. Williams）写道："我对史蒂文·平克的印象非常深刻。他将是进入 21 世纪的超级明星。"④

---

① Tim Cornwell，"A Stone Age Mind-Blower," *Times Higher Education Supplement*，January 9，1998，17.

② Nigel Hawkes，"The Man Who Rewrote the Book on Language," *Times*（London），October 20，1999.

③ Mark Aronoff，"Washington Sleeped Here," *New York Times*，November 28，1999，26.

④ George C. Williams，"Steven Pinker," in *The Third Culture: Beyond the Scientific Revolution*，ed. John Brockman（New York：Touchstone，1995），223.

通过接下来的一本著作，平克回到了自己的学术中心地位。平克顺应了公共知识分子行为的模式，在撰写了一部具有争议性的科普图书之后，他通过出版一部技术性著作支撑住了自己的研究声誉。《词汇与规则》（*Words and Rules*）首次出版于 1999 年，对他十几年有关动词过去式的研究进行了普及。该书认为，学习语言意味着学习词汇与规则。当小孩开始说英语时，他们学习一套规则：在动词后面加-ed 变成过去式。但是当小孩把这个规则用于大约180 个不规则动词中的一个时，他们会犯错误：平克举了一个例子，他们会说"我们抓住了（holded）兔宝宝"。所以小孩必须学习另外一个正确的新词汇——held（hold 的过去分词）。小孩很快就对规则动词和不规则动词烂熟于心，因为他们习得了词汇和规则，这是所有语言的基础。评论家们对这本书给予了赞誉，但是认为和他的其他著作相比，这本书更具有技术性。比如，一个认知神经科学家在《自然》的评论中称，它"在幽默风趣、大胆不羁和专注细节的学术研究之间达到了很好的平衡，带给了读者愉悦感"①。

尽管是一本技术性著作，《词汇与规则》仍然带来了聚焦于人格特性的媒体报道。《卫报》记者坐在了他麻省理工学院心理学 101的课堂上。"当学生们还在闲聊八卦时，史蒂文·平克瘦小紧凑的身影在上课铃声响起的时候出现了。"记者写道，"他通常被描绘为像摇滚明星一样的人，他卷卷的齐肩长发和古巴式袜跟为他制造了一种前卫摇滚歌手第三次复出巡演的氛围。他有着轮廓分明的下颌、闪闪发光的蓝色眼睛，当他打开麦克风的时候，他向同学们流露出温暖的微笑。"该文还描述了他的婚史，并认为："平克很注

---

① David Poeppel, "Instincts for the Past Tense," *Nature* 403（2000）: 361.

重隐私……当讨论从他的工作和观点转向他的家庭时，平克变得相当沉默寡言。"[1]

与此同时，他在科学领域有了更广泛的代表作用。他是《我和艾萨克·牛顿》（*Me & Isaac Newton*，2010）纪录片中介绍的七个富有魅力的研究人员之一，这是一部有关科学研究的本质和意义的纪录片，由广受赞誉的导演迈克尔·艾普特（Michael Apted）执导。在片中，平克正在实验室中开展实验，他和他的一个同事在确认人说话时变亮的大脑区域。对于平克来说，作为一个科学家就意味着具有争议性和煽动性，"伸出脖子"，不惜冒大错特错的风险。

在《词汇与规则》之后，平克履行了公共知识分子的另外一项义务：他写下了一个公共知识分子的意义是什么。它意味着额外的待遇，比如可以遇到小有名气的人，像 70 年代蒙特利尔加拿大人队的守门员，但是这也意味着他对自己的研究和学术工作采用"一种全新的思维模式"。为非专业人士写作意味着他必须清楚地说明这个领域的成就，解决自相矛盾的学问，并且把引人注目的研究情景化——所有这些技能都有助于他的学术写作。他写道，《词汇与规则》"是被当作一本普及版的图书而撰写的，但是如果我把它当作是一本学术著作来写的话，我也不会用完全不同的方式"[2]。在内心深处，他希望不仅为其他专业人士或者大学生们写作，而且要为对科学感兴趣的每个人写作。并且他的同事们给了他支持，就像麻省理工学院一样，他说他们没有把他的科普作品看作是"对职业责

---

[1]　Ed Douglas, "Steven Pinker: The Mind Reader," *Guardian*, November 6, 1999.

[2]　Steven Pinker, "Some Remarks on Becoming a 'Public Intellectual,'" MIT Communications Forum, 查询日期为 July 16, 2009, http://web.mit.edu/comm-forum/papers/pinker.html.

任的某种规避"①。如图 4 - 2 所示，媒体对平克的关注很大程度上来自他出版了自己的科普图书。

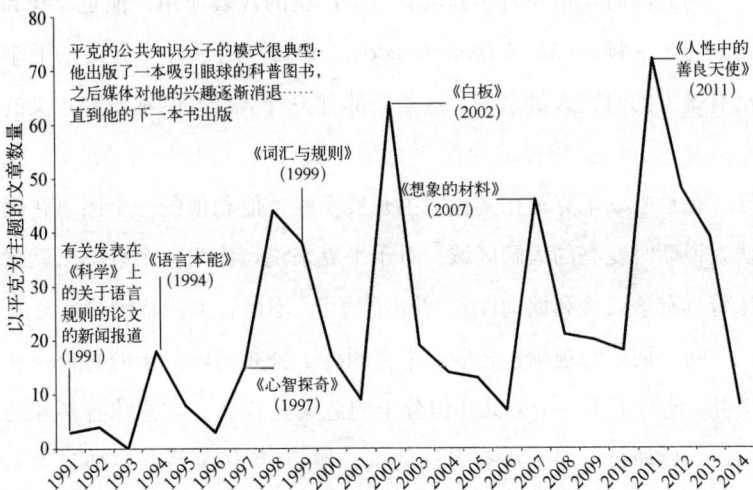

图 4 - 2　史蒂文·平克公共职业生涯期间媒体对他的兴趣变化

随着他职业生涯的发展，平克不得不小心地管理着自己的学术工作和公共知识分子工作。"我每天都要处理这种平衡：如何对脑力工作的不同模式分配和限制自己的时间以及注意力。在任何时候，我都直接指导着一到两个研究生。我要说，我每年在同行评议的学术期刊上发表一到两篇重要的论文，另外还需要做评论、答复和评注。我避免我职责中的这部分缩小为零，"他在 2014 年说道，"即使这部分比以前少了很多。有的时候我曾经在一年内辅导了五

---

① 作为文化形象的一个指标，我为平克获得的媒体关注设定了唐斯式的经典模式，从 Lexis-Nexis 数据库中抓取提到他名字的素材，在世界主流出版物的标题下逐年地进行搜索。这不是一种正规的内容分析法，却是旨在以某种方式刻画出长期以来对他的关注。还应该注意的是 Lexis-Nexis 中 1980 年之前的档案通常是不完整的。参见 Anthony Downs, "Up and Down with Ecology: The 'Issue Attention Cycle,'" *Public Interest* 28（1972）：38 - 50.

个研究生，主持了两个资助项目，并且发表了四五篇同行评议
论文。"[①]

代表了一个新的知识分子时代

通过他的下一部著作，平克使得一个历史悠久的辩论焕发了生
机：先天与后天。《白板》（*The Blank Slate*，2002）是一本 500 页
的著作，对标准社会科学模型进行了抨击。他抨击那些否认人性这
个现实的知识分子，把他们描述为让智识生活窒息的社会科学家、
革新的教育学家、马克思主义者、自由作家和后现代主义者的同
盟。他们制造了平克所谓的官方看法，即婴儿是白板，他们的性格
和态度是由经历和教育所塑造的。他写道，这种论点如此普遍，以
至于即使生物压力强有力地塑造了人性这种温和的立场都成了一种
禁忌。这种官方看法否定了人类天性，并且"曲解了对人类的研
究，因而也扭曲了受该研究指导的公众决策和个人决策"。

对这种看法的挑战就是平克所谓的"人性的新科学"。认知科
学、神经科学、遗传学和进化共同指向了天生固有的人类心智。人
们在求偶、繁育、进食、寻求地位、锻造工具和武器、使用语言、
采用常见的面部表情、扯闲话和打扮身体等方面，都会受生物学指
令的影响。平克说对人类行为的解释应该植根于这种知识中，就像
政治政策和社会政策约束和限制那种有计划的行为一样。但是这些
见解——他多次强调——并没有威胁自由主义价值观，也没有为社

---

① 作者 2014 年 3 月 4 日电话采访了史蒂文・平克。

会歧视或者性别歧视提供生物学上的证据。相反，这些新科学促使科学、文化和政治以把人文主义同最新的科学知识合并起来的方式协调一致，以形成"一种现实主义的、从生物学上来说是明智的人文主义"[①]。

有关婴儿是白板的观点冲突也是有关构成政治哲学基础的人性观点的冲突。从历史观点上来说，有关白板的观点已经和平等社会这个进步思想联系在了一起，因而它获得了 60 年代美国公民权利运动中活跃的科学家们的支持。如果我们都是白纸，那么人性的不平等就没有基础，比如性别歧视、种族歧视或者经济上的差异。但是如果存在着重大的遗传差异，那么就为歧视打开了一个口子，并且为把这种歧视看作是人性中先天差异的自然表现提供了正当理由。如哲学家科林·麦金（Colin McGinn）认为的那样，一个科学问题因而变得"充满了政治意义"[②]。

平克避免拥护某种政治立场。他写道，政治争议涉及价值观的权衡，而科学可以找到妥协方案，但无法解决。"如果我是一个倡议者，"他写道，"我提倡的也是在人类事务的现代讨论中被忽略或者被压制的有关人性的发现。"[③] 他称自己是 17 世纪英国哲学家托马斯·霍布斯（Thomas Hobbes）的政治信徒，照此，他认为人性一直没有改变。家庭、宗教、政府和其他社会传统使得人们带着德行有限的人性工作[④]。

但是大西洋两岸的评论家们认为《白板》清晰地表达了保守思

---

① Steven Pinker, *The Blank Slate: The Modern Denial of Human Nature* (New York：Viking, 2002)，vii - xiii.

② Colin McGinn, "All in Our Heads," *Washington Post*, October 13, 2002, T3.

③ Pinker, *The Blank Slate*, ix.

④ Pinker, *The Blank Slate*.

想。《星期日独立报》（*Independent on Sunday*）认为平克的图书是"知识保守派应该非常了解的一本书"①。《纽约时报》总结说，它是温情保守主义的名片②。然而美国自由主义政治杂志的评论家则赞扬了这本书。比如，科学作家史蒂文·约翰逊在《国家报》（*Nation*）中写道："我们对自己的本性了解得越多，我们在后天培育方面做得就越好。"③哲学家兼认知科学家菲利普·格兰斯（Philip Gerrans）指出，平克的结论类似于彼得·辛格（Peter Singer）在《一个达尔文左派》（*A Darwinian Left*）中的结论：对暴力、自私、滥交和竞争的倾向是我们本性的一部分，和情感、教养、无私的能力一样。社会制度保护社会免受无法无天、极权主义和巨大贫富差距的损害④。

平克认为，白板引发了父母们本可避免的悲伤、愧疚和苦恼。所有的父母都希望自己的孩子获得成功，但是他们的行为对孩子们的个性产生很小或者不产生影响。基因更多的是决定性的，就像孩子们和其他孩子互动一样。他说，但是托育政策是以不重视遗传学的白板型研究为基础的，这种研究的结论是说父母们塑造了孩子们如何成长。他写道，"因此，来自育儿专家的大多数建议都是胡说"⑤。

儿童心理学家——以及英国常规的媒体评论员——奥利弗·詹

---

① John Morrish, "Why Scientists Think the Ghost Is Toast," *Independent on Sunday*, September 29, 2002, 17.

② Robert J. Richard, "The Evolutionary War," *New York Times*, October 13, 2002, 9.

③ Johnson, "Sociobiology and You," 12-18.

④ Philip Gerrans, "Slaves to Our True Selves," *Sydney Morning Herald*, January 25, 2003, Books, 10.

⑤ Pinker, *The Blank Slate*, 384.

姆斯说平克的看法"具有误导性""不道德"以及"具有危险性"，因为那些认为他们产生的影响不大的父母们更有可能会虐待或者忽视他们的孩子。叙述了科学家们分歧的《观察家》认为，这不只是有关育儿的热烈讨论，而且是"一场异常愤怒的争吵，揭示了在人类灵魂上出现的科学斗争的深度"①。

当《白板》出版的时候，记者们返回到了描述平克的既定方式。"平克不是那种口吐火焰的改革者，"《纽约时报》写道，"他有着浓密的棕色卷发，其边缘是灰色的，举止温和，近乎缺乏自信。"②"他是一个有着高高颧骨的帅哥，留着浓密的金灰色头发，他的风格与齐柏林飞艇乐队的主唱罗伯特·普兰特如出一辙，"《金融时报》（*Financial Times*）写道，"他穿着旧的牛仔靴和卡其裤，一件领尖钉有纽扣的短袖衬衫，颜色和薰衣草色差不多。他的眼睛在闪闪发光。"③

《白板》是一本畅销书，在《纽约时报》非小说类畅销书榜单上停留了数周，同时上榜的还有前纽约市长鲁迪·朱利安尼（Rudy Giuliani）的《领导力》（*Leadership*）和自由电影制片人迈克尔·摩尔（Michael Moore）的《愚蠢的白人》（*Stupid White Men*）。

评论家们陈述了《白板》畅销的理由。著名科学哲学家大卫·赫尔（David Hull）在《自然》中写道，平克"以对相当多的读者具有吸引力的方式"呈现了"对世界的总体看法"④。哲学家西蒙·布莱克伯恩（Simon Blackburn）在《新共和》中认为，尽管这本书

① Robin McKie and Vanessa Thorpe, "Clash of the Titans," *Observer*, September 22, 2002, 18.
② Nicholas Wade, "Scientist at Work: Steven Pinker," *New York Times*, September 17, 2002, F1.
③ Ben Schrank, "Mind Games," *Financial Times*, September 12, 2002, 3.
④ David L. Hull, "Nurturing a View of Human Nature," *Nature* 419 (2002): 252.

在文化和历史方面比较欠缺，但是这本书之所以卖得很好，是因为它承诺了"一种新的结合，以及这样一种心智的科学，即最终告诉我们自己我们是谁，我们将有什么可能，我们的政治该如何组织，人类该如何被抚育，对伦理有什么期待——简言之，我们该如何生活"①。

在 2005 年讨论了科学和人文之间隔阂的路易斯·梅南，把《白板》置于一种印有对两种观点无可争议的信任印记的当代文化中。第一种观点是人类行为可以通过生物学术语来理解。第二种观点是利用古典自由主义的政治和经济理论能对社会进行最好的描述，并最终产生了这样一种叙述，即过去被看作是对现在的一种认可②。基于梅南精明的分析，平克的作品处于这两种观点之中并反映了这两种观点。

对于科学作家罗伯特·赖特（Robert Wright）来说，平克的观点反映和塑造现代科学的方式意味着他在科学史上是一个标志性人物。"在我看来，每半个世纪就有一个杰出的哈佛大学心理学家会确立一个知识分子时代。"他在《时代周刊》中写道。在 19 世纪末，这个人是威廉·詹姆斯（William James）。在 20 世纪中叶，这个人是 B. F. 斯金纳。在 21 世纪初，这个人是平克。他成了代表性人物，代表了进化心理学将数十年的社会科学置之不顾的时代。对于赖特来说，平克位于"知识海洋变迁的最前沿"③。

---

① Simon Blackburn，"The Blank Slate," *New Republic*，November 25，2002，28.

② Louis Menand，"Dangers Within and Without," *Profession*，December 2005，10‑17.

③ Robert Wright，"Steven Pinker," *Time*，April 26，2004.

平克的那些事儿

因为受到了公众的颂扬和同行的尊重，平克成了学术明星，也成了大学里有价值的商品，这些都带来了声望、宣传和经费。作为前任哈佛大学校长，劳伦斯·萨默斯（Lawrence Summers）的一部分工作旨在聘用一流的科学家和学术明星。平克既是科学家又是学术明星，两者兼备，于是 2003 年哈佛大学向他抛出了橄榄枝[①]。平克说，麻省理工学院符合他对语言的早期职业生涯兴趣，但是哈佛大学是开始他对人性研究兴趣的更好的地方。《纽约时报》在一篇有关美国大学愈演愈烈现象的文章中写到了平克：明星教授的崛起。该文说："因其长发和平易近人的风格而知名的'摇滚教授'会利用漫画、视频、音乐和诗歌让讲课更具有活力。他以引用哈姆雷特的桥段来结束自己的第一堂课，并且用《绿野仙踪》（*The Wizard of Oz*）的主题曲《假如我有一个大脑》（*If I Only Had a Brain*）作为下一堂课的开场白。"[②]

人性是他下一本书的焦点，这本书就是《想象的材料》（*The Stuff of Thought*，2007）。它同时总结了两个三部曲，把对《语言本能》和《词汇与规则》中语言发展的考察与《心智探奇》和《白板》中的人性分析编织在了一起。他在书中认为，语言不仅仅是一种交流的手段，语言是通往人性的一扇窗。用平克引人注目的表述

① Patrick Healy, "Harvard Raids MIT for Eminent Professor," *Boston Globe*, April 4, 2003.

② Karen Arenson, "Boldface Professors," *New York Times*, April 25, 2004, 22.

就是，语言是一个瘘管、一个裸露的伤口，我们的本性通过这个伤口被展示给了全世界。

平克认为人类共享一种根据基础物理学概念对世界进行组织的思维语言，比如空间、时间、力量和目的。遥远的人类祖先需要理解和利用这些基本概念以生存下来。语言承载了进化的其他痕迹。人类会讲一些特别的脏话，因为这些禁忌的话语与粪便以及可以带来伤亡的疾病相关。成人使用礼貌用语——你是否介意把胡椒粉递给我？——不仅仅是文化上的细节，而且是一种对潜在敌对的社交互动进行协商的方式。对语言的巧妙运用意味着幸存。

一般来说，批评家们对《想象的材料》进行表扬以及指责的原因和他们喜欢或者不喜欢平克早期作品的原因一样。《剑桥语言百科全书》（*Cambridge Encyclopedia of Language*）的作者大卫·克里斯托（David Crystal）认为，这是迄今为止平克有关语言的理论运转方式最具见解的一本书（并且他说他对平克以前的每本书都发表过同样的看法）[1]。哲学家大卫·帕皮诺（David Papineau）说，他喜欢平克对语言有理有据的讨论，但是觉得他进化生物学的作品推测性太强[2]。牛津大学语言学教授黛博拉·卡梅伦（Deborah Cameron）把平克的思想归类为高度的泾渭分明。对于她来说，平克"在科学上相当于一个坚定的政客，虽然他的确定性赋予了他作品的清晰性和力量，但是也让平克听起来有点油腔滑调以及过于自鸣得意"[3]。

---

[1] David Crystal，"We Are What We Say," *Financial Times*，October 6，2007，查询日期为 July 16，2014，http://www.ft.com/intl/cms/s/0/1da850dc-73a7 - 11dc-abf0 - 0000779fd2ac.html # axzz37k13Q6k0.

[2] David Papineau，"Caveman Conversations," *Independent on Sunday*，October 5，2007，22.

[3] Deborah Cameron，"Talking Outside the Box," *Guardian*，October 6，2007，7.

　　对于一些评论家来说，《想象的材料》揭示了平克的个性。威廉·塞尔坦（William Saletan）在《纽约时报》中说，平克希望通过语言的窗户来展示人性，"但是当他这样做时，玻璃上多了一张面孔：向窗户内张望的人的映像"。塞尔坦总结说："平克的本质成了这本书的主要原则。语言的奥秘、学术争论、汤姆·莱勒（Tom Lehrer）的歌曲和兰尼·布鲁斯（Lenny Bruce）语录——他们都是一个人理解人性旅程的故事的一部分。"[①]

　　当《想象的材料》出版的时候，记者们不仅重拾了十年前用过的同样的描述——《时代周刊》认为平克"看起来更像是引起骚乱的 80 年代摇滚乐团主唱，而不是一个科学家"[②]——而且还对他的声誉进行了更密切的审视。《卫报》写道，平克"似乎就是为在聚光灯下滑稽地模仿而生的，他有着罗杰·达尔屈（Roger Daltrey）的发型，突出的下颚轮廓以及对牛仔裤和皮靴的喜爱"。布莱恩·阿普尔亚德在《星期日泰晤士报》中写道："因漂亮的类刀背式下颚轮廓而著名，同样因其摇滚式的长卷头发和牛仔靴而著名，平克像理查德·道金斯以及其他几个人一样，成了全球科学名人。"[③]

　　《卫报》还提到了平克如何成了推销其他图书的工具。他的出版商在资深买家聚集的图书博览会中安排了以平克为主角的出场，并且安排他出场的目的是借助他的吸引力，让公司销售的其他图书沾上一点光[④]。平克后来描述了他是如何被推介给大家，并为大学

① William Saletan, "The Double Thinker," *New York Times*, September 23, 2007, 14.

② Vivienne Parry, "The Man Who Swears by Popular Science," *Times* (London), October 20, 2007.

③ Bryan Appleyard, "Steven Pinker Knows What's Going On inside Your Head," *Sunday Times*, October 14, 2007.

④ Oliver Burkeman, "Basic Instincts," *Guardian*, September 22, 2007.

的筹款晚宴增加吸引力和庄重感的，他叙述自己被作为"他们筹款晚宴的诱饵，晚宴中出手阔绰的校友们或者慈善家们享用着美酒佳肴，直到关键的现金捐赠被提出的那一刻"①。

暴力的惊人历史

对于平克来说，他的语言学和认知科学背景意味着科学和人文之间的隔阂是可以穿透的。他的下一本书综合了来自历史学、考古学、心理学以及一个被其倡议者称为"atrociology"的领域的观点和证据，该书审视了大规模的历史暴行，以考察人性和人类历史上最黑暗的维度：暴力。800 页的《人性中的善良天使》（*The Better Angels of Our Nature*，2011）推翻了我们的时代——由于犹太人大屠杀以及两次世界大战等引发的影响深远的暴力行为——是历史上最暴力的时代这个未经核实的常规看法。

相反，他认为即使新闻经常会展现一种肆无忌惮的毁灭行为，西方因暴力致死的人数——按每 10 万人的死亡率计算——在几个世纪以来都处于急剧下降的状态。家庭暴力、邻里暴力、种族之间以及国家之间暴力的致死人数都遵循同样的下降趋势。平克认为暴力的减少也许是"人类历史上最重要的事情"②。

他认为，暴力的下降在很大程度上是因为历史是由文明进程所推动的。从中世纪结束开始，政府、贸易、技术、素养、礼仪、人

---

① Pinker，*Language，Cognition，and Human Nature*，302.

② Steven Pinker，*The Better Angels of Our Nature: Why Violence Has Declined*（New York：Viking，2011），xxi.

权和至关重要的理性结合起来创造了这样一种环境，人类的积极本能、他们道德中善良的一面、自我控制、同情和理性控制了他们的负面冲动、他们的掠夺性暴力、控制、报复、施虐狂以及意识形态的心魔。平克写道："解释暴力下降的方式就是找出我们所处的文化和物质环境中是什么变化让我们追求和平的动机占据了上风。"

平克对 2 000 年暴力行径的调查得出了一个新结论，与他在人性方面一贯持有且常常被忽视的论点相一致。这个结论支持他有关"道德的进步与有关心智的生物学研究方法和对人性黑暗面的承认是相互兼容的"[①] 看法。在本书结尾对认知科学的讨论中，他认为和他们的先人（forbearers）相比，今天的人们不太可能诉诸暴力。避免流血事件通常与更有效的行为策略同时发生，比如协商以及合作。

这本书获得了广泛的赞誉，几个批评者认为它应该是广义文化中重要的读物。《自然》称之为"引人注目的学术成就，值得很多社会科学家以及关注这个议题的公民和决策者们研究和辩论"[②]。《卫报》得出结论说："每个人都应该阅读这本令人惊讶的图书。"[③]这本书的销售很理想，进入了《纽约时报》扩展的精装本畅销书榜单，同时该报提名其为 2011 年值得关注的图书。

这本书也被讥笑为辉格派史学，这是用现在的镜头来考察过去的一种历史记述方式[④]。文化评论员韦斯利·杨（Wesley Yang）在

---

① Pinker，*The Better Angels of Our Nature*，xxvii.

② Martin Daly，"A Farewell to Arms," *Nature* 478（2011）：454.

③ David Runciman，"Make Love, Not War," *Guardian*，September 24，2011，8.

④ 从其最原始且最狭义的视角来说，辉格史学指的是政治史和宗教史，特别是"19 世纪中期流行于辉格党政坛和知识界的对英国历史的阐释，它强调自 17 世纪宪政斗争以来的自由增长、议会规则和宗教宽容。" Adrian Wilson and T. G. Ashplant，"Whig History and Present-centred History," *Historical Journal* 31，no. 1（1988）：1 - 16.

《纽约》杂志中写道，人们对科学、理性和进展的维多利亚式信任已经销声匿迹了，"但是平克出现了，他来到了一个种族灭绝的世纪的另一端，在伊斯兰圣战和灾难消费片的时代，带着几十个学术研究人员的研究成果"。杨认为，平克拿了"很久前被遗弃的辉格派史学的陈年红酒，并且把它倒进了足够艰难的计算科学的新瓶子中"①。哲学家约翰·格雷（John Gray）认为，平克的论点主要受到这样一种世界观的诱导：启蒙运动对理性和人文主义的承诺产生了高等文明，并促进了和平②。

为宣传这本书而进行的采访让读者进一步了解了平克的私人生活。《金融时报》描述说，他位于波士顿的皮革仓库改造而成的开放式跃层住宅的特色是，平克在他这座 14 英尺高天花板的三居室房子里坐在一个"当代的丹麦式沙发"上，其裸露的砖墙上是平克自己的照片③。

在对这本书进行宣传的一个采访中，平克把《金融时报》的记者带到了波士顿港拍照，那次的采访文章把他对摄影的兴趣与他的科学观点结合了起来。"作为一个相信人类特质是具有适应性的进化心理学家，"记者写道，"平克坚信，如果照片里的景观是我们倾向于居住的安全、吸引人的环境，那么我们会自然而然地被吸引。"该文拍摄了平克带着他的相机躺在查尔斯顿海军码头（Charlestown Navy Yard）地面上的照片，并且这篇报道的标题把平克称为"爱好摄影的科学家"④。

---

① Wesley Yang, "Nasty, Brutish, and Long," *New York*, October 24, 2011.

② John Gray, "Delusions of Peace," *Prospect*, September 21, 2011.

③ Annie Maccoby Berglof, "At Home: Steven Pinker," *Financial Times*, December 14, 2012.

④ Joshua Kendall, "The Shutterbug Scientist," *Financial Times*, October 8, 2011, 2.

这篇文章描述了平克对媒体的理解在他公众职业生涯期间是如何演变的。他为记者的采访选择地点，因为他知道那里的特色是有一艘**美国宪法号**（USS Constitution），这是在 1812 年的美加战争中参与过战斗的轮船，这两个昔日的敌人后来建立了持久的和平。他说："这是一个为另一个拍照时机设计的拍照时机——这个故事是有关我的摄影爱好——但是我们都希望它可以和我最近有关暴力历史的著作联系起来，不过是间接的。"[①] 久而久之，他学会了与记者建立一种合作式的而非敌对的关系，对双方来说都有好处。

在这方面，平克提到作为一个繁忙的学者，他不准备频繁地面对记者，即使有的话。"每天只有这么多小时，我不能在形象管理方面花很多时间。"但是平克也认为拥有公众声望在某种程度上意味着有一种"你不得不培育的自我意识"[②]。

科学和人文之间的桥梁

到《人性中的善良天使》出版的时候，平克已经帮助创造了一种他和同事们所认为的新科学文化——"文化经济学"（culturnomics）。使用这种方法，研究人员利用新颖的数据处理技术对已被谷歌数字化存档的 500 万本图书进行搜索，目的是追踪特定的词语随着时间的推移出现的频率。这样可以揭示出通常被视为人文学科一部分的有关话题的长期趋势，比如集体记忆和审查制度。

---

① 作者 2014 年 3 月 4 日电话采访了史蒂文·平克。
② 作者 2014 年 3 月 4 日电话采访了史蒂文·平克。

在他们的一个例子中，可以通过如下方式看出纳粹党对犹太艺术家马克·夏加尔（Marc Chagall）的审查制度：对第二次世界大战前十年和后十年提到他名字的英语著作和德语著作进行比较。两种语言都提到夏加尔名字的著作在 1910 年后迅速增加，并且在那之后提到他名字的英语著作数量继续在上升。然而，在 1936—1944 年，这个艺术家的全名在德语著作中仅出现了一次。1946—1954 年，他的名字出现了差不多 100 次。平克和他的同事们写道，这种文化经济学数据为人文研究人员带来一种新型证据，对现有的分析形式，比如详尽地阅读特定文本，是一种补充，而非替代[①]。若把文化经济学的工具用到平克自己身上，可以看出在著作中提到平克名字的次数在 1990 年开始上升。到 2000 年——在他出版了三本科普图书之后——提到他名字的著作数量已经猛增。

2013 年，平克在《新共和》中一篇题为《科学不是你的敌人》（*Science Is Not Your Enemy*）的 4 300 字的文章中坚称科学对人文的贡献大有可为[②]。他挪用了他认为界定不明的"科学主义"这个术语，把它重新建构为强化人文主义知识的方式。不太知名的小说家们、处境艰难的教授们和没有终身教职的历史学家们把科学主义当成一个可怕的字眼，科学观点和工具可以促进人文主义知识这个事实让他们感到愤愤不平。平克也注意到人文知识仍然受到他认为的后现代主义的晦涩作品和对事实的敌意的伤害。通过《人性中的善良天使》，《科学》上的文章以及《新共和》的分析，平克给注入了科学的人文主义这个观念提供了一个模式、一套工具和一种

---

① Michel Jean-Baptiste et al., "Quantitative Analysis of Culture Using Millions of Digitized Books," *Science* 331（2011）：176 - 182.

② Stephen Pinker, "Science Is Not Your Enemy," New Republic, August 6, 2013.

哲学。

2013 年是明显见证平克学术明星地位的一年，当年牛津大学出版社为广大读者出版了他学术文章的选集，书名是《语言、认知与人性》（*Language*，*Cognition*，*and Human Nature*）。在有关他科普图书的公众争议发生之后，这本选集也提醒了人们平克作为一个科学家的兴奋。他在其中一篇文章的序言中写道："我在（和一个同事）分析儿童学习英语过去时态的神经网络模型的时候，突然有一瞬间感到很惊讶，这篇文章的灵感就来自那一刻。"① 当出版社建议出版这些论文的时候，平克说"我不会赞同用一本文章内容有重叠而且又大又重的书来误导购书者或者强迫大学图书馆"，他写道，"如果不是因为我认为我的一些学术论文有交叉吸引力的话"②。

评论员们认为，平克的交叉吸引力在很大程度上有赖于他的散文化风格，即使它的话题对读者专注力的要求很高，他仍然保持清晰易懂的文风。在《风格意识》（*The Sense of Style*，2014）中他解释了自己的写作方式，借助于语言学和认知心理学的研究来展示语言如何传播观点。对于平克来说，好的散文是经典的散文，能为客

---

① 另外一个例子是："近十年来，我痴迷于解决语言习得中的一个悖论。它始于一个语言之谜：为什么像 *He poured water into the glass* 和 *He filled the glass with water* 这样的句子听上去很顺，但是貌似差不多的句子，比如 *He poured the glass with water* 和 *He filled water into the glass* 听起来则怪怪的？" Pinker，*Language*，*Cognition*，*and Human Nature*，160.

② Pinker，*Language*，*Cognition*，*and Human Nature*，ix.在 Penguin 公司对 *Hotheads*（2005），*How the Mind Works* 一章，*The Seven Words You Can't Say on Television*（2008）以及 *The Stuff of Thought* 一章进行重新包装并作为单独的图书进行销售的过程中，平克的适销性也是显而易见的。对这些作品的脏话进行评论时，一个评论家写道："在粗鲁的语言中找出一章，给它一个引人注目且妙趣横生的封面，很可能是一记高招。" Nicholas Lezard，"Stalking the Wild Taboos of Profanity，" *Guardian*，October 4，2008，20.

观事实提供一个清晰的窗口，是一种适合科学家的风格，因为反映了他们中的大多数如何看待世界。

他还批驳了人文主义教授们钟爱的著作——《文体指南》（*The Elements of Style*）——中的观点。平克表明这部经典文本的作者——威廉·斯特伦克（William Strunk）和 E. B. 怀特（E. B. White）——并非训练有素的语言学家，并且他们列举的很多规则和例子——比如，有关被动语态的用法——都是不正确及有误导性的。清晰的文字可以产生深远的社会效果，因为它可以把学生带入科学中，提升他们的科学世界观，并且加强他们对科学争议的理解[①]。

超级学术明星

理查德·道金斯是原型名人科学知识分子，但是几十年前他离开了实验室。史蒂文·平克则从来没有离开过，他是学术上超级科学明星的典范。

作为一个才华横溢的研究人员，在知识革命改变了心理学并且建立了新的认知科学领域之后，平克首先研究的是大脑。他对这个让人兴奋的新兴现代知识体系的两个分支（视觉认知和语言）做出了重要贡献，取得了罕见且值得尊重的功绩。

① Steven Pinker, *The Sense of Style: The Thinking Person's Guide to Writing in the 21st Century!* (New York: Penguin, 2014); and Steven Pinker, "Communicating Science and Technology in the 21st Century," 查询日期为 October 22, 2014, http://video.mit.edu/watch/communicating-science-and-technology-in-the-21st-century-steven-pinker-12644/.

在确立了自己的学者地位之后，他通过《语言本能》成了对语言学的新观点进行解释的首席公众解说员，这本科普图书塑造了公众对语言和进化的理解，这本书的出版标志着平克明星地位的开始，因为记者们不断报道他的住所、衣着以及——一个常常再现的比喻——他长长的卷发。他是革命性科学中打破传统习俗那个人。

进化论思想在 20 世纪 90 年代（大脑的黄金十年）席卷智识生活，而平克成了进化心理学这个颇具争议的领域能言善辩、骁勇好战的倡导者。重要的是，他的声誉同样也是基于他的图书向读者清晰表达的方式，路易斯·梅南视其为一种主导的现代文化趋势：可以通过生物学对人类进行解释。他的形象使这个新的知识时代具体化了。

总而言之，平克是新一代学术明星的典型，他是一个仍然获得同行尊重的公众明星，一个对专家和精英读者有吸引力的要求很高的科普图书作家，一个不仅受到出版商欢迎，而且受到试图通过明星魅力获取关注的大学欢迎的跨界成功者。享誉于两个重叠的领域①，他是现代科学超级学术明星的典范。

———————

① 即科学界和科普界——译者注。

第5章 政治明星史蒂芬·杰伊·古尔德

在旧金山一个小型棒球场的看台上，史蒂芬·杰伊·古尔德（Stephen Jay Gould）坐在纽约洋基队（New York Yankees）的传奇人物乔·迪马吉欧（Joe DiMaggio）的旁边，他打开了一个装有他最珍视的财产的盒子。这是他在9岁那年（即1950年）的某个下午收到的第一个棒球，他和他的父亲一起坐在洋基球场三垒线附近，他们在看纽约洋基队和圣路易棕人队（St. Louis Browns）的比赛，他看到自己的父亲起身伸手抓住了一个迪马吉欧击出的界外球。古尔德把这个球带回了家，反复洗了又洗，并且把它寄给了"摆动的乔"（Joltin' Joe），这是迪马吉欧的外号。一个月后，迪马吉欧在这个球上签了名并把它寄回给了古尔德。

"我只想谢谢你，"现在已长大成人的古尔德对迪马吉欧说道，"我当时只是一个九岁的普通孩子，你不必把它寄回给我。你每天一定收到成百上千个请求签名的棒球——但是你这样做了，我只想让你知道这对于一个正在成长的孩子意味着什么。""当然，你说得没错，史蒂芬。"迪马吉欧回答道，他仍然是古尔德一生中的三个励志人物之一，另外两个人分别是他的父亲和查尔斯·达尔文[①]。

---

① "Stephen Jay Gould: This View of Life," PBS *Nova*，制片人 Linda Harrar，播出于 December 18, 1984 (Paramus: NJ: Time-Life Video)，VHS.

这次偶遇被刻意安排在了旧金山要塞公园（Presidio of San Francisco），并且是古尔德1984年《新星》专题纪录片的一部分。但是这次会面并不是为了展示这位科学家人性一面的粗浅尝试，古尔德表达谢意的真情流露也没有矫揉造作的成分。棒球是古尔德的一生所爱，几十年来他坚持不懈地追随并描写着这项运动，这也是一项他曾提到对美国人想象力很重要的运动，是大家消遣的项目和神话英雄的来源。

迪马吉欧一直是一个文化上的巨人。作为击球手，他在1941年创下连续56次安全打的记录成为棒球中最伟大的个人成就。他的成就获得了一个专有的绰号——安打（The Streak），因为它被编织进了美国神话的结构中[①]。当时还是小男孩的古尔德被迪马吉欧迷住了。古尔德写道，他成了"我的榜样，我的导师，所有这些都合为一体，形成了一个杰出人物"[②]。他又在其他地方说道，迪马吉欧"教给我的一件重要事情就是要追求卓越"[③]。

对古尔德来说，迪马吉欧的卓越具体体现在他深谙击球、防守和接球的各种技巧。他还在他无可匹敌的连续安打中把完美拟人化了，因为"连续记录必须绝对是无例外的，"古尔德写道，"你一个错误都不能犯。"[④]

古尔德于2002年因癌症突然离世，享年60岁。在此之前，他过着拥有非凡智力成就和公众声望的生活。他是杰出的哈佛大学教授，学术成就硕果累累——22本书、101篇书评、479篇学术论文、

①   Louis P. Masur, "Stephen Jay Gould's Vision of History," *Massachusetts Review* 30（1989）：482.

②   Stephen Jay Gould, *The Lying Stones of Marrakech*（New York：Harmony Books, 2000）.

③   "Stephen Jay Gould：This View of Life."

④   Stephen Jay Gould, "The Streak of Streaks," *Triumph and Tragedy in Mudville: A Lifelong Passion for Baseball*（New York：W. W. Norton, 2003）, 175.

300 篇随笔，总共 902 篇作品，这些成果涉及进化、古生物学、地质学、博物学、科学史、科学哲学、棒球以及科学在社会歧视上的滥用①。他在手动的史密斯·可若纳（Smith Corona）打字机上连续 25 年每月为《博物学》（*Natural History*）杂志撰写一篇随笔，一位前棒球手把古尔德的写作记录比作是洋基快船队（Yankee Clipper）的连续安打②。《观察家》称他是"科学上的迪马吉欧"③。

他为进化生物学贡献革命性思想，在法庭上与神创论分庭抗礼，组织反对种族主义和核战争的运动，鼓励癌症患者，与他学术上的对手进行尖酸刻薄的辩论，教育读者并给他们带来愉悦，激励年轻一代的科学家。他对公众理解科学的独特贡献是他不仅仅向大批忠实的读者解释科学，他还把读者们带到了科学家的心灵和智慧深处，用他自己的话说就是，虽然科学可以了解自然界，但是它"必须被看作是一种社会现象、一场风暴、一种人类事业，而非编程好的机器人采集纯数据的工作"④。此外，他还展示了科学是如何——通常被研究人员们不知不觉地——被视为一种对种族主义、压迫和种族隔离表面上的客观称义（objective justification）的。和平克一样，他是一个对公众生活贡献了争议性观点的学术明星。

在他将近 30 年的公众生活中，古尔德是一个既受到尊敬又备受争议的名人。《博物学》称他是"美国的进化论桂冠得主"。国会

---

① Michael Shermer, "This View of Science: Stephen Jay Gould as Historian of Science and Scientific Historian, Popular Scientist and Scientific Popularizer," *Social Studies of Science* 32, no. 4 (2002): 489 - 424.

② Stephen Jay Gould, *Eight Little Piggies: Reflections in Natural History* (New York: W. W. Norton, 1993).

③ Robin McKie, "DiMaggio of Science Hits a Last Home Run," *Observer*, May 7, 2000, 13.

④ Stephen Jay Gould, *The Mismeasure of Man* (London: Penguin, 1997), 53 - 54.

图书馆在 2000 年将他命名为"活着的传奇人物",是一个具备把"个体创造性、信念、奉献和繁荣这些典型的美国信念"进行具体化的人[1]。然而,他也被视为一个"偶然的神创论者"[2],某些进化生物学家把他轻视为"一个纯粹靠修辞手法,名利双收而名不副实的有些糊涂的思想者"[3]。所有这些想法和观点都能通过古尔德作为一个科学明星的独特角色予以考察,这种角色发展了几十年并将"一个博学的哈佛大学教授和爱好棒球的凡夫俗子"结合了起来[4]。

科学活动家的形成

古尔德在 1941 年出生于纽约皇后区,他的外祖父母是从欧洲移民来的犹太人。双方家庭的大多数成员丧命于犹太人大屠杀[5]。20 世纪 20 年代通过的残酷无情的移民法律使数以百万计的犹太人在欧洲第二次世界大战前无法逃亡。他的父母放弃了所有的宗教信仰,但一直对他们犹太人的遗产和历史感到自豪。他的父亲——伦纳德——是一个法庭速记员和马克思主义者,他在大萧条动乱、西

---

① Natural History, "This View of Stephen Jay Gould," *Natural History* 108, no. 9 (1999): 48. Library of Congress 的引述取自史蒂芬·杰伊·古尔德的夹克, *The Structure of Evolutionary Theory* (Cambridge, MA: The Belknap Press of Harvard University Press, 2002).

② Robert Wright, "The Accidental Creationist," *New Yorker*, December 13, 1999, 56.

③ Adam S. Wilkins, "Stephen Jay Gould (1941-2002): A Critical Appreciation," *BioEssays* 24, no. 9 (2002): 864.

④ Carol Kaesuk Yoon, "Stephen Jay Gould, 60, Is Dead; Enlivened Evolutionary Theory," *New York Times*, May 21, 2002, 5.

⑤ Stephen Jay Gould, *Rocks of Ages: Science and Religion in the Fullness of Life* (New York: Ballantine Publishing Group, 1999), 8.

班牙内战以及种族主义和纳粹主义在欧洲发展过程中的经历锻造了他的信仰[1]。历史学家路易斯·马舒尔（Louis Masur）认为，由于他的这种背景，"社会阶层和政治意识形态、社会歧视和非理性迫害一定内化成了古尔德个人品性的一部分"[2]。

他对知识的兴趣在幼儿时期就得到了加强。他将在自己的职业生涯中多次提到，在 5 岁的时候，他的父亲带他去了纽约的美国自然博物馆。当他看到**霸王龙**（Tyrannosaurus）的巨型骨架时，他瞬间就爱上了古生物学，从此一发不可收拾。11 岁时，他就"怀着极大的兴奋，但懵懵懂懂"地读了乔治·盖洛德·辛普森（George Gaylord Simpson）的《进化的意义》（*The Meaning of Evolution*），因为他的父母误打误撞地从一个图书俱乐部那里收到了这本书；他们想把这本书还回去，但是古尔德恳求他们把它留下来，"因为我在护封上看到了恐龙的小简笔画"[3]。他后来吐露说，他对恐龙十分痴迷，以至于他的同学们无情地戏称他为"化石脸"（Fossil Face）。

在读大学本科期间，古尔德继续追求他对知识的兴趣，并且继续着他的家庭传统，即参与追求社会正义的运动。在 1959—1963 年，他在俄亥俄州的安提亚克学院攻读双学位：地质学和哲学，作为一个进步思想和社会行为主义的堡垒，学院的行政管理层希望学生们沉浸于社会运动中。古尔德是民权团体的成员，包括民主社会学生会（Students for a Democratic Society，SDS）——60 年代新

---

① Gould, *The Mismeasure of Man*.

② Masur, "Stephen Jay Gould's Vision of History," 480.

③ Stephen Jay Gould, *The Structure of Evolutionary Theory* (Cambridge, MA: The Belknap Press of Harvard University Press, 2002), 38.

左派的一个主要组织①。

他示威反对核武器，开展反对种族隔离的活动，参与让俄亥俄州理发店一体化的静坐示威，还曾经在海外学习的一年中与另外一个美国学生组织英国最大的歌舞厅［布拉福德的麦加·洛迦诺（Mecca Locarno）舞厅］一体化的运动②。科学史学家莫纳·佩雷斯·谢尔顿（Myrna Perez Sheldon）曾写道："古尔德和他的同学们意识到了要在制造美国身份、改变美国历史路线上承担积极的角色，并且他们把自己置于为平等而战的宏大叙事中。"③

然而古尔德选择了科学职业的道路。1967 年，他在哥伦比亚大学获得了地质学博士学位，研究重点是古生物学。他的专业主题是蜗牛的进化。对于生物学家来说，蜗牛是开展研究的有用物种，因为它们的生命史写在了自己的背壳上。因此，通过理解一只蜗牛的背壳如何进化，科学家们进而可以开启进化方面更大的议题。

古尔德着眼于**蜂窝蜗牛**（Cerion），即西印度群岛最著名的陆地蜗牛，这也是一个适于研究的蜗牛群体，因为它的形状多样，这一点在数百个蜗牛种类中独一无二——有又高又瘦的，有高尔夫球大小的，也有正方形的。古尔德与**蜂窝蜗牛**的偶遇塑造了他作为一个自然科学家的本能。他后来写道："没有科学家能够发展出一种对自然足够的'感触'（达到真正意义上的理解的难以言喻的前提），除非真正深入地了解一些精选有机体细致入微的经验细节。"④ 在他的

---

① Myrna Perez, "Evolutionary Activism: Stephen Jay Gould, the New Left and Sociobiology," *Endeavor* 37, no. 2 (2013): 104 - 111.

② Gould, *The Mismeasure of Man*.

③ Myrna Perez, "Evolutionary Activism," 106.

④ Stephen Jay Gould, *The Richness of Life: The Essential Stephen Jay Gould*, ed. Paul McGarr and Steven Rose (New York: W. W. Norton, 2007), 308.

第 100 篇《博物学》专栏中写到蜗牛的时候，他说："我用我全部的心灵和智慧爱着蜂窝蜗牛。"[1]

在他研究生的第一年期间，古尔德读到了当时出版不久的科学史著作——《科学革命的结构》，这本书对他的科学思维产生了深远的影响。托马斯・库恩的《科学革命的结构》认为科学的进步并不是循序渐进地迈向真理的，而是新观念推翻旧观念的一系列革命。古尔德说，这本书帮助他抛弃了传统的"循序渐进地从事科学的模式，一次添加一个事实，直到人老的时候才形成理论"[2]。在该书出版之前，大多数科学家都想给真理的圣殿添砖加瓦。他写道，从那以后，"大多数有愿景的科学家都希望煽动革命"[3]。

在古尔德获得博士学位后，哈佛大学在 1967 年聘用他为美国自然博物馆的教员。他立即投入到年轻学者的紧张生活中，到牙买加进行实地考察，就他的发现发表科技报告，从而为其他专家扩展专业知识并推进自己的事业。其他人注意到了古尔德对工作有着强烈的欲望。在 60 年代末，他的古生物学家同事奈尔斯・埃尔德雷奇（Niles Eldredge）回忆起了他和妻子于某个晚上前往剑桥大学拜访古尔德一家的情景。"晚宴结束后，天色已经很晚了，我们想上床睡觉了，但是在我昏昏欲睡的时候，我听到史蒂芬手动打字机的声音，他在撰写一篇评论。"他说道，"天呐，那个家伙投入了大量的时间。"[4]

---

① Gould, *The Richness of Life*, 307.

② John Horgan, "Escaping in a Cloud of Ink," *Scientific American*, August 1995, 40.

③ Stephen Jay Gould, *An Urchin in the Storm: Essays about Books and Ideas*（New York: W. W. Norton, 1987), 27.

④ 引自 "This View of Stephen Jay Gould," *Natural History* 108（1999): 48.

成为一个学科的超级明星

当他作为一个年轻学者开始工作的时候，古尔德因古生物学的
声名狼藉而感到沮丧。它的专家通常不是在大学校园里，而是在博
物馆里，并且他们的物品会被定期地运送出去展示以取悦公众。
"我不喜欢说有关古生物学家负面的东西，"诺贝尔奖得主、物理学
家路易斯·阿尔瓦雷兹（Luis Alvarez）曾经说道，"但是他们真的
不是非常好的科学家。他们更像是邮票收集者。"——古尔德感
到，很多科学家都抱有这种看法，但是不会大声说出来[1]。再者，
古生物学对进化生物学的前沿领域几乎毫无贡献。生物学家 H. 艾
伦·奥尔写道，古生物学家"是只会在那里深挖洞穴的人，而不是
对深入的思想进行思考的人"[2]。

这个年轻的古生物学家和他的同事埃尔德雷奇打算挑战上述看
法。认为古生物学家对进化生物学毫无贡献的一个原因在于他们对
化石记录证据的依赖；但是这种化石记录是不完整的，是零散的，
并且在不同的生命体之间也是有重大差异的。它没有足够的证据来
支撑传统观点所认为的"物种数百万年来在代际之间缓慢且渐进地
演化着"。

埃尔德雷奇和古尔德调转了这个观点的方向。化石记录的差异
并不是渐进演化观证据的差异。这个差异**是**进化变迁不同观点的证

---

[1] Alvarez引自 Stephen Jay Gould, *Wonderful Life: The Burgess Shale and the Nature of History* （New York：W. W. Norton, 1989），281.

[2] H. Allen Orr, "The Descent of Gould," *New Yorker*, September 30, 2002, 132.

据。他们在 1972 年的一篇论文中认为，短期物种变迁的爆发中断或者打断了以长期稳定性为特色的进化，他们称这为间断平衡论。

随着"蹦移"（Punk-eek）为人所知，古尔德和埃尔德雷奇也成了"这一学科的超级明星"[1]。正如他从库恩那里学到的一样，他没有等到自己老了才提出一个重大理论。生物学家奥尔在回顾古尔德早期职业生涯时说道，古尔德也许在科学史上是一种史无前例的类型——"第一个自觉的变革性科学家——第一个着手发起一场革命的科学家，至少有一部分原因在于他认为这个领域恰好**需要**一场革命。"[2] 虽然他刚刚 30 出头，他正飞奔在杰出的科学事业上。1973 年，哈佛大学晋升他为终身教授。

同年，他获得了向学术围墙之外扩展他的影响力的机会。1973 年秋，《博物学》的编辑艾伦·特尼斯（Alan Ternes）询问古尔德是否愿意为这份杂志工作，该杂志由美国自然博物馆出版。古尔德非常高兴，并且提议设立一个以进化生物学为基础的专栏，但是他也会在这个专栏中探讨他对历史、哲学以及社会和政治对科学影响的广泛议题。古尔德采用了《物种起源》最后一段的一个短语来命名这个专栏，达尔文用它来指代进化：生命观点（This View of Life）。他的第一个专栏文章是"大小和形状"（Size and Shape），讨论的是所有生物的外观如何遵循大小和形状的基本规律。这篇专栏发表于 1974 年 1 月[3]。这标志着他向公共知识分子的过渡。

他第一篇专栏文章的读者就包括埃德温·巴伯（Edwin

---

① David F. Prindle, *Stephen Jay Gould and the Politics of Evolution*（Amherst, NY: Prometheus Books, 2009）, 92.

② Orr, "The Descent of Gould," 132, 着重号为原文所有。

③ Perez, "Evolutionary Activism," 104 - 111.

Barber），当时他是诺顿出版社（W. W. Norton）的一个新任编辑，在浏览纽约公共图书馆的资料时，他发现了这篇专栏文章。他后来写道："读了几段后，我看到了一个大道理被清晰地阐释出来：这篇散文既优雅又相当脚踏实地，它解释了一些有趣的事情，比如为什么大象一定要有粗大的骨骼，哥特式大教堂为什么要有飞扶拱。"那天下午，他写信给古尔德并问道："像你这么聪明的家伙，为什么不出版图书？"

他们很快就会面了。巴伯和古尔德签了合约，让他写一本有关智力测试的种族歧视历史的著作①。出版图书使古尔德得以进一步深入大众文化。同时，这个专栏磨炼了古尔德为非科学家撰写文章的能力。特尼斯负责对文章进行编辑，以确保它们对普通读者更有吸引力。当古尔德收到第一封粉丝来信的时候，他写信给自己的编辑说："我想你让我相信了聪明的外行并不是一个神话，你的杂志真的有让人着迷的顾客。"② 这个专栏还起到了另外一个作用：古尔德在这些文章中培育了自己的公众形象，历史学家莫纳·佩雷斯·谢尔顿称之为"一个有些诡异且精力旺盛的博学家……一个贤明且体贴的人，充满了那个时代的智慧"③。

他的专栏不仅仅解释了科学观点和概念，还解释了科学真正的内部机制，展示了他的科学哲学观。在最清晰地陈述其时常描述的观点时，他后来写道："自然是客观的，并且自然是可知的，但是我们只能在黑暗中通过玻璃来观察她——并且阻挡我们视野的云层通常是我们自己造成的：社会和文化的偏见、心理上的偏好以及智

① 引自 "This View of Stephen Jay Gould," 48.

② 引自 Perez, "Evolutionary Activism," 108.

③ Perez, "Evolutionary Activism," 108.

力上的局限性（这存在于普遍的思维方式中，而不仅仅是个体化的愚蠢）。"①

　　一个反复出现的主题就是科学种族论：用科学为种族主义或者不平等提供生物学上的理由。在 1975 年 E. O. 威尔逊出版了《社会生物学》之后，古尔德对这个话题的兴趣增强了。这本书在出版后的几个月里获得了普遍的好评，但是古尔德把社会生物学看作是社会不平等的生物学确证，一种维持现状且不为改变社会以加强宽容和平等而斗争的理由。

　　和另外一个哈佛大学生物学家——理查德·列万廷——一起，古尔德加入到了社会生物学研究组织中，这是一个对威尔逊的著作抱有类似担忧的科学家共同体，他们还在被经常提到的 1975 年写给《纽约书评》的信件中概述了他们（对这本书）的异议②。古尔德在一个专栏中批评了威尔逊，但是在专栏发表之前，他写信给哈佛大学的同事，解释说他有义务解决社会生物学的问题，这个话题已经在大众媒体中产生了关注和争议，因为他是"唯一一个就进化论撰写固定栏目的科普人员"③。对社会生物学辩论的介入标志着古尔德进入到了主流新闻当中④。

---

① Stephen Jay Gould，*Full House: The Spread of Excellence from Plato to Darwin*（New York：Three Rivers Press，1996），8. 这个观点和马克思主义的科学哲学很接近，即从本质上认为科学在理解自然界的过程中具有无与伦理的力量和一系列成就。但同时，它"与经济体系、技术发展、政治运动、哲学理论、文化趋势、伦理规范和意识形态立场密不可分，实际上，拥有这一切，'人'才可以称之为'人'"。Helena Sheehan，"Marxism and Science Studies：A Sweep through the Decades，"*International Studies in the Philosophy of Science* 21，no. 2（2007）：197.

② Elizabeth Allen et al.，"Against Sociobiology，"*New York Review of Books* 13（1975）：182，184 - 86.

③ 引自 Myrna Perez，"Evolutionary Activism，" 108.

④ Myrna Perez Sheldon，"Claiming Darwin：Stephen Jay Gould in Contests over Evolutionary Orthodoxy and Public Perception，1977 - 2002，"*Studies in History and Philosophy of Biological and Biomedical Sciences* 45（2014）：139 - 147.

1977 年，古尔德引人注目地展示了他作为学术明星和公共知识分子的双重角色。那一年，他出版了两本书。《个性发育与系统发育》（*Ontogeny and Phylogeny*）是一本有关胚胎发育和有机体进化历史之间关系的技术性书籍。他以某种方式融合了来自科学和历史的论点，这种方式被《古生物学》（*Paleobiology*）期刊赞誉为"富有洞察力，富含对人性的窥探，对动机以及科学哲学的评价"[1]。《自达尔文以来》（*Ever Since Darin*）把他在《博物学》上的一系列随笔汇集了起来[2]。生物学家 H. 艾伦·奥尔后来在《纽约客》中写道："虽然两本书都获得了较好的关注，更重要的是，正是它们的同时性引发了关注。"[3]

确实，《纽约时报》同时对两本书进行了评价，并且盛赞古尔德是科学内部机制可信赖的向导。"古尔德不仅颂扬人类在科学上的想象力，"该文章说道，"他还坚称我们意识到了那种想象力的社会影响和文化影响。"这篇评论提到在一篇文章中古尔德思考了非科学家应当如何判断专家们的对立主张这个问题。评论员写道："这似乎没有明确答案，但是这确实对知道科学是如何工作的有很大帮助。如何领悟科学？从史蒂芬·杰伊·古尔德开始。"[4]

在同一个版面中，这份报纸还刊登了在哈佛大学比较动物学陈列馆 1859 年的厢房里对古尔德的采访。小说家雷蒙德·索科洛夫（Raymond Sokolov）写道，"这个善于表达的年轻（36 岁）地质学

---

[1] David B. Wake, "Shape, Form, Development, Ecology, Genetics, and Evolution," *Paleobiology* 4, no. 1 (1978): 96.

[2] Norton 的编辑 Barber 回忆说，这花了三年时间，一旦古尔德发表超过了 30 个专栏，其中某些就可以集结成书出版。引自 "This View of Stephen Jay Gould," 48.

[3] Orr, "The Descent of Gould," 132.

[4] James Gorman, "The History of a Theory," *New York Times*, November 20, 1977, BR4.

教授"是洋基队的终身粉丝，也是西印度群岛蜗牛的采集者。古尔德对这份报纸说他的科普写作可能会损害他的科学职业。他说："显然，像我这样的人会遇到麻烦。任何一个开展普及化并且为公众写作的人，**事实上**，都将成为重大嫌疑的目标。即使没有读过你的东西或者不知道你，人们也会说，'哦，古尔德啊，他就是那种胡扯的人'。"后来，采访者写道："从他自己的焦虑中明显地投射出来，他娓娓道来，辩护说他的朋友以及'第二个自我'——卡尔·萨根——是其他科学家应该喜欢的科普人员，即使他们耻笑他有关大脑研究的畅销书《伊甸园的飞龙》（*The Dragons of Eden*），因为萨根总是使人们改变对保守的、真正的科学的看法。"①

《熊猫的拇指》（*The Panda's Thumb*，1980）是他的第二本选集，该书中与标题同名的随笔里就包含了古尔德有关进化的混乱过程的标志性范例。熊猫拇指的奇特故事表明进化的过程并不会带来理想的设计。在某种程度上，因混乱的、有缺陷的自然过程而导致的奇怪的解决方案最能展示进化过程。从本质上来说，熊猫是一种进化到吃竹子的熊。它似乎有第六根手指——一根帮助它握住竹笋的拇指。但是这个手指并不是拇指，它是一个拉长的腕骨，在亿万年的进化过程中，它被重塑成了帮助熊猫操控并吃掉它的主要食物的一种方式。对于熊猫特定的进化史来说，这个"拇指"是独一无二的。它不是一种旨在握住竹子的完美特征，而是一个设法让熊猫更好地握住它的食物的奇特"玩意儿"。在早期那些拥有更大的第六根"拇指"的熊猫因而有更大的生存优势。

---

① Raymond A. Sokolov, "Talk with Stephen Jay Gould," *New York Times*，November 20，1977，BR4.

《人之误测》（*The Mismeasure of Man*，1981）抨击了科学种族主义。古尔德认为，历史上的一系列研究人员得出的智力方面的科学研究结果，明显地为欺压黑人和其他阶层、性别和种族提供了正当的理由。科学家们有时候会伪造证据。在 20 世纪 40 年代，英国心理学家西里尔·伯特（Cyril Burt）爵士伪造了一些数据，以支持他有关遗传决定智商的看法。他的著作在美国被心理学家阿瑟·詹森（Arthur Jensen）用来支持白人和黑人智商天生不同的观点。

古尔德认为，也有一些其他科学家因为他们无意识的偏见而制造了有缺陷的科学。在 19 世纪中期，费城内科医生塞缪尔·乔治·莫顿（Samuel George Morton）收集了 1 000 多个头盖骨。他打算验证这样一个假设：种族可以根据大脑的平均尺寸进行划分。莫顿测量了每个头盖骨的体积。对于古尔德来说，莫顿的一系列程序性误差导致了他的结论"与美国人的偏见非常吻合——白人居首，印第安人次之，黑人垫底"。莫顿的工作为奴隶制提供了明显的科学正当性，因为白人命中注定要统治那些在智力上不如他们的种族。

通过这些案例，古尔德得出结论：智慧不是一个可以测量并压缩成一个数字的单一的、可遗传的品质。因而古尔德认为，任何有关受压迫的群体——种族、阶层、性别——天生下等的主张在科学上都是不正确的，都是生物决定论的恶性表现："社会和经济地位精确地反映了人的先天构造"的看法[①]。

这本书获得了 1981 年国家图书评论奖（National Book Critics Circle Award）并且被翻译成了 10 种语言，销售量达 25 万多册。

---

① Gould，*The Mismeasure of Man*，52，85 - 86.

《新闻周刊》称赞它为"偏见科学及其社会滥用出色的案例研究"①。

当修订版本于 1996 年出版的时候，古尔德解释了为什么生物决定论的主张反复出现。其原因是社会政治性的。生物决定论的复兴往往会在削减政府社会项目上支出的政治运动期间出现。"建立起（某些群体高高在上，而某些群体垫底）这样的顺序，企图以此准确地反映如此排序的人群的智力是天生固有而不可改变的，还有什么反对社会变迁的主张比这更具有冷冰冰的效果呢？"②

但是在 80 年代早期，古尔德又陷入了另外一场有关科学和政治的争议当中：神创论的复兴。

反神创论者和偶然的神创论者

1980 年，古尔德向同事们哀叹说：现在我们在"白宫里有一个神创论者"③。对古尔德来说，这个神创论者就是罗纳德·里根。在他 1980 年成功的总统竞选活动中，里根声明自己和进化论脱离关系，这是他为团结共和党旗下再次联合起来的宗教保守派和大企业家的政治策略的一部分。结果，神创论者赢得了政治影响力。当公立学校里教授进化论的时候，神创论者希望他们的观点也可以得到同样的时间：圣经是完全真实的，并且地球的年龄不可能超过 1 万年。对于古尔德来说，他们的计划是政治性的。"它的开发者和筹

① 　Jim Miller，"What's in a Skull？" *Newsweek*，November 9，1981，106.

② 　Gould，*The Mismeasure of Man*，28.

③ 　Cited in Perez Sheldon，"Claiming Darwin，" 140.

款人是右翼的福音派教徒，"他写道，"他只是把推动创世纪的文意解释作为其综合政治计划的一项，而这个项目也会禁止堕胎，并且会退回到以拯救美国家庭为幌子的过时的父权制度中。"[①]

古尔德对这种政治计划发起了直接的攻击。历史上著名的麦克莱恩诉阿肯色州（*McLean v. Arkansas*）一案，针对要求该州公立学校给予进化论和创世主义同等对待的法律提出诉讼。他在审判中出庭作证。神创论者希望阿肯色州成为最早采用这一法律的其中一个州。由美国民权联盟（American Civil Liberties Union）提出并且由家长、宗教组织和科学家组成的联盟——由卫理公会牧师威廉·麦克莱恩（Reverend William McLean）领导——提起的一个诉讼认为，这个法律违宪，因为宗教议题应该留在课堂之外。古尔德在小石城的联邦法院出庭对这个案例进行了报告。在审判前几周记录的证人陈述，表明了他与阿肯色州律师针锋相对的交流。

> 问：你是否教过创造科学（旨在找到上帝创造世界的证据）的课程？
>
> 答：我没有。没有这样的事情。
>
> 问：你在课堂上是否讨论过创造科学这个话题？
>
> 答：我只在 B-16 的科学课（对地球和生命的历史的概述）上简要地提及过。
>
> 问：你能想起那些简要的暗示中包括什么吗？
>
> 答：它们是负面的。
>
> 问：我估计是，但是你能想起是哪些内容吗？

---

① Gould, *An Urchin in the Storm*, 246.

答：下周来哈佛大学吧。我将在周一和周三讲两堂课，将是对这个话题讲的第一堂课。内容主要会（包括）表明从科学的定义来说，神创论是不具备资格的。①

1982 年 1 月 5 日，法官威廉·奥佛顿（William Overton）判定神创论，或者创造科学，不是科学。它是宗教，所以它在科学课上不会有一席之地。这在美国历史上是第一次见证法庭上给出有关神创论全部证词的案件，也是唯一一次。古尔德后来写道："在 20 世纪美国历史上长久且重大的时期，在能提供给相关专业专家的唯一法律渠道中，我很荣幸有机会证明进化论是自然知识而神创论是伪科学。"②

其他专家对古尔德的工作给予了表扬。"像他这样在科学上的重头人物都认为参与进来是值得的，"哲学家芭芭拉·佛瑞斯特（Barbara Forrest）说道，她也是神创论的批评者，"他借助自己的声誉获得了媒体的关注。他做了我希望更多的科学家可以做的事情。"③

同时，古尔德的批评者认为他不经意地对神创论者给予了支持。这体现在间断平衡论这个议题上。这个理论挑战了新达尔文主义的核心理念，所以一些进化论者担心古尔德对"蹦移"的推广向广大公众传播了这样一种观念，即进化的观点是站不住脚的。科学

---

① Stephen Jay Gould, "Testimony of Dr. Stephen Jay Gould," *McLean v. Arkansas Documentation Project*（1981），查询日期为 July 16，2014，http：//www.antievolution.org/projects/mclean/new_site/depos/pf_gould_dep.htm.

② Gould，*The Structure of Evolutionary Theory*，989.

③ 引自 Barry Palevitz，"Love Him or Hate Him, Stephen Jay Gould Made a Difference," *Scientist*，June 10，2002，12.

家们担心，因为普通公众已经在进化论上出现了分歧：1982 年的盖洛普调查显示，被调查的美国人中有 44%认为是上帝创造了人们现在的形式①。

理查德·道金斯认为神创论者常用一种宣传技巧，让大家觉得对达尔文进化论任何轻微的批判都代表进化论者在他们的基础理论上存在着深刻分歧。他总结了科学家们的担忧。"埃尔德雷奇和古尔德不是在低语诉说，他们在滔滔不绝地大声疾呼！"他写道，"他们的呼喊通常非常微妙，但是传达的信息会被误解为达尔文主义出了问题。"他总结说，间断平衡论"为神创论者和科学真理的其他敌人提供了充分的协助和安慰"②。

《纽约客》的一篇随笔稍后对这些批评进行了总结，它称古尔德是一个"偶然的神创论者"③。历史学家莫纳·佩雷斯·谢尔顿写道，在公众的意识中神创论和间断平衡论逐渐变成了相互关联的。她写道，"神创论方面的争议推进了古尔德在美国各地受众中的明星地位"④。

古生物学家的名人化

当 1982 年 3 月古尔德登上《新闻周刊》的封面时，他声誉鹊起的事实已经不言而喻了。这份杂志拍摄了古尔德在一张史前场景

① 对于神创论的历史，参见 Ronald L. Numbers，*The Creationists: From Scientific Creationism to Intelligent Design*（Cambridge, MA: Harvard University Press, 2006）.
② Richard Dawkins，*The Blind Watchmaker*（London: Penguin, 1991），251.
③ Wright，"The Accidental Creationist," 56.
④ Perez Sheldon，"Claiming Darwin," 140.

的图片前拿着一个化石的照片：一只霸王龙和其他恐龙在一块热带沼泽中跋涉前行，一只翼手龙在头顶翱翔。一篇 4 000 字的概述讨论了古尔德疯狂的日程，描述了他如何在一个月的时间里中断在巴哈马的实地考察，飞往纽约接受颁发给《人之误测》的国家图书评论奖，在一个重要会议上宣读三篇论文，飞往芝加哥讨论他的麦克阿瑟基金会（MacArthur Foundation）拨款，就阿肯色州审判为《纽约时报》撰写一篇随笔，还有撰写他自己的定期专栏，并到哈佛大学在他广受欢迎的课堂上讲最后几次课。

该杂志写道，古尔德"帮助变革了进化理论的整个图景。他的首要武器就是能够简单、优雅且有说服力地传播观念的不寻常的本事"。它指出古尔德在《博物学》上的作品给了他"一种驾驭公众舆论的能力，这种能力仅次于那些在公共电视上有自己系列片的科学上不朽的人物"[1]。

这篇文章还透露了他的个人生活，刊登了一张古尔德与他儿子伊森（Ethan）的照片。伊森那时 8 岁，他陪同自己的父亲在野外采集**蜂窝蜗牛**的数据。该文章说古尔德通常在凌晨 2 点到 6 点半之间休息。"剩下的时间则小心翼翼地守护着他的家庭。他与自己的寡母很亲近，她在科德角（Cape Cod）有一个小商店，出售猫头鹰的浮木雕刻作品和有少量存货的史蒂芬·杰伊·古尔德的文集，"记者写道，"他一直尽量避免让自己的妻子——黛博拉——和两个儿子暴露在自己声誉所带来的媒体关注之下。他新近的一本书中的一段话披露出他的大儿子——12 岁的杰西（Jesse）——遭受着学习障碍的折磨。古尔德的一个朋友充满敬畏地说起他每天夜里用好

---

① Jerry Adler and John Carey, "Enigmas of Evolution," *Newsweek*，March 29，1982，44.

几个小时耐心地为他的儿子读书，与他交谈，从来没有放弃过杰西可以通过纯粹的意志力和努力来克服这个问题的想法，就好像他解决其他许多问题一样。"[①]

在这篇报道刊登几个月之后，古尔德发现自己的意志力和努力将要接受考验。1982 年 7 月，在一系列常规体检之后，古尔德被诊断罹患了一种罕见的癌症，腹部间皮癌——一种与石棉相关的疾病，形成于腹腔或者肺部。据预测，他还有八个月的存活期。他的医生建议他不要阅读这方面的材料。

古尔德刚能下地活动，就来到哈佛大学医学图书馆查阅这方面的资料。他利用自己的统计学功底深入地研究他预计的生命周期，即在其他进入临终状态的患者的平均寿命长度的基础上做出的估计。古尔德推断说他既不体弱，也不年老——他那时 40 岁——所以他活得可能比其他人的平均寿命要长。在回想他对统计数据的理解时，他后来写道："我相信这对挽救我的生命发挥了重要作用……我还有时间思考、计划、搏斗。"[②]

他在与生命搏斗——他接受了一种新颖的实验性治疗。他还在写自己的专栏、教授课程（戴了一顶软帽以遮挡因化疗而引起的脱发），并且接受采访。"我仍能回想起在午夜电视节目中看到他时的那种震惊，"约翰·杜兰特——《公众理解科学》（*Public Understanding of Science*）期刊的前主编，并且在那年的早些时候见过古尔德——写道，"起初，我几乎认不出电视屏幕上那个憔悴的形象了——短短几周时间，因为接受了残酷的治疗，他好像一下子老了 30 岁。"[③]

① Adler and Carey, "Enigmas of Evolution," 44.

② Gould, *The Richness of Life*, 28 - 30.

③ John Durant, "In Memory of Stephen Jay Gould," *Public Understanding of Science* 11 (2002): 390.

　　古尔德让他的同事伊丽莎白·弗尔巴（Elisabeth Vrba）来找他讨论研究思路。"我们思索着、争论着，并且几乎持续两天都在记着笔记，在这段时间内他几乎不吃不睡。在我们理论探讨的中途，他常常会因为难受至极而冲进卫生间，呕吐不止，"她回忆说，"每次他都会马上回来，重拾似乎完全不相干的生物学过程与语言学、哲学和历史学现象之间连接的线索。我发现自己忘记了他病得有多严重，只是一如既往地感觉到和他一起探讨概念性问题那种纯粹的喜悦。"[1] 古尔德康复了。

　　古尔德罹患癌症和他康复的消息在 1983 年出版的《纽约时报》中成了特写。詹姆斯·格雷克当时是该报的主编，后来成为一个知名的科学作家。他讨论了古尔德诊断的前后经过，这是在一次前列腺检查中偶尔发现的，他报道说："即便时至今日，这种痛楚有时也让人难以忍受，古尔德就会给自己注射一针麻醉镇痛剂。"这篇报道还提及了古尔德私人生活的其他方面。他在波士顿塞西莉亚社团（Boston Cecilia Society）里唱歌。他经常作为洋基队粉丝小分队的重要成员出现在芬威球场（Fenway Park），那里是他们对手——波士顿红袜队（Boston Red Sox）——的主场。这篇文章还提到古尔德如何在研究生学术研讨会开始时阅读他讨厌的邮件。但是这篇报道还聚焦在古尔德公众形象的一种悖论上，他和他的同事都清楚这种悖论：他是"我们这个时代达尔文主义最著名的倡导者"，但是同时他也越来越多地与进化理论的正统观念分庭抗礼[2]。

　　在 80 年代早期，古尔德继续着自己的政治激进主义。冷战爆

①　"This View of Stephen Jay Gould," 48.

②　James Gleick, "Breaking Tradition with Darwin," *New York Times*, November 20, 1983, 48.

发了，以卡尔·萨根为首的一批科学家就核战争不可预料的后果发出了警告——核冬天。古尔德也是其中之一。在他们预设的场景中，核弹头如雨点般降落在北半球。因城市和森林焚毁而产生的大量烟云笼罩着地球，遮蔽了阳光，并引发将大量毁灭地球上生命体的长达数月甚至数年的冰冷和黑暗。他们有关核冬天的版本是以历史先例为基础的：6 500 万年前一颗撞上地球的小行星或者彗星产生了灾难性的影响。那次碰撞引发了遮蔽阳光的大量尘埃云，并导致了恐龙的灭绝。一个科学史学家把著名科学家们为宣传并加强公众对核冬天的了解所做的努力描述为"一场高级的宣传活动"①。

1984 年 9 月 12 日，古尔德和萨根一起出席了美国众议院安排的听证会，旨在提升公众对核冬天的关注。委员会主席詹姆斯·H.朔伊尔（James H. Scheuer）介绍说古尔德是这样的一个科学家，"被公认为是影响最深远的进化生物学家之一"，以及"我们这个时代最优秀的科学传播者之一"②。

像他通常在专栏中所做的那样，古尔德以一个圣经的比喻开始了自己的证词：他描述了摩西如何用埃及上空持续了三天的烟幕让法老感到恐惧，"而核冬天将带来持续更久的黑暗，"古尔德继续说道，"以及一系列相关后果，包括气温骤降、辐射剧增、大火、大气和地表水的化学污染，使得核战争预期的可怕程度要比我们以前想象的严重得多"③。尽管他们付出了努力，这场运动对于官方出台

---

① Spencer R. Weart, *Nuclear Fear: A History of Images* (Cambridge, MA: Harvard University Press, 1988), 382.

② *The Climatic, Biological, and Strategic Effects of Nuclear War: Hearing Before the Subcommittee on Natural Resources, Agriculture Research, and Environment of the Committee on Science and Technology*, House of Representatives, 98th Cong., 8 (1985).

③ *The Climatic, Biological, and Strategic Effects of Nuclear War*, 8.

的核政策没有明显的成效。在苏联解体之后,对安全和政策的关切转移到了核恐怖主义与核扩散方面①。核冬天逐渐销声匿迹了。

通过 1984 年的《新星》专题片,古尔德的名人化效应继续加强着,该专题片把他和迪马吉欧放到了一起。一开场就是古尔德和他的儿子伊森在旧金山的一个操场玩投接球。解说员的第一句话是:"史蒂芬·杰伊·古尔德,棒球迷以及进化生物学家,是当今科学中最具活力的声音之一。"这个纪录片展示了古尔德在森林中搜寻标本,在种族隔离的南非发表有关科学与种族的演讲,为核冬天提供证词,以及与给穿着红袜队服装的伊森·古尔德(Ethan Gould)传授一些击球技巧的乔·迪马吉欧见面。

该纪录片还播出了他第一次在哈佛大学的通识教育课上讲授地球和生命的历史的情景。他告诉在座的 300 名学生说,科学"通过其新发现而引发的变革创造了文化,但是科学也反映了文化,因为科学是由那些深陷于他们那个时代的偏见和想法中的人开展的。他们和其他人并无二致,科学家并不特殊。这是这门课程的主题之一"。他说从科学的观点来看这通常得不到其他科学家的承认,"科学引起并且激发变革。但是科学也包含在文化中,并且通常在很大程度上反映了那些从事科学工作的人的无意识偏见"②。

古尔德在大众中地位的一个重要体现就是他成了 1986 年一期《人物》(People)杂志的主题。它把"凌乱且爱运动的古尔德"描述为"一个几乎永远在微笑的热情奔放的人","科学工作者刻板印象"的一个例外,一个人文主义者,一个波士顿塞西莉亚社团的男

① Lawrence Badash, *A Nuclear Winter's Tale: Science and Politics in the 1980s* (Cambridge, MA: MIT Press, 2009).

② "Stephen Jay Gould: This View of Life."

中音，吉尔伯特和沙利文（Gilbert and Sullivan）的热爱者，棒球——特别是迪马吉欧——的崇拜者。这篇报道还强调了他名声的其他特征。"人们把我看成一件商品，"他对这本杂志说，"他们想都不用想就要求占用我五分钟时间。他们从来不想想如果他们提这个要求，另外还有 1 000 人也那样做。我拿不出 1 000 个五分钟。"①

这篇文章描述了他的一些同事对他的冷言冷语。"在科学共同体中，对他的怨恨很大，"该文引用芝加哥大学地质学教授大卫·罗普（David Raup）的话说，"人们认为他油腔滑调，并且肤浅。大家普遍认为史蒂芬大部分时间都用在了博取宣传上。"然而《人物》总结了他的形象，说古尔德已经成了"博学和学识的一个流行象征"。

声誉冲击到了他的教学工作。很多哈佛大学的学生都来上他有关生命历史的入门课程，因为他是一个明星。这门课程常常都会超员，有 800 名学生来抢占 300 个上课名额。像他的短文作品一样，这门课程也是数十年潜心钻研的一个成果。他以前的一个博士生回忆说："史蒂芬因为每年都会开这一门课而出名，即使在两次癌症发作期间，就好像要赶上他如此崇敬的迪马吉欧的连续安打一样。"② 古尔德的教学风格反映了他的写作风格。在他的课堂上，他用讲故事的方式来阐明宏大的观点，并且最后留给学生们清晰的结论。

他的声誉还给他在科学中的地位带来了影响。《古生物学》的前主编说他接受古尔德那种华丽的写作风格和更长的文章篇幅，换

---

① Michelle Green, "Stephen Jay Gould," *People*, June 2, 1986, http://www.people.com/people/archive/article/0,20093775,00.html.

② Robert M. Ross, "Stephen Jay Gould: The Scientist as Educator," in *Stephen Jay Gould: Reflections on His View of Life*, ed. Warren D. Allmon, Patricia H. Kelley and Robert M. Ross (New York: Oxford University Press, 2009), 245.

作其他人他是不接受的。他以前的一个博士生回忆说，这个明星古
生物学家让他们的同行们既自豪又尴尬。他是这些人中的一员，同
时让他们对这个学科思考得更深入，但是他"有时候做得有点
多"。即使在他职业生涯的早期阶段，他"所展示的材质和华丽的
辞藻在我们自己的专业会议上已让大家既赞赏又诧异"。比如，在
一次重要的地质学会议的发言中，一个同事回忆起了古尔德如何
"长篇大论地讨论起了土狼的阴茎"[1]。

《奇妙生命》（*Wonderful Life*，1989）讲述了古尔德认为的科
学上最伟大的但被忽视了的故事之——伯吉斯页岩（Burgess
Shale）化石。这种页岩位于于加拿大落基山脉的高处，是 10 英尺
厚的一层岩石，其尺寸相当于一条城市街道的大小。它包含有 5 亿
多年前奇异生物阵列的最好记录。在远古海洋进化大爆炸后生存的
动物：即寒武纪生命大爆发，让现代生命的演化进入到运动状态的
长达几百万年的时间段，而在地质史上仅仅是一瞬间。这些动物作
为精美的三维化石被保存下来，对于科学家来说，这是观察全部生
命体和更多地了解进化是如何进行的一个绝好机会。古尔德写道，
这些化石"是 5.3 亿年前海床上肮脏的小生物，但是我们带着敬畏
之心欢迎它们，因为它们是旧日支配者，并且它们试图告诉我们一
些事情"[2]。

古尔德认为，它们告诉我们进化就像是彩票。《奇妙生命》的
男主人公是三位英国古生物学家，他们考察了 20 世纪 70 年代的化

---

[1]　Warren D. Allmon, "The Structure of Gould: Happenstance, Humanism, History and the Unity of His View of Life," in *Stephen Jay Gould: Reflections On His View of Life*, ed. Warren D. Allmon, Patricia H. Kelley and Robert M. Ross (New York: Oxford University Press, 2009), 43.

[2]　Stephen Jay Gould, *Wonderful Life: The Burgess Shale and the Nature of History* (New York: W. W. Norton, 1989), 52.

石并且把这些化石分为 24 种独特的主体类型。其中只有 4 种类型在后来纪元的后代中被发现，大多数都消失了。对于古尔德来说，这表明有关进化的传统叙述是错误的。这不是一个复杂的生命形式不断多元化的故事，而是一个有关概率的故事，或者用古尔德最喜欢的一个概念来说，是一种意外事件。这个故事讲述了"一系列令人震惊的不太可能的事件……全然不可预测且完全不可重复"[①]。用他经常引用的比喻来说，如果把生命的磁带倒回到伯吉斯页岩的时代，按下播放键——将会发生一系列不同的事件。现代生命可能会极大地……不同。

在《奇妙生命》出版之前，伯吉斯贝岩从来没有俘获公众的想象力。古尔德把这个化石所获关注的缺乏与他认为的另一个最重要的现代古生物学发现所获的大量关注进行了比较，这就是诺贝尔奖得主物理学家路易斯·阿尔瓦雷兹得出的小行星导致恐龙灭绝的结论。为什么两者获得的关注不同？对于古尔德来说，有两方面的原因。首先，研究页岩的科学家们虽然煞费苦心地对奇异生物进行着分类，但是他们并不符合科学方法的刻板形象："穿着白大褂的人在实验室中旋转着刻度盘——实验、量化、重复、预测"；其次，古生物学家的工作在公众看来不如在科学学科中遥遥领先的物理学的工作。古尔德写道："撞击说具备了获得公众赞誉的一切条件——白大褂、数字、诺贝尔奖得主以及在学科地位阶梯顶端的位置。"[②] 到 1992 年《奇妙生命》已经销售了 1.5 万本精装本和 3 万本平装本。它获得了宏-布朗科学图书奖（Rhône-Poulenc Science

---

① Gould, *Wonderful Life*, 14.

② Gould, *Wonderful Life*, 277 - 281.

Book Prize）。古尔德在书中借鉴过一个古生物学家的作品，他就是西蒙·康威·莫里斯（Simon Conway Morris），他在自己的图书——《创造的熔炉》（*The Crucible of Creation*，1998）——中对古尔德的阐释提出了异议。古尔德的声誉把伯吉斯页岩带到了公众视野中。

他继续用他心爱的史密斯·可若纳打印机源源不断地写出著作。在 90 年代，他在《博物学》中最好的随笔被收录进了《雷龙面临的威胁》（*Bully for Brontosaurus*，1991）、《八头小猪》（*Eight Little Piggies*，1993）、《干草垛中的恐龙》（*Dinosaur in a Haystack*，1995）和《莱昂纳多的蚌山和沃尔姆斯议会》（*Leonardo's Mountain of Clams and the Diet of Worms*，1998）中。"随着数百万本在全球销售，"他的编辑诺顿出版社的埃德温·巴伯写道，"史蒂芬的著作让我们看到公众不仅渴望更多的古尔德著作，而且期望更多各种形式的科学"①。

《独立报》认为，自从他发表了自己的第一本文集以来，"这个系列的丛书已经从一种崇拜发展为一个产业，随笔的收藏版销量也十分惊人"②。在美国的巡回演讲中，他是炙手可热的人物，并且经常吸引到成千上万的听众前来聆听他有关进化的讨论③。据说后来古尔德仅从演讲活动中每年就收入 30 万美元，并且他还拿着七位数的薪水④。《观察家》称古尔德是"一种西方的出版现象"⑤。

---

① "This View of Stephen Jay Gould," 48.

② David Papineau, "A Man with His Finger on the Future," *Independent*, January 31, 1993, 30.

③ Durant, "In Memory of Stephen Jay Gould," 390.

④ Pam Belluck, "Suit by Renowned Biologist's Widow Accuses Doctors of Negligence," *New York Times*, May 21, 2005, 14.

⑤ McKie, "DiMaggio of Science Hits a Last Home Run," 13.

评论者对这本书的评论不只是停留在对古尔德的观点进行描述上。比如，随笔作家和批评者菲利普·罗佩特（Phillip Lopate）给出了对这个科学家精雕细琢的公众形象的最具有见地的分析之一。"和所有具有自我意识的随笔作家一样，他在书中树立的形象以第一人称出现，有选择地反映真实生活中的作者。"他在《纽约时报》中写道，"古尔德先生的'我'——他用来表示他自己——首先是正人君子：来自皇后区公立学校的犹太儿童，一个'恐龙狂人'（被他的同学戏称为'化石脸'），成为热爱宽容和理性的人，一个'本质上的人文主义者'，一个'喜欢简朴的人'（meat-and-potatoes man）。"他是自我推广的研究人员，一个能言善辩的达尔文主义者，"一个忧郁、内向的古物研究者"以及"外向的演说家"——这些都是在他展现出来的一个"接地气的凡夫俗子"的形象上层层叠加的形象[①]。

1997年，哈佛大学发布了一张古尔德的官方照片，他身处在四周都是图书的哈佛大学比较动物学陈列馆中，站在显示不同进化阶段头骨的展品和一张乐谱中间。他像平常一样身着便装：白色的汗衫、领尖有纽扣的蓝色衬衫，卷着袖子，脖子上挂着眼镜，衬衣兜里放着铅笔和笔记本。他展示了一个著名学者普通得不能再普通的形象（见图5-1）。

《金融时报》的记者描述了他在某次午宴中采访古尔德的场景，他写道："当我点了'气泡矿泉水'后，我的午宴伙伴有些尴尬。他很自豪地告诉服务员，他喜欢自来水。'自来水很好。对你也好，而且还免费'他解释说。史蒂芬·杰伊·古尔德可能是世界上

---

① Phillip Lopate, "Snails, Frankenstein and King Lear's Daughter," *New York Times*, January 21, 1996, 9.

图 5-1　1997 年哈佛大学拍摄的一张史蒂芬・杰伊・古尔德的官方照片，展示了这位该大学最著名的科学家正站在他位于比较动物学博物馆的办公室内，被他的研究对象——化石和书籍——所包围。十年前，《人物》杂志称他为"博学和学问的一个流行象征"。（美联社图片／作者：帕特・格林豪斯）

最著名的古生物学家，但是他没有忘记自己劳动工人的本质。"

记者继续说道："鉴于他对美国棒球的痴迷，我建议他尝试一下'美味的法兰克福熏肠'，菜单上显示它售价 10 美元。但是他没有。'在查理的三明治店购买应该会更好，而且那里售价 3.75 美元。'古尔德说道，他看透了我的心思。他看中了一款更超值的午餐，一碗汤和一个三明治。这种傲慢的谦卑就是经典的古尔德。"在采访接近尾声的时候，记者问古尔德是否叫一个摄影师进来给他拍张照。他同意了，但是要求不超过 15 分钟，并且补充说："我不想和恐龙一起拍照。"①

---

① Victoria Griffith, "The Man Who Calls Us Just 'an Accident,'" *Financial Times*, December 18, 1999, 3.

90 年代还见证了英国进化生物学家们对古尔德的尖刻批评，他们说古尔德误导了公众对进化的理解。"由于他的随笔写得很出彩，他通常被非专家们看作是卓越的进化理论家，"约翰·梅纳德·史密斯在 1995 年写道，"相反，与我探讨他作品的进化生物学家们倾向于把他看作是一个观点过于混乱而不值得为之费心思的人，但是也不应该被公开批判，因为至少在反对神创论者这个问题上，他是站在我们这边的。"对于史密斯来说，如果不是古尔德"在很大程度上给了非生物学家有关进化理论现状的错误图像"的话，这些就都不重要了[1]

同时在此十年期间，古尔德透露了更多的个人生活。《生命的壮阔》(*Full House*，1996) 回到了他受癌症折磨的经历中，这是一个他之前曾回避详细叙述的话题，因为作为"一个对私生活高度保密的人"，他对个人隐私见诸文字"怀有恐惧"。但是他如何比预测的寿命活得更长的故事成了《生命的壮阔》的主题。这种疾病的患者平均寿命是八个月，但是一些人活不到八个月就过世了。其他人，比如古尔德，在确诊之后则生存了很多年。平均数不是真相，最终的真相是生命周期的总体变化。

"我只是患有间皮瘤的一个个体，我想对**我自己的**生存概率做最好的估测——因为我要做个人决策，我的事情不能受抽象的平均数的支配，"他写道，"我需要基于我自己病例的详情，把自己置于最有可能变化的区域内；我绝不能简单地认为我个人的命运符合集中趋势的某些指标。"[2]

---

[1]   John Maynard Smith, "Genes, Memes and Mind," *New York Review of Books*, November 30, 1995.

[2]   Gould, Full House, 46-49.

另外，这十年间，他和第一任妻子离婚了，和艺术家郎达・席勒（Rhonda Shearer）再婚，并搬到了曼哈顿的苏荷区。《建筑文摘》（*Architectural Digest*）在 1997 年描述了他们 4 200 平方尺翻新的市中心阁楼，拍摄了室内的照片，描述了古尔德如何躲到图书馆里继续工作，并透露了这对夫妇如何为他们餐桌周围的座位选择"以椅子从 17 世纪到 20 世纪的进化为特征的布局"[1]。他于那年在《辛普森一家》（*The Simpsons*）中扮演了自己的角色。

但是最重要的隐私披露来自《追问千禧年》（*Questioning the Millennium*，1997），这是他有关千禧年的时间是如何计算的历史性陈述。这本书以关于一个年轻人的讨论结束。给他一个出生日期，这个年轻人立刻就能说出那天是星期几。这个年轻人患有自闭症，他有着很好的语言技能，但是在认知方面十分有限。他对时间的排列让他获得安全感并且理解世界。"他的名字是杰西，"古尔德在最后一行写道，"他是我的第一个儿子，我以他为荣。"[2]

古尔德职业生涯的末期见证了他在一系列图书中把自己一生的重大主题结合起来。他试图在《万古磐石》（*Rocks of Ages*，1999）中调和科学和宗教。他把自己描述成一个不可知论者，他写道："我全心全意地，以尊重的甚至是充满爱的态度，相信科学权威和宗教权威之间的协议。"[3] 他把两者看作是独立的知识领域，不相重叠的权威（NOMA）。在他看来，科学记录并且解释自然世界的真相，而宗教研究科学所不能解决的有关意义和道德价值的问题。

---

[1]　Suzanne Stephens, "Making it New in Soho," *Architectural Digest* 54, no.2: 108 - 115.

[2]　Stephen Jay Gould, *Questioning the Millennium: A Rationalist's Guide to a Precisely Arbitrary Countdown* (New York: Harmony Books, 1999), 205.

[3]　Gould, *Rocks of Ages*, 9.

然而，这本书获得了古尔德的职业生涯中最差的一些评论。"无偏见的读者很快就能得出结论，不相重叠的权威是不可能实现的，就像注定要从发射营地坠落到海底的太空船，头上香槟酒瓶的碎片还依稀可见。原因有几个，但是最明显的一个就是古尔德对宗教明目张胆的不充分论述，"文学研究者兼古尔德粉丝的约翰·凯瑞（John Carey）写道，"古尔德似乎对不相重叠的权威相当认真，否则你可能会怀疑这样一个牵涉大幅度削减宗教武器的和平条约是一种笑话。"①

2002 年，古尔德出版了《进化论的结构》（*The Structure of Evolutionary Theory*）一书，这是对他一生工作的总结，也是他辛勤耕耘了 20 多年的一本科学著作。在这本 1 433 页的著作中，他在详述自己对进化论知识现状的阐释之前首先考察了进化思想的历史。这本书封面的简介称古尔德是"全球最受尊敬且最有说服力的进化理论阐释者"。简介还把这本书描述为一本"举世无双的著作，过去的一个多世纪科学界从来没有遇到过——并且似乎也不可能再现——的一本著作"。

这本书的评论称赞它是一本让人惊叹的知识成果，即使是强烈反对古尔德观点的批评家也这么认为。动物学家、科学作家马克·里德利（Mark Ridley）认为古尔德总是在"忽视、曲解或者在精神分析上压缩他的批评者"的同时颂扬他的支持者。尽管如此，里德利写道，这本书"仍然是 25 年来有影响力的思想的华丽总结，也是进化生物学领域一件重要的出版大事"②。

---

① John Carey, "The Never-Ending Conflict," *Sunday Times*, January 28, 2001.

② Mark Ridley, "The Evolution Revolution," *New York Times*, March 17, 2002, 11.

　　但是科学哲学家迈克尔·鲁斯认为这本书是自负和缺乏安全感的产物。这本书的厚度"是无节制的自我的一个证据，连篇累牍都在强化这个主题。科学被埋没在有关作者的优点和成就的冗词之中，"他写道，"我只能希望——通过这本大家伙——补偿了古尔德对他作为一个真正的专业生物学家的地位由衷的不安全感。"①

确立古尔德的遗产

　　"今天我们很震惊地得知我们国家最博学且最受钦佩的其中一个科学家过世的消息。"美国广播公司新闻频道的老牌主持人彼得·詹宁斯（Peter Jennings）在 2002 年 5 月 20 日向全国观众说道，"史蒂芬·杰伊·古尔德拥有与众不同的多元且精彩的职业生涯。"他死于癌症，病故于自己纽约的家中，他的妻子、母亲和著作围绕着他。《自然》称他为"全球最知名的古生物学家"②。《新科学家》说古尔德是"20 世纪最具影响力的进化论思想者"③。《每日电讯》报道说："对于美国人而言，古尔德眼睑低垂的双眼和浓密的胡须代表着科学的公众形象。"④《纽约时报》说他"在很多外行读者的心中代表着科学本身"⑤。

　　古尔德的过世和他的杰作的出版让媒体对他的关注飙升至前所

① Michael Ruse，"The Gould Rush," *Globe and Mail*，March 23，2002，D3.

② Derek E. G. Briggs，"Stephen Jay Gould (1941 - 2002),"　*Nature* 417，no.6890（2002）：706.

③ "Death of Author and Thinker," *New Scientist*，May 25，2002，9.

④ "Obituary of Stephen Jay Gould," *Daily Telegraph*，May 22，2002，23.

⑤ "Death of a Paleontologist," *New York Times*，May 21，2002，20.

未有的高度，如图5-2所示①。对于何为他的永恒遗产，作家和评论家们意见相左。《独立报》认为古尔德的贡献在于他"单枪匹马地让一个乏味且边缘化的古生物科学回到了进化论的博弈之中，并且成了一个主要参与者"②。《观察家》认为他复兴了科学随笔，并且证明了聪明的外行这个抽象的概念是确实存在的③。位于纽约的美国自然博物馆教务长迈克尔·诺瓦切克（Michael Novacek）说："也许无人能及的是，他为科学提供了一种极为有效的情景化意义。"④《生物科学》（BioScience）说他的科学遗产还不明确，但是他对公众文化的贡献是毋庸置疑的，即他促进了公众对进化论的意识以及把伯吉斯页岩带入公众视野的方式⑤。

古尔德产业在他去世后仍在持续。《马德维尔的荣耀与悲剧》（Triumph and Tragedy in Mudville，2003）是他有关棒球的作品集，《纽约时报》赞誉这本书描述了在他的科学著作中出现的同样的变化规律和持续性原则。（书评的题目是《露天看台上带着终生记分卡的教授》）⑥

《刺猬、狐狸和文学硕士的天花》（The Hedgehog，the Fox，

---

① 作为文化形象的一个指标，我为古尔德获得的媒体关注设定了唐斯式的经典模式，从 Lexis-Nexis 数据库中抓取提到他名字的素材，在世界主流出版物的标题下逐年地进行搜索。这不是一种正规的内容分析法，却是旨在以某种方式刻画出长期以来对他的关注。还应该注意的是 Lexis-Nexis 中 1980 年之前的档案通常是不完整的。参见 Anthony Downs, "Up and Down with Ecology: The 'Issue-Attention Cycle,'" Public Interest 28（1972）：38 - 50.

② "Obituary: Professor Stephen Jay Gould," Independent, May 22, 2002, 18.

③ Robin McKie, "A Grand Finale," Observer, May 26, 2002, 17.

④ Tim McLaughlin, "US Scientist Who Made Evolution Popular Dies," National Post, May 21, 2002, A2.

⑤ Wilkins, "Stephen Jay Gould（1941 - 2002）," 864.

⑥ Michiko Kakutani, "Professor in the Bleachers with a Lifelong Scorecard," New York Times, May 20, 2003, E7.

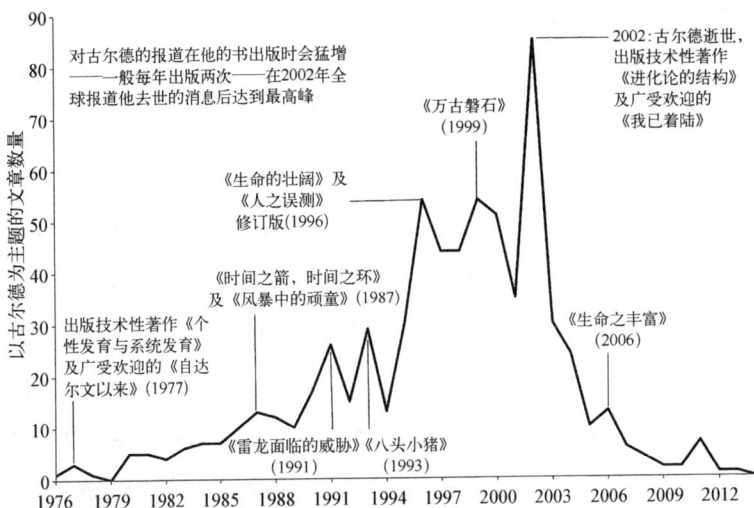

图 5-2　史蒂芬·杰伊·古尔德公共职业生涯期间媒体对他的兴趣变化

and the Magister's Pox，2003）试图调和科学与人文学科。两者认识世界的方式是不同的，但是同样都是实现共同目标——人类智慧——的路径。这本书的评论不尽如人意。比如，《金融时报》写道："这本书有一种未经编辑的闲聊气息，对作者未能给予公平对待。"[1] 然而，该书提供了一个人物的具体案例，古尔德认为他将科学与人文学科两者之间富有成效的互动具体表现了出来，他就是小说家弗拉基米尔·纳博科夫（Vladimir Nabokow）。

这个俄国作家是蝴蝶方面的专家，他于 20 世纪 40 年代在哈佛大学从事研究工作。古尔德认为，他的散文中对飞蛾和蝴蝶的大量详细的描述体现了科学家和艺术家对现实的共同崇拜。"作为一个技艺精湛的文学工匠，纳博科夫，"古尔德写道，"维护了精确的真实性的神圣——这在科学上是显而易见的要求，同时在特定的文学

---

[1]　Clive Cookson, "An Inconclusive Experiment," *Financial Times*，May 24，2003，35.

类别中也大有裨益。"①

其他出版物也试图定格古尔德的遗产。《古生物学》出版了一期纪念古尔德的专刊。他生前的学生、同事与合作者组成了一个集体，承担起他声誉监管人的角色。在《史蒂芬·杰伊·古尔德：对他生命观的思考》（*Stephen Jay Gould: Reflections on His View of Life*，2009）中，他们对古尔德作为研究人员、良师和益友的不同角色进行了阐释。然而，这本书不全是阿谀奉承之作。"他是一个不太好相处的榜样，"一个作者写道，"他会迅速地决定他喜欢谁，不喜欢谁，你通常没有第二次机会修正他对你的第一印象。"②《史蒂芬·杰伊·古尔德的科学和人文主义》（*The Science and Humanism of Stephen Jay Gould*，2011）把古尔德置于希望利用科学来改善社会的左翼科学家的传统当中：他们希望"培养一种可以积极地参与知识事物的见多识广的公民群体，而不是将他们拒之门外，让科学仍然留在社会精英手中"③。一本知识列传——《史蒂芬·杰伊·古尔德和进化政治学》（*Stephen Jay Gould and the Politics of Evolution*，2009）——把他的广受欢迎归因于他展示了科学家如何工作的真实场面的方式，而不是教科书和枯燥的公开声明中那些读者已经厌倦了的缺乏新意的故事。

出人意料的是，这件事说起来可能都会让古尔德会心一笑，他

① Stephen Jay Gould, *The Hedgehog, the Fox, and the Magister's Pox* (New York: Harmony Books, 2003): 166.

② Warren D. Allmon, Patricia H. Kelley, and Robert M. Ross, "Editor's Preface," in *Stephen Jay Gould: Reflections on His View of Life*, ed. Warren D. Allmon, Patricia H. Kelley and Robert M. Ross (New York: Oxford University Press, 2009), ix.

③ Richard York and Brett Clark, *The Science and Humanism of Stephen Jay Gould* (New York: Monthly Review Press, 2011), 13.

向他的读者讲述着自己未来的工作，但这是在他去世之后。《纽约时报》对他的一次采访在他去世两周后才刊发出来。他说他希望《进化论的结构》在 100 年后仍然有人阅读。他讲述了吉尔伯特和沙利文如何在流行音乐中具体体现了一种卓越。他还描述了接下来计划要写的两本书。一本是关于模式的：书名会是《生命的方向》（*Life's Direction*）；另一本将详述古生物学的早期历史。"我几十年来一直在积累古文物研究的藏书。16 世纪到 18 世纪古生物学伟大著作的大多数都被我收入囊中。我可以阅读它们，"他说道，"所以我想这将是我退休后一项巨大的工程。但是我需要 20 年的时间来完成它。"①

政治明星

古尔德曾经写道，"我们必须通过作家的论点来对他们进行判断，而非他们的自传"。但是他的公众生活显示了这种看似完美的理想是如何消失的。如今政客们的私人生活为其公众价值提供担保，同样，古尔德表明了公共科学家的个人历史如何担保他们的公共形象。

作为一个犹太移民的后裔，古尔德的家教和教育锻造出他对平等和社会公平的坚定信念，这一信念让他的科研工作和公共生活富有生命力。他身体力行地在俄亥俄州理发店和英国的舞厅开展反对种族隔离的运动。他在法庭上为反对学校教授神创论进行作证，他把那看作是在一场更广泛的政治运动中的第一记礼炮，为美国人的核

---

① Alexander Star，"Life's Work，" *New York Times*，June 2，2002，18.

心生活注入倒退性价值观。他还发表演说反对南非的种族隔离政策。

他表明被认为是中立的科研工作是如何受到政治信仰影响的。在自己的作品中他与有关天性的科学主张斗争，他认为这种看法不过是周而复始地在社会危机出现时被抛出的陈词滥调，为性别、阶级或者群体之间的不平等辩解。他表明实际上很多发现种族之间智力差异的实验有时候是以无意识偏见以及为种族主义披上虚假的科学事实外衣的驱动力为基础的。

更广义地来说，通过他自己的研究成果和他笔下的很多研究人员，他表明科学有理解这个世界的认知能力，即使与那些被视为科学进程之外的因素相纠缠——比如科学家的政治、他们的社会状况以及他们所处的学术环境。对于他两个最亲密的同事来说，古尔德在更广泛的文化中对这些复杂观点的清晰表达是他遗产的一个重要组成部分。左翼科学家理查德·列万廷和理查德·雷文思（Richard Levins）说，古尔德"让广大公众再一次思考了马克思主义分析的有效性"[①]。

列万廷和雷文思在他们多产的职业生涯中也在力证这些观点。然而他们都没有成为像古尔德一样的名人。一个原因就是古尔德给人的印象不是一个激进的意识形态斗士。相反，他被描绘成了总体上博学的一种象征，一个在摆满了化石的房间里工作的可爱的博学大师，一个喜爱蜗牛、恐龙和迪马吉欧的研究人员。他的观点引人注目是因为他本人引人注目。自传和论点融合到了一起。古尔德的名声是一种政治名声。

---

① Richard C. Lewontin and Richard Levins, "Stephen Jay Gould — What Does It Mean to Be a Radical?" in *Stephen Jay Gould: Reflections on His View of Life*, ed. Warren D. Allmon, Patricia H. Kelley and Robert M. Ross (New York: Oxford University Press, 2009), 204.

第6章 名声与女明星科学家: 苏珊·格林菲尔德

2004年一个周五的晚上，坐落于伦敦梅菲尔区的阿尔伯马尔大街的英国皇家科学研究所（Royal Institution，RI）举办了一个聚会，这里"相当于是"科学的"剧院"[1]。自1799年成立以来，该研究所就一直致力于科学研究和公众传播。14位诺贝尔奖得主在得奖的时候都住在那里。10种化学元素在其实验室中被发现。化学家汉弗莱·戴维爵士（Sir Humphry Davy）和迈克尔·法拉第（Michael Faraday）曾任该研究所的所长[2]。这次聚会就是在法拉第起初的一套公寓内举办的，聚会后诺贝尔奖得主加州理工学院的化学家艾哈迈德·泽维尔（Ahmed Zewail）教授发表了演讲。

泽维尔是应英国皇家科学研究所当时的所长苏珊·格林菲尔德教授之邀前来做报告的，她也是担任这一有声望的职位的首位女性。在对这个事件进行的报道中，《星期日泰晤士报》描述了格林菲尔德如何用"亲吻和香槟"来欢迎她邀请的嘉宾们，她穿着"薇斯莱斯（Whistles）牌垂褶领口的轻盈黑色雪纺戚风（Chiffon），

---

① Royal Society of London，*The Public Understanding of Science*（London：Royal Society，1985），10.

② Royal Institution，"RI History，"*RI History*，查询日期为December 1，2012，http：//www.rigb.org/contentControl? action = displayContent & id = 00000002894.

还有你能在夜总会门外看到的性感的脚踝系带的高跟鞋"。她在研究所内有一间公寓，"距离邦德大街的古驰店（Gucci）和普拉达店（Prada）只有一步之遥，众人皆知（她）从那里购物，为自己挂满设计师品牌服装的衣橱添置新装"。在格林菲尔德为这次聚会做准备的时候，她"杂乱成堆的美容润肤露和唇彩四处洒落在法拉第优雅的梳妆台上"①。

格林菲尔德把皇家科学研究所设想为人们可以"前来喝着拿铁讨论量子力学"的一个场所②，一个"科学的沙龙"③，或者"科学家们的格劳乔俱乐部"④。这参照的是艺术家们、作家们和音乐家们频繁造访的伦敦俱乐部，那是在20世纪90年代以不良行为著称的据点。

自1998年被任命为所长，格林菲尔德就监管着由建筑师泰瑞·法雷尔（Terry Farrell）爵士对研究所的建筑物进行改造的2 200万英镑。这些具有历史意义的房间得到了复原。法拉第演讲厅进行了重新装修。另外还增设了展示空间，以及一个酒吧、咖啡馆和餐厅。在女士卫生间的隔间门上写着的是一些物品的化学方程式，比如唇彩⑤。新人们还可以在这个建筑物内举办婚礼。

这个研究所富有魅力的品牌重塑反映了格林菲尔德的品位和风格。《自然》称她是"明星神经科学家"⑥。《科学》称她是"在聚

① Lesley White, "Too Sexy for the Stuffed Shirts," *Sunday Times Magazine*, May 23, 2004, 20.

② Cole Moreton, "The Girl with All the Brains," *Independent on Sunday*, May 11, 2008, 82.

③ Madeleine Kingsley, "Making Her Mark in the Male-Dominated World of Science," *Hello!* October 26, 1999, 106 - 109.

④ Sabine Durrant, "Don't Call Me My Dear," *Guardian*, May 31, 2000, 4.7. Maev Kennedy, "People," Guardian, September 18, 2008, 23.

⑤ Maev Kennedy, "People," Guardian, September 18, 2008, 23.

⑥ "Popularizer Greenfield Is Blackballed by Peers," *Nature* 429 (2004): 9.

光灯下栩栩如生的"一个"科学摇滚明星"[1]。报纸以各种方式把她描绘成一个"自封的明星科学家……英格兰最著名的神经科学家……可以说是英国最知名的、最有魅力的科学工作者"[2]"科学上最著名的女性"[3]"英国在世的最著名的女科学家"[4]"英国的一流女科学家"[5]"英国最著名的女科学家"[6]，一个"传媒中的明星科学工作者"[7]"一个媒体教官"[8]，一个"身着迷你裙的媒体明星"[9]，以及一个"在小报上出名的衣着入时的科学工作者"[10]。

　　这些华丽的描述掩盖了格林菲尔德的科学成就。除了皇家科学研究所前所长的身份，她还是牛津大学的高级研究员，研究的是诸如阿尔茨海默症和帕金森症等疾病，是几部有关大脑的科普图书的作者，是因出色的科学传播工作而获得皇家学会颁发的著名的迈克尔·法拉第奖章的得主，也是英国上议院的议员，在那里她的官方头衔是牛津郡 Ot Moor 男爵夫人。

　　除了她的成就之外，格林菲尔德醒目地展示了历史上女性科学家在大众文化中存在的备受争议的方式。与霍金、道金斯、平克和

① John Bohannon, "The Baroness and the Brain," *Science* 310 (2005): 962-963.

② Sean O'Hagan, "Desperately Psyching Susan: Sexy or Serious?" *Observer*, September 7, 2003, 5.

③ Stefanie Marsh, "All Work, No Play," *Times* (London), November 8,2007, 10.

④ Steve Connor, "Controversial Professor Brands Campaign against Her Cowardly," *Independent*, February 7, 2004, 19.

⑤ Vanessa Thorpe, "Eureka! TV Scientists Turn Up a Fortune," *Observer*, April 18, 1999, 6.

⑥ Patricia Fara, "An Unlucky Fellow," *Times* (London), May 6, 2004, 14.

⑦ Gail Vines, "Susan Greenfield — a Mind of Her Own," *Independent*, September 20, 2003.

⑧ Tristram Hunt, "The Appliance of Science," *Independent*, November 20, 2001, 8.

⑨ Jane Kelly, "How the Daughter of a Chorus Girl Is Putting Sex into Science," *Daily Mail*, July 18, 2000, 11.

⑩ White, "Too Sexy for the Stuffed Shirts," 19.

古尔德相反，她生动地体现了现代研究是如何越来越同科学的营销、推广和销售联系在一起的。格林菲尔德表明，对于今天的科学家来说媒体的可见性和在大众中的名声是宝贵的品质。但是她也明显地让大家看到这些同样的品质是如何招致批评者的尖刻指责和同行的可怕中伤的。

创业型科学家

格林菲尔德于 20 世纪 70 年代末 80 年代初首次建立起了自己的学术声誉。在一系列论文中，她绘制了乙酰胆碱酯酶（AChE）与众不同的生物功能图表，她认为这可能和一些神经退行性疾病有关，包括阿尔茨海默症和帕金森症。在那之前，这种酶被认为和大脑的发育相关，而没有和疾病建立关联。她 1984 年有关这种酶的与众不同功能的论文仍然是她被引最多的科研论文，在其他学者的论文中被引了 220 多次[①]。

格林菲尔德首先学习的是哲学，但是这门学科无休止的语言讨论让她懊恼不已。她转修了心理学，但是又对无休止地在老鼠身上做实验感到厌烦（她的毕业论文主题是有关老鼠的生理机能、解剖和行为）[②]。受到研究基本问题的前景的吸引，她选择神经科学作为自己的博士专业。"因为无论如何我都有着不寻常的背景，"她说，

---

① 引用的数据来自 Web of Science 数据库，可通过 American University 图书馆网站查询，http://subjectguides.library.american.edu/databasesatoz(accessed June 30, 2012).

② Ted Anton, *Bold Science: Seven Scientists Who Are Changing Our World* (New York: W. H. Freeman, 2000).

"我不是在一种或者另一种学科中培养出来的，我可以随意地在这些不同的学科中穿梭，打破了这些不同的障碍，而不仅仅是在任何一个学科中拥有完整的权威的专业知识。"①

随着格林菲尔德职业生涯的进展，科学在英国变得越来越商业化，成了与保守党首相玛格丽特·撒切尔广泛私有化和自由市场议程相关的一部分。1988 年，撒切尔（她的大学本科专业是化学）对皇家学会说，学术科学家和产业科学家应该把他们的专业知识结合起来。"产业变得越来越具有科学思维：科学家变得越来越有产业思维，"她说道，"只有当产业和学术界意识到并且调动彼此的优势时，英国的精神活力才能被完全释放出来。"②

格林菲尔德接纳了这种商业氛围。在 80 年代末，牛津大学的药理学系需要经费，所以她和她的生物化学家同事大卫·史密斯（David Smith）去寻求私人投资。她们为制药公司施贵宝（Squibb）组织了一次神经科学论坛，史密斯回忆说，该公司的代表对格林菲尔德印象十分深刻。1987 年，施贵宝向这个系资助了 2 000 万英镑——是当时"英格兰的大学收到的最大一笔单项大学赞助"，交换条件是施贵宝拥有该系神经科学家研究成果的知识产权③。

此外，在 20 世纪末，认知神经科学成为一个时髦的领域。1990 年，美国总统乔治·H. W. 布什（George H. W. Bush）（即老布什）声明 90 年代是"大脑的十年"。他解释说："对大脑进行持续研究的需求是非常强烈的：每年有数百万美国人受到大脑紊乱

---

① 引自 Anton，*Bold Science*，48.

② Margaret Thatcher，"Speech to the Royal Society," September 27，1988，查询日期为 May 5，2010，http：//www.margaretthatcher.org/speeches/displaydocument.asp?docid = 107346.

③ 引自 Anton，Bold Science，41.

的影响，从神经系统遗传性疾病到退化性疾患造成的失忆，比如阿尔茨海默症，以及中风、精神分裂症、自闭症、言语（speech）障碍、语言（language）障碍和听力障碍。"并总结说："这些个人和他们的家庭理应抱有希望，因为大脑研究发现的新时代即将到来。"①

格林菲尔德在媒体上的首次露面是在对她 1987 年合作编辑的一本书的评论中，即《心波：对智力、身份和意识的思考》（*Mindwaves: Thoughts on Intelligence，Identity，and Consciousness*）。这本书集合了 32 位神经生物学家、哲学家、语言学家、医生和计算机科学家有关意识的学术论文，释放出了她将利用跨学科的方法来研究身份和自我这个基础问题的信号。《泰晤士报》称赞这本书是"一本严肃且有说服力的论文集"，就像"它探讨的领域……是一种兼收并蓄各种论点的拼图"②。

格林菲尔德还就与大脑相关主题的图书为《自然》撰写书评③。她一篇《自然》文章的编辑还为英国广播公司工作，他需要有人在午夜电视节目中谈论科学中的女性。他联系了格林菲尔德。《当代生物学》（*Current Biology*）后来报道说："编辑们对他们的所见所闻感到非常满意。"④ 其他科学精英们也关注到了她。科学作家特德·安东（Ted Anton）后来特别提到了她在午夜英国广播公司节目中的表现，"富有魅力，反应灵敏，她引起了皇家科学研究

---

① George H. W. Bush, *Presidential Proclamation* 6158，1990，查询日期为 November 5，2012，http：//www.loc.gov/loc/brain/proclaim.html.

② David Jones, "Science Books about the Mind's Construction," *Times*，December 24，1987.

③ 如见：Susan Greenfield, "M-Words and the Brain," *Nature* 361(1993)：127 - 128.

④ Nigel Williams, "Brain Story," *Current Biology*，October 1，2000，查询日期为 May 12，2012，http：//www.sciencedirect.com/science/article/pii/S0960982200007193.

所的注意力。"①

电视上的女科学家先锋

1994 年，格林菲尔德当选科学研究所为儿童准备的年度系列圣诞演讲的首位女科学家：这个著名的演讲长期以来都是英国科学日程中不可或缺的，以前参加过该演讲的著名发言人包括理查德·道金斯、戴维·爱登堡和卡尔·萨根。格林菲尔德的演说直截了当地解释了大脑的工作机制。这些演说成为截至目前格林菲尔德崛起为公众科学家的最重要的里程碑。

记者们讨论了她作为科学研究所演讲者的开拓性角色。她的外貌也成为记者们眼中的焦点。《独立报》特别提到，除了她的专业知识之外，她"富有感染力的热情、她偏爱的惊艳的服饰、她棕色的眼眸、金色的头发和满面的笑容很难让人不关注"②。《泰晤士报》写道，格林菲尔德穿着"粉红色的真丝上衣和女士紧身裤，终结了（科学家）打领结和粗花呢夹克这个荒唐可笑的悠久传统"。这篇报道的作者将这次演讲和另外一个以《花花公子》（*Playboy*）创始人——休·海夫纳（Hugh Hefner）——为特色的节目一起进行了评论。通过把两个话题联系起来，评论者写道："苏珊·格林菲尔德博士可能没有穿兔女郎服装，但是她作为近 170 年里第一个发表这种演说的女性，也可能带来了不少因此而产生的大惊小怪。"③

①　引自 Anton，*Bold Science*，43.

②　Georgina Ferry，"Woman with Ideas on the Brain," *Independent*，December 27，1994，13.

③　Matthew Bond，"Pussy-Footing with the Bunny Girl Boss," *Times*（London），December 29，1994.

同一个评论者称她是"文艺复兴时期女性的典型"①。在对她进行报道的时候,《泰晤士报》称她是"她那一代最聪颖的人之一"②。格林菲尔德本人在《独立报》中写道:"即使我不想作为第一个女性被评价,但是我知道那很难避免,所以我想好好表现。"③

记者们把格林菲尔德描写得非常优秀,这是媒介呈现的通用模式,女性科学家通常被刻画成象征性人物。在媒体报道中,女性往往被描绘成克服重重困难,从而获得那些被看成是独一无二的、几乎是无可匹敌的成就的杰出人物。这些象征性人物通常是"文化上的英雄"④。比如,女性研究人员在美国电视上多半是难以见到的,那些以女性科学家为特色的电视剧和纪录片也把她们刻画成了被她们的职业耗尽一生的老一套的女强人,或者刻画成了"像玛格丽特·米德(Margaret Mead)和简·古道尔(Jane Goodall)一样浪漫的、富有冒险精神的名人"⑤。

尽管如此,这些演说还是引来了更多的媒体曝光度。"到年底的时候,我获得了各种各样的邀请,为报纸撰写文章,在当地广播中接受采访。我出现在了《明日世界》(*Tomorrow's World*)、《问答时间》(*Question Time*)、《任何问题》(*Any Questions*)、《荒岛唱片》(*Desert Island Discs*)和《一周伊始》(*Start the Week*)中。"⑥ 通过

---

① Bond, "Pussy-Footing with the Bunny Girl Boss."

② Nigel Hawkes, "Solving Ultimate Brain Teasers," *Times* (London), December 26, 1994, 26.

③ Ferry, "Woman with Ideas on the Brain," 13.

④ Orly Shachar, "Spotlighting Women Scientists in the Press: Tokenism in Science Journalism," *Public Understanding of Science* 9 (2000): 350.

⑤ Marcel Chotkowski LaFollette, *Science on American Television: A History* (Chicago: University of Chicago Press, 2013), 186.

⑥ Susan Greenfield, "Vision for Science," *Guardian*, November 14, 1998, 24.

在这些英国著名的节目中露面，格林菲尔德进入到了主流文化中。

对大脑进行科普

她新获得的文化上的声望促成了《通往心灵中心的历程》（*Journey to the Centers of the Mind*，1995）一书，这是一本有关争议性话题——意识的本质——的科普图书。对于她来说，意识是由数万群神经元一起放电所产生的，她称之为"大型集合体"。可以把这种神经元一起放电的组合作为意识的一个指标来研究，但是这些神经元并不是意识本身。相反，意识与大脑中从这些神经元的组合散发出来的波动类似。对于格林菲尔德来说，这种意识的物理基础是她感兴趣的一个领域，也是得到公认的一个领域，1996 年，她被任命为牛津大学突触药理学教授。

她继续在科普图书中对神经科学和意识进行着理论化。《人类大脑：一本指南》（*The Human Brain: A Guided Tour*）首次出版于 1997 年，其目标"不仅针对非生物学家，而且针对非学生"[1]。该书思索了思想如何从大脑中产生。格林菲尔德写道："这些观点不是为了被当成不容争辩的事实，而是激发读者们更积极地提出问题并自我思考。"[2] 她认识到，公众理解脑科学也具有社会重要性，因为当代生活的压力导致了精神疾病的增加，包括抑郁和焦虑，对改变情绪的药物的依赖，以及老年人的脑部功能失调[3]。

---

[1] Susan Greenfield，*The Human Brain: A Guided Tour* (London：Phoenix，1998)，xiv.

[2] Greenfield，*The Human Brain*，xiv.

[3] Greenfield，*The Human Brain*.

　　当她承担起公共知识分子的作用时，她的知识范围也扩展了。在 1996—2001 年，格林菲尔德是《独立报》和《星期日独立报》的专栏作家和撰稿人。她的文章考察了影响现代科学家职业生活的一些议题，除此之外她也讨论科学家的公共角色。她认为，争议性的科学必须进行辩论，她对那些不与公民进行交流的"象牙塔中纯粹主义的"研究人员和与公民进行交流的"一小撮非常有天赋的、全职的专业公共关系人员"之间的区别进行了批判①。

　　作为科学公共关系人员，科学传播者的特性——有时候是带有贬义地——被用来描述格林菲尔德本人：她后来被以各种方式称为"科学上杰出的倡导者"、"喋喋不休的科学公共关系人员"、一个"学术上的虞美人"② 以及"一个面向所有人的科学福音传教士"③。

　　但是没有一个同事对她在报纸上的专栏进行评论。"他们从来不提它，从来不提我的任何活动。我的理解是他们在我背后说我很多坏话，"她在 1988 年写道，"不过我不在乎——虽然我更希望他们走到我面前告诉我说'我们认为你在这方面简直就是一个老骚货'——但是当我发现人们不支持公众理解（脑科学）时，我确实非常难过。"④

　　格林菲尔德写道，她顺应了"创业型科学家"的想法，这种人在公共资金不断减少的文化中欣然地接受私人资金。在她的观点背后有一种意识形态哲学以及实用主义哲学，因为她认为公共资助者没有投资原始的科学观念。"以我的经验而言，"她写道，"突破现

①　Susan Greenfield, "View from Here," *Independent*, January 29, 1998, E3.

②　John Cornwell, "It's a No Brainer," *Sunday Times*, April 27, 2008, 20 - 29.

③　White, "Too Sexy for the Stuffed Shirts," 21.

④　Decca Aitkenhead, "Brain Teaser," *Guardian*, June 8, 1998, 4.

有模式的、范式变迁的观念在谨小慎微的公共部门显贵们面前根本没有机会。"资助机构已经形成了一套思维定式，偏好资助那些她称之为结果确定的"安全科学"。但是，对格林菲尔德来说，在科学上保证有结果的观点是自相矛盾的。相反，私人部门不得不在原创性方面进行投资①。

随着格林菲尔德在她的公众写作中提倡一种创业型的科学，她也推动了自己的研究走向商业化。在银行家、风险投资家和牛津大学的资助下，她于 1997 年作为联合创始人共同创立了突触（Synaptica）公司，将乙酰胆碱酯酶的研究商业化。商业界把突触公司看作是商业化科学的一种新模式。全球商业顾问公司普华永道（Pricewaterhouse Coopers）的一份 2001 年有关制药产业前景的报告说，格林菲尔德取得了一个分子的专利，这有可能帮助研发治疗阿尔茨海默症和帕金森症的药物。突触公司的创立是为了"在向制药公司出售研究结果之前"研究这个分子。在讨论格林菲尔德时，这份报告说，"这个产业就是需要这样的人。我们预测越来越多的公司将采用这个模式"，并且科学家们将"最终在他们研究的分子中享有经济利益和个人利益"②。

当格林菲尔德为 MindFit 做广告和推广的时候，她强烈的支持商业的理念融入了她的公众形象当中，这是一款能使大脑保持活跃状态的电脑游戏。这款产品在英国上议院进行了发布，一份报道描述说格林菲尔德也出现在发布现场，被一群男性科学家团团围住。

---

① Susan Greenfield, "We Need to Show the Inhabitants of the Modern Academic Monastery That There Is Another World Beyond," *Independent*, January 25, 2001; Susan Greenfield, "The Ivory Powerhouse," *Independent*, May 15, 1997, E3; Greenfield, "View from Here," E3.

② Pricewaterhouse Coopers, *The Future of Pharma HR*. PricewaterhouseCoopers, 2001，查询日期为 May 12, 2012, www.pwc.fr/fr/pwc_pdf/pwc_the_future_of_p_hr.pdf.

该报道说："显然，这些男人们需要她来销售他们的研究和他们的机构。但是，她是否需要他们呢?"[1]

皇家科学研究所的首位女所长

此时，格林菲尔德已经在英国的科研机构中达到顶峰。1998年，她被任命为科学研究所的第一位女性所长。这个历史上著名的机构，她后来写道，当时已经"进入了一种上流社会的沉睡状态"[2]。记者们认为她的当选受到了现代化和市场营销因素的影响。比如，《自然》报道的标题这样写道："阳春白雪的'俱乐部'寻求平易近人的品质"[3]。

在她的就职演说中，格林菲尔德概述了她对这个机构社会角色的愿景。科学研究所应该"在科学议题上发表权威的观点……以帮助促进科学，并鼓励对科学议题采用一种恰当、负责且开明的方法，"她说道："我们需要找到新的受众，达到新的读者。科学的生存，乃至我们作为一个国家的成功都取决于此。"

格林菲尔德把科学传播概念化为类似于市场营销一样的东西。"我们有一种产品。我们的产品就是作为一种概念的科学，以及作为我们现代生活方式不可或缺的一部分的科学知识，我们应该走出去并销售它们，"她说道，"我们将寻找向根据我自己的出版、广播和电视经验来看迫切需要这个产品的市场进行

① Marsh, "All Work, No Play," 10.

② Susan Greenfield, *2121: A Tale from the Next Century* (London: Head of Zeus, 2013), 392.

③ Ehsan Masood, "Highbrow 'Club' Seeks the Common Touch," *Nature* 396(1998): 103.

推广的方式。"①

这个观点回应了当时的政治思潮。当时的英国首相托尼·布莱尔在 2002 年对皇家学会说，科学和公众之间的"自信关系"将带领英国"像 19 世纪和 20 世纪早期那样，在 21 世纪尽可能成为创新——及其副产品的——的强国"②。

记者肖恩·奥哈根（Sean O'Hagan）把格林菲尔德推广科学的观点与布莱尔主义的观点联系起来，后者的政治哲学是将新闻管理和形象塑造看作是竞选活动和政府治理的核心部分。他在《观察家》中写道："从格林菲尔德重塑自己的形象，以及她为一次又一次私有部门和公共部门牵强的结合自圆其说来看，她是新工党成功故事的典范。"③

但是在 20 世纪末，英国的科学和政策精英们对他们目睹的科学公共信任的崩溃感到担忧④。所谓的疯牛病和转基因生物上的科学争议和政治争议，以及断言麻风腮三联疫苗（MMR vaccine）与自闭症之间的关联和其他意外事件一起损害了公众对科学的支持。为此，决策者们呼吁一种新型的传播，以恢复公众对科学的信任，并让公民参与到科学政策中来。

作为重建信任的新策略的一部分，具有很大影响力的上议院在

---

① Susan Greenfield，"Podium：Spreading the Gospel of Science," *Independent*，August 28，1998，4.

② Tony Blair，*Science Matters*，2002，查询日期为 May 5，2010，http：//www.number-10.gov.uk/output/Page1715.asp.

③ O'Hagan，"Desperately Psyching Susan," 5. 有关布莱尔主义和媒体的讨论，参见：Eugenio F. Biagini，"Ideology and the Making of New Labours," *International Labour and Working-Class History* 56（1999）：93 - 105.

④ Sheila Jasanoff，*Designs on Nature：Science and Democracy in Europe and the United States*（Princeton，NJ：Princeton University Press，2005）.

2000 年的一份报告中建议科学家们改善他们与媒体打交道的技能。作为回应，格林菲尔德为 2002 年英国科学媒介中心的成立提供了资源支持。这是一个独立的机构，总部设在科学研究所，其目标是改善媒体中科学报道的质量。她说，这个中心将"坦然地支持科学"并将"帮助重建对科学的公众信任"。在有关英国转基因食品的政治争议之后，根据其主任菲奥娜·福克斯（Fiona Fox）的说法，这个中心的工作是"在媒体辩论中没有最好科学家承担其正当角色的情况下，确保英国不会再发生这样的全国性媒体辩论"①。

科学上的封面女郎

作为第一个女性在科学研究所发表演说的开创性表现，以及作为科学研究所第一任女性所长的地位都意味着她成了"英国科学的封面女郎"② 以及"代表科学上性别议题的公众形象"③。她欣然接受了这种标志性的角色，表明她的影响力堪比历史上具有标志性的女科学家玛丽·居里（Marie Curie）、罗莎琳德·富兰克林（Rosalind Franklin）以及多萝西·霍奇金（Dorothy Hodgkin）。在

① Fiona Fox, "Practitioner's Perspective: The Role and Function of the Science Media Center," in *The Sciences' Media Connection: Public Communication and Its Repercussions*, ed. Simone Rödder, Martina Franzen and Peter Weingart（New York: Springer, 2012）.

② Mwenya Chimba and Jenny Kitzinger, "Bimbo or Boffin? Women in Science: An Analysis of Media Representations and How Female Scientists Negotiate Cultural Contradictions," *Public Understanding of Science* 19, no. 5（2010）: 620.

③ Marsh, "All Work, No Play," 10.

她的专栏中，她把自己的职业置于影响科学中女性的结构性障碍的背景中进行考察，比如吸引年轻女性从事科学工作的困难，科学中"玻璃天花板"的存在，女性科学家在三四十岁时会生孩子的问题，这通常也是科学家们获得显著学术地位的时候。

她的象征性地位转化成了政治影响。2002 年，格林菲尔德为一份英国的官方政府报告调查了女性科学工作者的问题。这份报告总结说，女性科学家由于"一些非正式的惯例，包括谣言、流言蜚语、讽刺、幽默、信口而发的议论"以及男性科学家所建立的"联盟"而感到处于劣势[①]。

此外，女性科学家在流行文化中被描绘成与她们的男性伙伴根本不同的一类人。对于文学学者伊丽莎白·利恩（Elizabeth Leane）来说，"身为女性的科学家总被强调是**女性**科学家，不仅仅是一个科学家；并且作为一个女性科学家，她不能脱离实体而被抽象化"[②]。科学史学家和科学哲学家伊夫林·福克斯·凯勒（Evelyn Fox Keller）认为，在学术生活中，女性被人们所关心的是她的个人、特殊性和情感，而科学被明显地呈现为一种男性工作的专门领域，和理性以及非个人化相关。她特别提到，客观性是**强硬的**，和男性气质相关，而主观性是**柔弱的**，和女性特质相关[③]。

---

① Sarah Cassidy, "Greenfield: Create Centre to Aid Female Scientists," *Independent*, November 29, 2002, 10.

② Elizabeth Leane, *Reading Popular Physics: Disciplinary Skirmishes and Textual Strategies* (Aldershot, UK: Ashgate, 2007), 160, 着重号为原文所有。

③ Evelyn Fox Keller, *Reflections on Gender and Science* (New Haven, CT: Yale University Press, 1985).

把"性别注入科学"

　　然而，媒体仍然用某种刻板印象的套路来描述格林菲尔德。人们会从公众角色的角度讨论男性科学家，但却从家庭生活、个人生活和专业生活方面展示女性科学家①。报道男性科学的报纸中只有五分之一会提到他们的外表、衣着、体格或者发型——而提到女性科学家这些方面的报纸的比例是二分之一。为了给科学"增加吸引力"，一些报道还强调女性的异性吸引力。摄影师会要求女性采取某种特定的姿势（比如，在实验室的长凳上双腿交叉坐着），并且电视制片人也会要求她们的穿着具有挑逗性②。今天，人们不再像20年代到80年代那样，根据女性科学家的烘焙技巧或者缝纫技术来对她们进行公开的评价，而是"可能会对她们的美貌、时尚和性感进行评判"。女性科学家通常被赋予了这些新的角色，符合越来越强调魅力的更广泛的文化转变③。

　　格林菲尔德被描绘为富有魅力的人。一个关键文本是1999年《你好！》（*Hello!*）杂志中一篇有关她的四页文章，该杂志因对社会精英和明星以及著名人物进行不加批判的宣传性报道而知名，这些名人通常会让该杂志更深入地了解他们的私生活。关于格林菲尔德的文章和一系列她的照片一起出现在杂志中，这些照片是在皇家科学研究所内拍摄的，一张是她坐在阶梯教室的桌子上，还有一张

---

① Shachar, "Spotlighting Women Scientists in the Press."

② Chimba and Kitzinger, "Bimbo or Boffin?" 622.

③ Chimba and Kitzinger, "Bimbo or Boffin?" 621.

是她和她当时的丈夫——化学家和科普作家皮特·阿金斯（Peter Atkins）——坐在长椅上。她还在法拉第的半身像旁边拍了一张照片（见图 6-1），这一形象和此处转载的几乎完全相同，直观地展示出她使这个机构现代化的尝试。

　　这篇文章成了推广富有魅力且外向型的科学研究所的一种手段。除此之外，透露格林菲尔德的个人生活也是该文章的特色。描

图 6-1　苏珊·格林菲尔德站在英国皇家科学研究所内标志性的科学家迈克尔·法拉第的雕像旁，1998 年她被任命为该研究所第一位女性所长，她想要将这所机构从她所说的"上流社会的沉睡状态"中唤醒。和这张照片略有不同的一个版本和 1999 年关于她的一篇采访刊登在《你好！》杂志上。（作者：大卫·蒙哥马利／盖蒂图片社）

述她同自己丈夫的关系时，她说："我们很亲密，但情感上不失理智，我们是最好的朋友和心灵伴侣。"① 文章作者写道，格林菲尔德在"企业会议上干净利落的名牌套装和在实验室里时髦的银色夹克与紧身裤"之间交替更换，并且她从紧凑的日程中腾出时间去"跳舞、外出吃饭以及在早晨剪发"②。

《你好!》里的这篇文章成了后来有关格林菲尔德报道的一种参照物。然而，这篇文章宣传了科学研究所的公共价值这个事实却被忽视了。"我真的想让它名声大噪并且对它进行推广。它已经陷入一种上流社会式的沉睡状态，"她在一次采访中说道，"我试图还原科学研究所最初的本质，围绕着科学所带来的纯粹的愉悦，而不是这种高傲自大的俱乐部。"③

各种出版物的记者们几乎总是提到她的长相。《卫报》曾提到她穿着学位袍非常好看，而"她穿着丝绒的休闲服简直是倾国倾城"④。《卫报》还把她描述为"细细双腿上的一张大嘴唇，介于小报专栏作家和美国知识分子之间……她穿着性感的、合身的红夹克以及高跟皮鞋。她今年 50 岁，但是看起来好像 40 岁"⑤。《星期日独立报》描述了格林菲尔德"长及膝盖的高跟靴子、黑色连衣裙以及淡红色的露脐羊毛开衫"⑥。《独立报》以"实验室里的绝妙（Lab Fab）"这个短语作为描述格林菲尔德的文章标题⑦。

---

① Kingsley，"Making Her Mark in the Male-Dominated World of Science," 109.

② Kingsley，"Making Her Mark in the Male-Dominated World of Science," 106.

③ 2014 年 3 月 17 日作者电话采访了苏珊·格林菲尔德。

④ John Crace，"Dressed to Thrill," *Guardian*，February 8，2000，4.

⑤ Durrant，"Don't Call Me My Dear," 4.

⑥ Moreton，"The Girl with All the Brains," 30.

⑦ Peter Stanford，"How Do I Look? Lab Fab — Susan Greenfield," *Independent*，August 12，2000，6 - 7.

　　《观察家》的科学和技术主编写道，在实验室会议上，"穿着迷你裙并涂着粉色娇兰唇彩的她成了一个引人注目的人物"[1]。《每日邮报》说她为"科学注入了性感"，特别提到"她穿着淡粉色背心、精致的薇斯莱斯淡紫色毛衣套装、乔治·阿玛尼的黑色超短裙，以及从伦敦丝隆街的专卖店购买的黑色紧身裤和带有厚重楔形后跟的女鞋，看起来完美无瑕"[2]。《泰晤士报》写道，她穿着"鞋跟高得都可以摇晃的高跟鞋，简洁得让人头昏目眩的迷你裙，轻拂她金色的卷发，那样子足以让她上议院那些充满活力的男性同行们膝盖打战"[3]。《科学》称她是"有着狮子般威武特征的居高临下的高个女子"[4]。

　　当被问到这些形象描述时，她说："这件事情会发生在多少男性身上？一个都没有。"[5]

　　然而格林菲尔德一直在积极地塑造自己的女性化和性别化的形象。她把自己的时尚风格描述为"时髦的"以及"稍微有点低劣"，并且她把自己的衣着品位与自己的工作联系起来："对科学也是如此。我一直十分喜欢摆脱条条框框。"[6] 2002 年，当格林菲尔德"仍然戴着珍珠项链并留着淡褐色分层的发型时"，一个记者委婉地提到了"改头换面"，该记者还特别提到"不注意搭配服饰，只有闪烁的智慧不足以让你登上《名流》（Vogue）杂志"[7]。另外一个记者特别提到了格林菲尔德如何"抬起曲线很美的脚踝，向我展示

---

① Robin McKie, "The Observer Profile: Susan Greenfield," *Observer*, July 9, 2000, 29.

② Kelly, "How the Daughter of a Chorus Girl Is Putting Sex into Science," 11.

③ John Naish, "Chief of the Screen Police," *Times* (London), October 21, 2006, 6.

④ Bohannon, "The Baroness and the Brain," 962.

⑤ 2014 年 3 月 17 日作者电话采访了苏珊·格林菲尔德。

⑥ Stanford, "How Do I Look? Lab Fab — Susan Greenfield," 6.

⑦ Marsh, "All Work, No Play," 10.

她缪缪牌（Miu-Miu）的新松糕鞋"①。

当《星期日泰晤士报》于 2004 年在皇家科学研究所为她拍摄照片的时候，她穿了红色的晚礼服，杂志的头版标题就是《穿普拉达的教授》（*The Prof Wears Prada*）②。2000 年，媒体报道指出格林菲尔德说她和阿金斯都"尊重写作、阅读和谈话，当然也包括性"③。当提到她在《你好！》中的形象时，她说她对照片不满意，因为她看起来不像模特娜奥米·坎贝尔（Naomi Campbell），相反"更像是一个矮胖的中年女科学家"④。她在其他地方曾说道："我总是在照镜子，如果感觉自己早上看起来气色不错，我就会有些自负，但如果不是，我就会很沮丧……至于我的五官，我最喜欢我的嘴唇。它很饱满，嘴唇不会显得老得太多……至于不喜欢的地方，那一定是我的鼻子，它太尖了。"⑤

当问到她希望改变身体的哪个部位时，她说，"我的屁股。我想要流行歌手凯莉·米洛（Kylie Minogue）那样的"⑥。她谈到了自己花费最多的一双鞋（300 英镑），她大学时第一次喝酒的地方（鲑鱼酒吧）⑦，并且描述了牛津大学她最喜欢的一个餐厅⑧。她在大

---

① Sharon Churcher, "Peter's Brain Was a Real Aphrodisiac, But Now I Can Wear Short Skirts without Being Nagged," *Daily Mail*, May 4, 2003, 22.

② White, "Too Sexy for the Stuffed Shirts."

③ Marsh, "All Work, No Play," 10.

④ Durrant, "Don't Call Me My Dear," 4.

⑤ Stanford, "How Do I Look? Lab Fab — Susan Greenfield," 6.

⑥ Sara Lawrence, "I Want a Bottom Like Kylie Minogue's," *Times* (London), July 24, 2003, 10. 她后来说这是一个轻率的引用，但是对这个引用所引起的争议感到吃惊，科学家们告诉她说这是不明智的做法，尽管她问道："因为我认为 Kylie 有丰满的臀部，这就让我看起来不像一个科学家吗？这太滑稽了。"（引自 O'Hagan, "Desperately Psyching Susan," 5）.

⑦ Stephen Cook, "UK ... Walking; Greenfield Site," *Guardian*, August 12, 2000, 7.

⑧ Susan Greenfield, "Educated Eater," *Times* (London), October 12, 1996.

学期间的绰号是弹性小姐（Springy）。她说她不会游泳，不会骑自行车或烹饪①。然而在 2007 年，她告诉一个记者她不会讨论自己的私生活，她说："我不想回答那样的问题。"②

媒体关注她外表和衣着的热情从未减弱，以至于记者和其他作家在报道格林菲尔德的时候总会提到早期的相关报道。科学史学家帕特丽夏·法拉（Patricia Fara）提到有关格林菲尔德的文章"总是不忘提及她对迷你裙的热爱"③。肖恩·奥哈根在《观察家》中提出疑问说，她在《你好！》拍摄的照片中穿着的"传说中的黑色阿玛尼迷你裙"在哪里？他想看看这件"象征性的服装"，这件在有关她的媒体报道中被提到的次数比她对大脑或者对阿尔茨海默症的研究被提及的次数还多的"服装的标志性作品"④。

在她与阿金斯的婚姻结束之后，她的私人生活进一步向公众敞开了大门。他们原本被看作是"科学界的金童玉女"⑤ 以及"科学上最具魅力的夫妇"⑥。他们的离异"不仅让她自己很震惊，而且也让整个科学界和政治界很震惊"⑦。她婚姻破裂的消息被刊登在2003 年《每日邮报》的八卦和日志版上⑧，阿金斯后来在这份报纸的一篇文章中详细地讨论了他们婚姻的结束，标题是《爱、性和我

---

① "Don't Ask Me How To: Speak French or Make Gravy," *Observer*, August 25, 2002, 1.

② Marsh, "All Work, No Play," 10.

③ Fara, "An Unlucky Fellow," 14.

④ O'Hagan, "Desperately Psyching Susan," 5.

⑤ Helen Weathers, "Love, Sex and Our Marriage Split — by Britain's Brainiest Couple," *Daily Mail*, May 1, 2003, 46.

⑥ Neil Sears, "Sexual Chemistry Dies as Science's Most Glamorous Couple Separate," *Daily Mail*, April 30, 2003, 7.

⑦ Churcher, "Peter's Brain Was a Real Aphrodisiac," 22.

⑧ Ephraim Hardcastle, "Ephraim Hardcastle," *Daily Mail*, April 29, 2003, 13.

们婚姻的破裂——英国最聪明的夫妇》[1]。阿金斯说："随着她变得越来越有名，并且开始穿梭于伦敦不同的交际圈，包括科学研究所以及上议院，她能感受到自己的权力。我不会说她被冲昏了头，但是我也许是唯一有勇气批评她的人，而她并不喜欢被批评。"[2]

在那篇报道刊登三天之后，格林菲尔德也接受了《每日邮报》的采访，文章的标题引用了她的原话："皮特的头脑是一剂真正的催情剂，但是现在我可以穿短裙而不被责骂了。"她特别提到阿金斯讨厌她的一些衣服，尤其是松糕鞋。她说他们渐行渐远了，她不想"委身于一个人，不想让我的自由被限制"，并且"当我在考虑我的公共生活有多忙的时候，和皮特的婚姻似乎不再是花费我任何自由时间的最好方式了"[3]。

在回顾这篇报道时，她说道："老实说，发现人们觉得这很有意思时，我有些惊讶。还有，我在那时候不太老练。我非常愚蠢地对《每日邮报》以及我的前夫简略地讲了或者说了一些事情，他和我相比更不老练……向媒体炫耀摆阔。那确实让人心烦意乱，因为你确实感到被侵犯了。"[4]

女性批评家们对媒体没完没了地聚焦在格林菲尔德的个人、女性化和性感的方面提出了不同的阐释。法拉的观点是，格林菲尔德表明"科学和性感对于女性来说是可以相容并存的，对男性也一样"[5]。文雅·钦巴（Mwenya Chimba）和珍妮·基青格（Jenny

---

[1]   Weathers, "Love, Sex and Our Marriage Split," 46.

[2]   引自 Weathers, "Love, Sex and Our Marriage Split," 47.

[3]   Churcher, "Peter's Brain Was a Real Aphrodisiac," 22.

[4]   2014 年 3 月 17 日作者电话采访了苏珊·格林菲尔德。

[5]   Fara, "An Unlucky Fellow," 14.

Kitzinger）则认为，格林菲尔德的表现可以是正面的——女性科学家是"讲究时尚的"而非"穿着邋遢的"——或者也可以是负面的，让她接受"对她的颐指气使且利用她的性别特征来吸引关注的含蓄的谴责"。此外，这些评论的作者们认为，在宣传女性和科学方面每个人都必须"才华横溢且光彩夺目"的观点"可以被视为是极其无用的"[①]。

《自然》认为，伦敦国家肖像馆里格林菲尔德的多媒体肖像——用大约 200 幅原图制作的连续变动的画面——展现了"一个科学家的性别无关紧要，但是从她半抽象的、不断变化的表现可以捕捉到她的求知若渴"[②]。

批判数字文化

格林菲尔德继续通过科学普及促进着她对意识的观点和看法。《大脑的私生活》（*The Private Life of the Brain*）首次出版于 2000 年，该书认为思想和情感是一个连续体的一部分：情感越强，意识就越弱，反之亦然。清除自我感受的情感驱动的行为包括那些嗑摇头丸的喜欢寻欢作乐的人和精神分裂症患者，他们会感到恐惧和暴怒。他们的情感越强，他们有意识的行动就越弱，结果，他们的个体认同会被弱化，并最终陷入当前的状态中而无法自拔。

《大脑的私生活》是一本充满脚注的科普图书，其特色是有一

---

① Chimba and Kitzinger, "Bimbo or Boffin?" 618.

② Lisa Jardine, "The Many Faces of Science," *Nature* 405 (2000)：398.

个更加专业化的学术附录，这是格林菲尔德希望维持她在专业读者心目中的专业水准的一种象征。医学史学家罗伊·波特（Roy Porter）对她就意识方面竞争性的理论所进行的评价、她散文中"羡煞人的清晰"以及她"自信的个人叙事的表达"给予了赞扬①。

这种作为个性化大脑的意识理论强化了她后来的科普工作。随着她形象的提升，她的作品探索了更广阔的领域。首次出版于2003年的《未来青年》（*Tomorrow's People*）以推测的方式描述了对遗传学、信息技术和纳米技术所塑造的想象中的未来。未来青年的知识生活和情感生活会被一种提供网络逃避主义或者人造毒品强烈感觉的技术所改变。这个长期兴奋的社会塑造了个性化的大脑，导致集体意识和个体认同、自由、创造力和独创性的丧失。

格林菲尔德说这本书"确实本应当是一本小说"，并且最初是被构想成一本有关"一个聪明且漂亮的女主人公，一个女性神经科学家"的小说②。她在加勒比海度圣诞假期的时候开始写这本著作，但是几天之后就放弃了，因为对自己薄弱的文学功底感到沮丧。这本书为她提供了一个可以让她在想象中探索未来的平台，而不必遵循她同行共同体的证据标准。她写道："作为一个研究科学家，我必须时刻进行思考，策划一个新的实验，或者尝试着去阐释一个让人困惑的结果。但是未经已发表的数据证实的推断不能得到普遍的认可。"③

批评家们抨击了《未来青年》。《观察家》指出，一旦这本书离

① Roy Porter, "Minds of Our Own," *Times* (London), June 14, 2000.
② Susan Greenfield, *Tomorrow's People: How 21st-Century Technology Is Changing the Way We Think and Feel* (London: Penguin, 2004), ix - x.
③ Greenfield, *Tomorrow's People*, x.

开了大脑神经科学的主题，格林菲尔德的论点就"令人发指地没有事实依据以及片面，充满着非常不合格的陈述和归谬论证"，忽视了经典教育反复灌输给她的"基本人性的影响"[1]。

对《未来青年》的批判——其论点过于宽泛，而且没有证据的支持——反映了对格林菲尔德的科学研究予以反对的观点。对格林菲尔德反复出现的一种公开批判是，尽管她赫赫有名，但她不是一个有影响力的科学家。在《科学》写道她似乎"把真正的科学抛诸脑后，而没有履行她早期研究的承诺"时，它对这种批判做出了一种审慎的概述[2]。

其他批评则通常更尖刻一些，并且都是匿名的。一个不具名的科学家在《卫报》中问道"她是否真的生产过任何重要的任何成果"[3]。另外一个科学家称她的工作成果"平淡无奇"[4]。一个与她同时代的科研人员对《观察家》说，她的明星地位使她得以回避了科学中公认的质量控制措施。

"凭借着她的名声，她与科学家们通过论文或者其他途径彼此交流时所采用的所有审查和质量控制流程分离开了，"一个科学家说道，"她所说的很多东西在学术上说不过去。英国在神经科学方面很强大，和这个领域的领军人物相比，她根本不在这个阵营里。她的成果在科研论文里从来没有被引用过。"[5]

同行也抨击她的科普工作以及她作为公共科学家的表现。一个

---

① Helen Zaltzman, "Books," *Observer*, December 5, 2004, 18.

② Bohannon, "The Baroness and the Brain," 962.

③ Durrant, "Don't Call Me My Dear," 4.

④ Mark Henderson, "Is Susan Greenfield Too Famous to Be a Fellow?" *Times* (London), February 6, 2004, 1.

⑤ 引自 O'Hagan, "Desperately Psyching Susan," 5.

匿名的神经科学家说，"她完全不具备那种与公共领域中的科学家相称的礼节"[①]。格林菲尔德曾经对一个记者说："我穿我喜欢穿的衣服。对我的批判是基于一种对科学家好奇的假设。如果我是一个广告业高管，那还会成为一个问题吗?"[②]《星期日泰晤士报》写道，她"恶毒的同事认为她看起来更像是一个广告业高管而非一个导师的原因在于，她就是一个导师，并且她推广的品牌就是她自己"[③]。一个匿名的皇家学会会员在《独立报》上抱怨说："她没有宣传科学。她宣传的是苏珊·格林菲尔德。"[④]

在 2004 年围绕着反对她提名为皇家学会会员（FRS）的媒体报道中，反格林菲尔德的情绪表现得最突出，该学会是全球最古老的科学学会。她于 2003 年通过无记名投票的方式被提名为该学会会员，但 2004 年 2 月被驳回。一个匿名的科学家说道，如果她被当选，艾萨克·牛顿爵士"将死不瞑目"[⑤]。另外一个匿名人士说，她的研究以及她的科普著作都不够优秀，授予她会员资格"将是对那些在候补名单上的世界一流科学家的一种侮辱，也是对大批促进公众科学对话的谦逊且勤奋的、名副其实的推广者的一种侮辱"[⑥]。

另外一个匿名人士说道，如果格林菲尔德当选皇家学会会员，那"将是对自我宣传的一种不公正的奖赏"，并且几个女性会员也反对她的提名[⑦]。格林菲尔德通过自己的律师做出了回应，她说：

---

① 引自 O'Hagan, "Desperately Psyching Susan," 5.

② Tim Radford, "The Guardian Profile: Susan Greenfield." *Guardian*, April 30, 2004, 15.

③ Gillian Bowditch, "Inside the Mind of a Brain Expert," *Sunday Times*, February 26, 2006, 3.

④ Connor, "Controversial Professor Brands Campaign against Her Cowardly," 19.

⑤ Roger Highfield, "Science 'Fuddy-Duddies' Block Greenfield," *Daily Telegraph*, April 29, 2004, 4.

⑥ Connor, "Controversial Professor Brands Campaign Against Her Cowardly," 19.

⑦ Henderson, "Is Susan Greenfield Too Famous to Be a Fellow?" 1.

"很遗憾那些没有勇气确立自己身份的人对我的科学和我在公众传播中的活动进行了毫无事实根据的批判"①。

这种排斥凸显了《卫报》的一个记者所谓的"格林菲尔德问题"的症结，即科学家们讨论他们的专业是值得赞扬的行为，但是作为小有成就的媒体人物的自信传播者则被认为是极度渴望公共宣传。这篇文章总结说，格林菲尔德"为媒体上的成功付出了代价"②。《泰晤士报》在一篇文章的标题中问到，她是否"因为太出名而无法成为会员？"③

格林菲尔德把她漫长职业生涯中持续的批判阐释为性别驱动的。"我到底做了什么，让我得到这些评论？"她问道，"我觉得这些诋毁者是男性，就因为他们在权势集团中的绝对数量。"④ 当被问到是否萨根效应已经消失了，她回答说："不幸的是，我不认为是这样。我觉得人们总是怀疑那些与他们不同的或者会威胁到他们的事物，并且当两者一起出现时，他们就会更加怀疑。"⑤

富有争议的思维转变的倡导者

在她皇家学会会员的提名被拒绝之后，格林菲尔德继续在科普图书中提出科学观点。《身份：在 21 世纪对意义的探索》（*ID: The*

① 引自 Connor, "Controversial Professor Brands Campaign against Her Cowardly," 19.

② Vivienne Parry, "A Right Royal Rumpus," *Guardian*, February 12, 2004, 8.

③ Henderson, "Is Susan Greenfield Too Famous to Be a Fellow?" 1.

④ Roger Highfield, "Cowardly Whisperings Are Undermining Me, Says Woman Scientist," *Daily Telegraph*, September 22, 2003, 4.

⑤ 2014 年 3 月 17 日作者电话采访了苏珊·格林菲尔德。

Quest for Meaning in the 21st Century）于 2008 年首次出版，该书的
创作基础是个性化大脑的心理。格林菲尔德把这个观点作为探索献
身于电子媒体的一代人未来身份的科学基础。新的交互技术引发的
可延展的神经元连接的变化还不得而知，而她的假设是这种以社交
网络和电脑游戏为特征的持续的短视享乐主义会导致情感抽离，以
及降低想象、分析以及抽象思维的能力。

格林菲尔德假定这种对即时刺激无法满足的学习欲望与赌博、
反社会行为以及肥胖相关联，并且推动了对利他林（Ritalin）的需
求，这是一种用来治疗注意力缺陷多动症（ADHD）的药物。由瞬
间快感所驱动的知觉饱和的屏幕文化需要持续快速的刺激，并且会
导致共情和自我意识的降低。她写道："如果图书构成的旧世界协
助并支持了'头脑'的发展，那么从极端的观点来看，屏幕主宰的
世界可能对大脑以及你的个体本质造成威胁。"[1]

批评家们对《身份：在 21 世纪对意义的探索》这本书的看法与
《未来青年》相似。《泰晤士报》认为这本书令人信服地描述了阿尔
茨海默症，但是社会评论则认为该书是一个"寻找证据的假设"[2]。
《星期日邮报》说："这本书是一个权宜之计，质量堪忧，在隐晦与
显而易见之间辗转徘徊。"[3]《星期日泰晤士报》说，《身份：在 21
世纪对意义的探索》一书中"貌似泛滥着令人恼火的条件和重新斟
酌，处处离题。就好像是她一边在蹦床上弹跳，整理着没贴好的假
睫毛，一边在黑莓手机上整理她令人担忧的日程时口述出来的一

---

① Susan Greenfield, *ID: The Quest for Meaning in the 21st Century* (London: Sceptre, 2009), 203.
② Nigel Hawkes, "The Homogenisation of Society," *The Times* (London), May 17, 2008, 10.
③ Craig Brown, "It's All in Her Mind," *Mail on Sunday*, May 25, 2008, 11.

样"，但却"不只是一些可怕的事实"①。

但是格林菲尔德作为媒体人物和政治人物的地位，意味着她能通过不同渠道向广大受众传播该书的核心警示——沉溺于数字媒体可能会彻底地改变个性。2009 年，在脸书（Facebook）成立五周年纪念日期间，她在英国国会就这个话题发出了两个疑问："第一，为什么社交网络站点不断增加？第二，这些社交网络给年轻心智的哪些特点带来威胁，如果有的话？只有当我们对这两个问题有所见解，我们才能设计出更普遍的保护措施。与其说从监管出发，倒不如说从教育、文化和社会根源出发。"然后，基于心理理论以及脑细胞的可塑性，她认为："过去十年里几乎完全沉浸于屏幕技术中的我们的文化，是否在某种方式上和这个时期苯哌啶醋酸甲酯（治疗注意力缺陷多动症的药物）的处方增加了三倍存在着关联，我们应该对此进行调查。"②通过她独特的政治地位，她在大众科学中清晰地阐明了的观点被插入到了永久的政府记录和文件中。

格林菲尔德还在《每日邮报》上以第一人称发表了两篇有关屏幕文化风险的文章，该报是社会保守派的，对她的论题抱有同情心。一篇文章的题目是《全国的这一代人都在用手机发短信时，上帝帮帮我们所有人》③，另外一篇是《脸书上瘾如何损害你孩子的大脑》。在第二篇文章中，她把其学术造诣作为她社会评论的基础。格林菲尔德写道："作为一个大脑方面的专家，我大声疾呼，因为

---

① Cornwell, "It's a No Brainer," 23.

② UK Parliament, *Parliamentary Business*, February 12, 2009: Column 1289, 查询日期为 November 5, 2012, http://www.publications.parliament.uk/pa/ld 200809/ldhansrd/text/ 90212-0010.htm.

③ Susan Greenfield, "God Help Us All When Generation Text Are Running the Country," *Daily Mail*, August 12, 2009.

我认为我们需要保护年轻人。"① 另外一份保守派报纸《每日电讯报》上发表了有 110 个人签字背书的公开信，她是其中之一，其他人还包括教师、心理学家和小说家，该公开信认为孩子们的童年被充斥着垃圾食品、市场营销、视频游戏和学业目标的文化所伤害了②。

关于格林菲尔德对数字文化干预的评论暴露了对公共科学家角色的不同看法。一个专栏作家认为这些评论是格林菲尔德"最新的、令人惊讶的、不科学的狂言"，在某种程度上是受到了她"为证明自己的存在而渴望认可的心理需求"的驱动③。然而，《泰晤士报》的一个作家对格林菲尔德意在激发争论的发言给予支持："她用自诩的科学首席科普人员的立场来进行假设不无道理，她证明了这是科研过程的一个主要部分。"④ 格林菲尔德为自己的公众假设辩护着。"这似乎不像是我沽名钓誉、想得到宣传或者过于强调它，"她说道，"我是在提问题，而不是提供答案，并且我认为这对于（媒体来说）难以掌握。我是说我对孤独症的增加非常担忧。我对注意力缺陷多动症的增加非常担忧，所以为什么我们不来讨论一下呢？"⑤

2010 年，在皇家科学研究所实际上撤销了她的职位后，她被科学研究所辞退了。（几小时后，有报道称她被锁在了自己公寓的门外。）⑥

---

① Susan Greenfield, "How Facebook Addiction Is Damaging Your Child's Brain." *Daily Mail*, April 23, 2009.

② Susan Greenfield et al., "Modern Life Leads to More Depression among Children," *Daily Telegraph*, September 12, 2006, 23.

③ Catherine Bennett, "Baroness, You Are Being a Complete Twit about Twitter," *Observer*, March 1, 2009, 31.

④ Penny Wark, "Let's Screen Out Violence," *Times* (London), May 30, 2009, 5.

⑤ Erik Brown, "The Mind and the Media," *Mayfair Times*, April 2009, 20.

⑥ 格林菲尔德打算依据性别歧视采取法律行动。这个事件通过法律途径得到解决，条件是任何一方都不得在公开场合讨论它。

在对这场争执进行描述的时候，《卫报》在一篇社论中认为这场冲突使得"英国最敢于直言的科学家之——一个敏锐的、值得学习且有说服力的媒体明星——与这个国家最值得尊敬的科研机构进行着对抗"。这篇社论认为她的"形象和举止是科学研究所任命她为所长的原因，不幸的是，现在它们似乎成了她被解雇的部分原因"[①]。如图 6-2 所示，媒体对她职业的报道起初聚焦于她的广播和著作，但是随着她公众职业的发展，记者们报道了她牵涉其中的争议。她是一个获得公认的且具有争议的公众人物，不再需要一本新书或者电视节目来吸引记者的注意[②]。

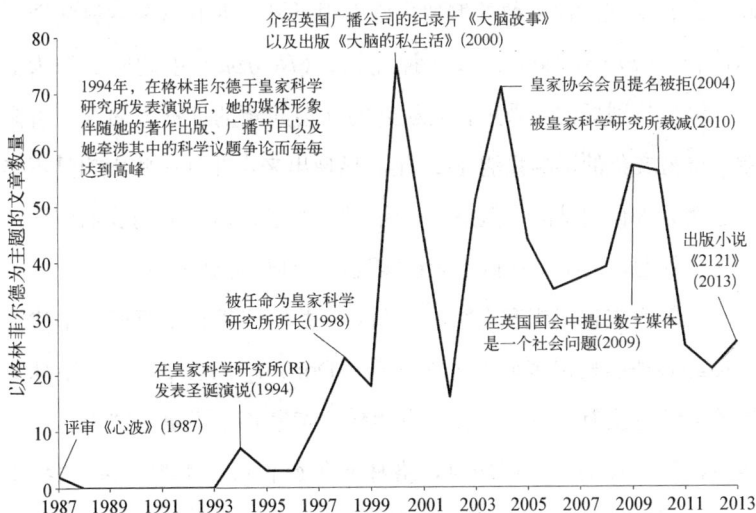

图 6-2　苏珊·格林菲尔德公共职业生涯期间媒体对他的兴趣变化

---

① "Royal Institution：Sparks Fly," *Guardian*，January 11，2010，32.

② 作为文化形象的一个指标，我为格林菲尔德获得的媒体关注设定了唐斯式的经典模式，从 Lexis-Nexis 数据库中抓取提到他名字的素材，在世界主流出版物的标题下逐年地进行搜索。这不是一种正规的内容分析法，却是旨在以某种方式刻画出长期以来对他的关注。还应该注意的是 Lexis-Nexis 中 1980 年之前的档案通常是不完整的。参见 Anthony Downs，"Up and Down with Ecology：The 'Issue-Attention Cycle,'" *Public Interest* 28（1972）：38-50.

♯格林菲尔德主义

　　格林菲尔德继续在公众领域中阐述着她的理论。格林菲尔德在一篇《新科学家》的采访中主张说，持续沉浸于屏幕技术会损害孩子们正在发育的大脑，并且有可能让他们变得更暴力、注意力分散以及上瘾，在此之后，♯格林菲尔德主义这个主题标签进入了 2011 年推特（Twitter）词典中。她认为对新媒体使用的上升反映了被诊断出泛自闭症障碍人数的增加。她引用了科学期刊《公共科学图书馆综合》（*PLoS One*）以及《神经元》（*Neuron*）中的论文作为证据，但也特别提到在采集有关新兴的社会问题的证据方面存在着限制。屏幕文化的影响只能在 20 年后显现出来，并且这些影响是不能通过实验进行测试的。但是她认为："有足够的迹象表明我们应该谈谈这个问题，而不是强调不能在实验室里即刻复制这些事情。"[①]

　　自闭症支持组织和专家们立刻对这些主张进行了反驳。牛津大学神经心理学教授多萝西·毕夏普（Dorothy Bishop）认为格林菲尔德的评论没有证据，而且对自闭症儿童家长来说更是"不合逻辑的废话"[②]。在为自己辩护时，格林菲尔德告诉《卫报》说："我指出了自闭症的增加，我指出了互联网的使用。仅此而已……我没有

---

① Frank Swain, "Susan Greenfield: Living Online Is Changing Our Brains," *New Scientist*, August 3, 2011, 查询日期为 July 16, 2012, http://www.newscientist.com/article/mg21128236.400-susan-greenfield-living-online-is-changing-our-brains.html♯.U8hTIqj0uHk.

② Dorothy Bishop, "An Open Letter to Baroness Susan Greenfield," *BishopBlog*, August 4, 2011, 查询日期为 May 20, 2012, http://deevybee.blogspot.com/2011/08/open-letter-to-baroness-susan.html.

说过互联网的使用引发了自闭症。"①

她的评论招致了一阵针对科学证据的本质的公众评议。著名科学作家卡尔·齐默（Carl Zimmer）在推特上写道："我指出了食管癌的增加，我指出了电视剧《布雷迪家族》（又译《脱线家族》）（The Brady Bunch）。仅此而已。♯格林菲尔德主义。"接着是一连串批评格林菲尔德相关性主张的推文。比如，有人说："我指出了互联网，我指出了金融危机。仅此而已。♯格林菲尔德主义。"

但是她在接受《卫报》采访时提到的一点强调了她公共知识分子工作的社会价值。格林菲尔德在这里承担了一个现代专家的角色，根据公众审查为自己的结论开脱②。她告诉《卫报》说："今非昔比的环境可能正在以前所未有的方式改变着大脑。这是一个非常重要的议题，我只是把它放到了人们面前来讨论……我所说过的话只是，让我们讨论下这个问题吧。"

《你和我：身份的神经科学》（You and Me: The Neuroscience of Identity，2011）建立了她关于心智和意识的理论，概述了以神经科学为基础的身份理论。格林菲尔德认为，身份植根于有关心智和意识的神经学解释，它不是某些绝对的东西，有一定程度的流动性③。这个界定意味着屏幕技术有可能改变大脑的物理结构并最终影响一个人的身份。

---

① T. McVeigh, "Research Linking Autism to Internet Use Is Criticised," *Observer*, August 6, 2011，查询日期为 May 20, 2012, http://www.theguardian.com/society/2011/aug/06/research-autism-internet-susan-greenfield.

② Anthony Giddens, *The Third Way: The Renewal of Social Democracy* (Cambridge: Polity Press, 1998).

③ Susan Greenfield, *You and Me: The Neuroscience of Identity* (London: Notting Hill Editions, 2011).

　　我们可以在指出互联网是一个社会问题的类似主题的文字矩阵中观察到格林菲尔德职业生涯后期的作品——一部分是科学，一部分是社会评论。科学学教授雪莉·特鲁科（Sherry Trukle）在《单独在一起》（*Alone Together*，2011）中认为，确保人们之间连接的技术成了真实生活亲密感的替代品。尼古拉斯·卡尔（Nicholas Carr）的《浅薄》（*The Shallows*，2011）认为，屏幕文化阻碍了科学著作和艺术作品所需要的深度思考。格林菲尔德在对这本书进行的评论中写道："就屏幕技术对人类心智的影响来说，它们既不是魔鬼也不是奇迹……然而，确定的是我们的思想会发生变化。"①确实，格林菲尔德把屏幕技术的潜在危害定格为一个重大的全球社会问题。"我自己的看法是，大脑中的这些变化带来的启示有可能和气候变化所带来的启示一样严重和普遍，"她写道，"身份的消亡几乎和这个星球的消亡一样糟糕……问题的关键是子孙后代将如何思考和感觉：'思维转变'"②。

　　作为回应，格尔达（Goldacre）问道："连续五年都在媒体上提出这些严肃的担忧，为什么牛津大学的格林菲尔德教授从来没有在学术论文中发表过这种主张？"③对此以及类似的批判进行反思的时候，格林菲尔德说她大约 200 篇论文的一大部分都涉及大脑的神经学环境问题。

　　"只是因为某个人没有在宽泛的概念上发表一篇学术论文就对

---

① Susan Greenfield, "Attention, Please," *Literary Review*（Online），查询日期为 November 7, 2012, http://www.literaryreview.co.uk/greenfield_09_10.html.

② Greenfield, *You and Me*, 129.

③ Ben Goldacre, "Why Won't Professor Susan Greenfield Publish This Theory in a Scientific Journal?" *Bad Science*（blog），November 3, 2011，查询日期为 May 20, 2012, http://www.badscience.net/2011/11/why-wont-professor-green-field-publish-this-theory-in-a-scientific-journal.

她进行批评，这有点像你应该就气候变化写一篇单独的论文，你不能这么做，"她在一次采访中说道，"我认为如果那是一种批判的话，也是非常不公平的一种，因为这表明他们并没有真正地理解像气候变化这样宽泛的概念——或者思维转变——和在特殊的实验范式中用一种特定的技术可以验证的具体假设是不同的。"

她说："如果某人是一个知识分子，因缺乏恰当的字眼，他会查阅文献，提炼观点，设法找到总的主题，设法在一个宽泛的框架内开展工作。"对于她来说，有关新技术对大脑影响的新出现的证据构成了库恩术语中范式变迁的早期阶段。但是在这些结论方面存在着巨大的社会阻力。她在一次采访中说："我想这遭遇到的阻力要比气候变化严重得多。它就好像吸烟和癌症。如果有很多人喜欢做某些事情并且另外一些人能从中获利，那么总的来说你不可能毫不费力地让他们摆脱这件事情。"①

作为小说家的科学家

"思维转变"是她的小说《2121》的核心观点。这本小说出版于 2013 年，描述了一个分裂成享乐主义与易冲动的"其他人"和与世隔绝的理智的"新清教徒"的反乌托邦社会。它讲述了新清教徒弗雷德（Fred）如何学习其他人以及与泽尔达（Zelda）坠入爱河。为了阐述这本小说明确的论点，即对技术的依赖会扭曲思维和感觉，书中弗雷德和泽尔达的互动给两人都带来了更温和、更平衡

---

① 2014 年 3 月 17 日作者电话采访了苏珊·格林菲尔德。

的人格。批评家们对《2121》发起了猛烈的抨击。《卫报》认为它"构思不佳、缺乏现实性、人物刻画得不好、没有安排好故事节奏，总而言之，写得很糟糕"①。《观察家》批评她以一种无法与她辩驳的方式来呈现自己的科学议程，而非一种对话。"格林菲尔德已经发展成了一个对她的技术恐惧症不屈不挠地发声的具有巨大争议的人物，"书评人写道，"为了驱动格林菲尔德更宽泛的有关技术恐惧的叙述，这些角色和她的反乌托邦是一维的，缺乏深度和可信度。"②

然而，格林菲尔德说这部小说并不是呈现她观点的一个载体。相反，思维转变是一个有意思的小说主题。这部小说还标志着她更持久地回归公共生活。在该书出版之前，根据她公共关系公司的建议，她拜访了《金融时报》办公室，并接受了采访。她交给记者一份 20 页的与思维转变研究相关的参考材料。这份报纸写道，"这个直言不讳的神经科学家再次活跃起来"③。

《思维转变》（*Mind Change*，2014）以数百份参考资料为基础，详述了她的论点。它可以被看作是对正在制造的科学（science-in-the-making）的一场讨论，一场只有明星科学家能在公共场合推行的讨论。她在一次采访中说道："我经常这样看待我的角色，与其说我正在把石碑从山顶上推下来，倒不如说我起到了催化剂的作用，让人们思考得更多一些，对事物发起挑战并多为自己考虑一些。就我个人看来，这是一个 21 世纪的科学家应该做的事情。"④

---

① Adam Roberts, "Future Imperfect," *Guardian*, July 13, 2013, 11.

② Adam Rutherford, "I Can't See a Future for This Dystopia," *Observer*, July 21, 2013, 38.

③ Clive Cookson, "What's on Susan Greenfield's Mind?" *Financial Times*, May 25, 2013, 56.

④ 2014 年 3 月 17 日作者电话采访了苏珊·格林菲尔德。有关她对数字文化看法的完整讨论，参见 Susan Greenfield, *Mind Change: How Digital Technologies Are Leaving Their Mark on Our Brains* (London：Rider，2014).

格林菲尔德：科学名声的三幕剧

苏珊·格林菲尔德是现代科学两个强有力的相交趋势的典型：创业型科学的驱动力和公共可见性的新价值。作为英国一个 80 年代自由市场经济的有商业头脑的科学家，她从制药公司施贵宝获得了重要的研究经费，并且企业界称赞她是一个现代科学创业者，在她研究的分子领域有经济——以及知识产权——利益。今天，大学的科学家们与产业有着愈加紧密的关系，并且筹集经费的能力是一个科学家的职业如何被评估的常规组成部分。格林菲尔德发现了这个 60 年代后爆发的创业趋势，并且迎头赶上。

她还使科学中变迁的价值体系具体化了。衡量一个科学家价值的传统指标是研究造诣和在同行中的声誉。但是在今天的公共科学市场中，另外一个衡量质量的标准是媒体曝光率和对大众的吸引力。这些品质赋予了她在科学共同体内极高的地位。她成为媒体友好型的现代化的推进者，把枯燥无味的科学研究所带入到了新世纪，她时尚杂志风格的魅力与牛津大学智识主义的独特结合给科学研究所注入了新的活力。

虽然她成功地将科学研究所带入了公众视野，但是她的公众生活展现了名声的陷阱。她用琐碎的私人细节换取了宣传，但是和史蒂芬·霍金一样，她发现媒体报道是不可控的。从《每日邮报》上连篇累牍地讨论她婚姻的细节可以看出，公共科学家的私生活对人们来说是多么有意思（并且往往不是出于最高尚的原因）。

她的名声还表明女性公共科学家所面临的特殊风险。媒体反复地用传统的刻板印象中的女性化方式描述她，注重她的外表、衣着和男女关系，对这种描述她至少一直在推波助澜。尽管她写到了女性科学家所面临的不平等负担，但还是深陷于一系列强调她女性气质和人们认为的性吸引力的媒体叙述中。现代媒体有一种可疑的转变倾向，强调女性科学家角色的外表和魅力，格林菲尔德可谓是他们笔下的头号展品。

说到她被科学研究所罢免的方式不免有一些悲剧成分。她起初被任命的部分原因是她可以给科学研究所带来平民主义的吸引力和时尚炫酷的文化气息，然而她的明星风格也导致了她的垮台。如果声名鹊起是她公共职业生涯的第一幕，那么她的垮台则是第二幕，她的明星地位则让她有了第三幕演出。她的形象和声誉为她提供了在广阔的文化中提出不确定的、有争议的观点的平台，即网络生活正在改变我们的大脑和个性。明星地位把权威授予了今天的公共科学家。

第7章 詹姆斯·洛夫洛克不情愿的名声

《寂静的春天》（*Silent Spring*）俘获了20世纪60年代公众的想象力。这本书有关一个没有鸟鸣的春天的幻想象征着凶险的未来，这也是处于萌芽期的环保运动竭尽全力阻止的。蕾切尔·卡逊的论点是以一位现代最非正统的科学家于1957年发明的机器采集而来的数据为基础的。詹姆斯·洛夫洛克的电子俘获检测器非常灵敏地测量了空气和水中极其微量的化学品，比如杀虫剂DDT——卡逊的头号化学敌人。洛夫洛克后来写道，他这手掌大小的发明"无疑是处于婴儿期的环保运动的助产士"①。

作为全球屈指可数的独立科学家之一，洛夫洛克几十年来工作于他的实验室之外，游走于英国的两个农场之间，然而他并非因其改变世界的发明而成为一个公众人物，而是他作为盖亚（Gaia）理论的发明者把自己印在了公众的脑海中，该理论把地球看作是单一超级生物体，《独立报》称这个观点是"自达尔文以来看待地球上生命最激进的方式"②。

---

① James Lovelock, *Homage to Gaia: The Life of an Independent Scientist* (Oxford: Oxford University Press, 2001), 191.

② Michael McCarthy, "Guru Who Tuned into Gaia and Gave First Climate Change Warning," *Independent*, May 24, 2004, 6 - 7.

　　这个观点让洛夫洛克一举成为"地球上最著名的科学家之一"①
"现代环保主义的教父"② 以及"生态运动之神"③。《滚石》
（*Rolling Stone*）称其为"20世纪最具影响力的科学家之一"。一个
气候科学家曾经预测说，洛夫洛克的观点将最终以哥白尼
（Copernicus）的方式重塑科学④。

　　洛夫洛克的公众职业生涯表明，一个曾经被讥笑为某种形式
"伪科学的、杜撰神话"的非传统观点可以通过大众媒体传播开来，
在大众文化中以奇怪的方式持续下去，并且最终被科学共同体和广
大公众接纳为理解我们气候危机的一种清晰且强有力的方式。苏
珊·格林菲尔德欣然接受了她的名声以及名声提升其科学声誉的力
量，而洛夫洛克是在他的观点事实上被主流科学拒之门外之后才找
到大众媒体。他的名声是不情愿的名声。但尽管如此，他的名声仍
明显地表明科学的运作如何受到名人力量的影响。

构想出一个重要理念

　　詹姆斯·洛夫洛克一开始学的是化学，他于1941年毕业于曼
彻斯特大学，后来在伦敦卫生与热带医学院（London School of

---

① Ian Irvine, "The Saturday Profile: James Lovelock — The Green Man," *Independent*, December 3, 2005, 44.
② John MacLeod, "More Nuclear Energy, Not More Hot Air," *Daily Mail*, April 6, 2006, 15.
③ "Hot Potato," *Sunday Telegraph*, May 30, 2004, 23.
④ Hans J. Schellnhuber, "'Earth System' Analysis and the Second Copernican Revolution," *Nature* 402 (1999): C19 - C23; Ian Irvine, "The Saturday Profile: James Lovelock — The Green Man," *Independent*, December 3, 2005, 44.

Hygiene and Tropical Medicine）获得医学博士学位。20 多年来，他一直就职于英国国立医学研究所。在那里工作期间，他证实了普通感冒不是通过空气传播的，而是通过接触。他还发明了微波炉的早期版本，一种用于对医学研究中失去知觉的动物进行复苏（以及加热他的午餐）的发明[1]。"如果他接受过专业的科学教育的话，"英国哲学家约翰·格雷后来在《新政治家周刊》（*New Statesman*）中写道，"那么他可能永远也不会提出盖亚理论。"[2]

他于 1964 年开始了自己作为独立科学家的生涯，这让他成了现代科学事业的一个奇人，在科学事业中几乎所有的研究都是在实验室、企业或者研究中心内由研究团队开展的。在位于英国农村的家中——起初在威尔特郡，后来搬到了德文郡——的实验室里，洛夫洛克以自由科学家和发明者的身份为美国国家航空航天局（NASA）、英国政府、安全部门以及跨国公司，比如壳牌（Shell）和惠普（Hewlett-Packard）——通常利用他自己制作的专业设备——提供咨询服务。

有关盖亚的观点起始于 1965 年，当时洛夫洛克以一个独立科学家的身份正在进行第一次被委托的工作。国家航空航天局聘请他就如何发现火星上的生命提供建议。在加利福尼亚喷气推进实验室（JPL）工作期间，他想知道为什么火星上的大气与地球上的有不同的化学成分。他说，当时两者化学成分为何不同的这个想法在他的脑海中"一闪而现"。这个红色的星球已经死亡了，但是地球却充满生机。生命形式并不像传统观点所假设的那样适应地球的环境，

---

[1]　Lovelock, *Homage to Gaia*, 188.

[2]　John Gray, "James Lovelock: A Man for All Seasons," *New Statesman*, March 25, 2013.

而是，地球上的生命物质、大气、海洋和陆地在过去 40 亿年里形成了一个复杂的相互关联的系统，从而使得地球的环境适宜生存[①]。

回到他位于英国波尔恰克（Bowerchalke）的村庄后，在一次乡间散步时，洛夫洛克把他的想法解释给他的朋友兼邻居威廉·戈尔丁（William Golding）听，戈尔丁是《蝇王》（*Lord of the Flies*）一书的作者，后来获得了诺贝尔文学奖。这个作家告诉洛夫洛克说："如果你打算提出如此重大的观点，你必须给它一个恰当的名称，我建议你称它为'盖亚'。"[②] 洛夫洛克认为这个名称很完美，他早期申请制药公司 Thomas Hedley（该公司于 1930 年被宝洁公司收购）的职位时，参加的心理学特征测试总结说他最适合从事市场营销方面的职业[③]。他写道，"尽管我对经典著作一无所知，这个选择显而易见非常合适。它是一个实实在在的四个字母的词语，并且可以防止产生不规范的缩略语，比如生物调控论的通用系统趋势/内环境稳定（Biocybernetic Universal System Tendency/Homoeostasis），"并补充说，"并且我认为在古希腊时代，这个概念本身可能就是我们熟悉的生命的某个方面，即使没有正式地表达出来。"[④] 这个广泛的观点有了一个让人回味的名称。

洛夫洛克试图首先通过正式的学术渠道引入盖亚这个观点。那时这个观点被称为"盖亚假说"：对于科学家来说，假说就是提出的未经验证的观点，打算对世界上的一些事实进行解释，而理论则

---

① Lovelock, *Homage to Gaia*, 253.

② James Lovelock, *The Revenge of Gaia: Why the Earth Is Fighting Back — and How We Can Still Save Humanity* (London: Penguin, 2007), 188.

③ James Lovelock, *Gaia: A New Look at Life on Earth* (Oxford: Oxford University Press, 1995).

④ Lovelock, *Gaia*, 10.

是经过了验证并被认为是真实的。他与林恩·马古利斯（Lynn Margulis）一起工作，她是洛夫洛克在 60 年代末遇到的一个专门研究细胞进化的生物学家，也是一个对在科学内处于"准外部地位的"非常规的理论感兴趣的研究人员[1]。盖亚似乎对"大规模力量塑造了地球和地球上生命"这个已确立的观点发起了挑战。地质学家们认为地球化学解释了地壳和海洋的运作原理。生物学家们利用自然选择来解释生命的发展。结果，洛夫洛克和马吉利斯发现很难引起主流科学对盖亚的兴趣。

尽管如此，这个假说还是以一页声明的方式发表在了 1972 年的《大气污染》（*Atmospheric Environment*）上。后来，一篇更长的论文先是被《科学》和其他期刊拒了稿，之后发表在《伊卡洛斯》（*Icarus*）上，这是马吉利斯的前夫卡尔·萨根主编的一本刊物。另外一篇论文发表在了瑞典的一份环境科学期刊《大地》（*Tellus*）上。这两份刊物都不位于权威科学的中心。这两篇论文也都没有产生巨大的科学反响，或者给公众舆论带来显著的影响[2]。盖亚似乎在科学上渺无希望。

成为一个特立独行的科学家

洛夫洛克成了一个"特立独行的科学家"[3]，这是一个被科学学者采用的带有技术含义的术语。特立独行的科学家是那些捍卫非正

---

① Jon Turney, *Lovelock and Gaia: Signs of Life* (Cambridge: Icon Books, 2003), 26.

② Turney, *Lovelock and Gaia*.

③ Lovelock, *Homage to Gaia*, 295.

统观点，以及被科研机构压迫的人，包括拒绝给予他们研究经费，拒绝发表他们的科研论文，并且把他们分流至他们专业领域的边缘地带[1]。洛夫洛克后来称自己是一个"科学上的特立独行者"，评论员们反复称他是"一个英国的特立独行者"以及"一个特立独行的化学家"[2]。在他没能说服主流科学共同体对盖亚产生兴趣之后，他采取了特立独行者通常采取的途径：转向大众媒体[3]。

洛夫洛克于 1975 年与人合写的文章《对盖亚的探索》（*The Quest for Gaia*）成了《新科学家》的封面文章[4]。这本备受尊敬的英国科学周刊经常发表一些假说、推测以及确定的理论，目标人群是科学家和对科学技术感兴趣的非专业人士[5]。1975 年 2 月 6 日那期科幻式的引人注目的封面展示了一个人站在一堆废弃机器前面，盯着一个地球仪，地平线上有一个工业厂房。"盖亚仍然是一个假说，"洛夫洛克和他的合作者——壳牌公司的西德尼·爱普顿（Sidney Epton）——写道，"这篇文章以及我们汇编的其他文章中陈述的事实和推测，支持但并不证明盖亚的存在，但是就像所有正确或者错误的实用理论一样，盖亚提出了也许能解开旧问题的新问题。"[6]

《新科学家》助推了洛夫洛克的名人化进程。同一期杂志对他做了扼要介绍，拍摄了他穿着休闲毛衫站在乡村自然景观中的照

---

① Lawrence E. Joseph, *Gaia: The Growth of an Idea* (London: Arkana,1991), 48.

② John Ryle, "The Secret of Everything," *Independent*, September 22,1991, 3.

③ James W. Dearing, "Newspaper Coverage of Maverick Science: Creating Controversy Through Balancing," *Public Understanding of Science* 4 (1995): 341 - 361.

④ James Lovelock and Sidney Epton, "The Quest for Gaia," *New Scientist*, February 5, 1975, 304 - 306.

⑤ Declan Fahy, "Science Magazines," in *Encyclopedia of Science and Technology Communication*, ed. Susanna Hornig Priest (New York: Sage, 2010), 727 - 731.

⑥ Lovelock and Epton, "The Quest for Gaia," 305.

片①。记者追踪了洛夫洛克的学生时代以及他的职业生涯，描述了
他的家庭环境，在他家里的墙上挂着三张国家航空航天局授予的证
书，并概述了一个独立科学家工作空间的安排：他的实验室是一个
改造的车库，他的办公室曾经是孩子们的卧室。这篇文章称他是
"最后一批老派自然哲学家中的一员"②。一个月后，《新闻周刊》说
洛夫洛克有"和老派自然哲学家一样的名声"③。

创造对生命的新看法——通过大众科学

在《新科学家》把盖亚带给广大公众之后，20 多家出版社开始
笼络洛夫洛克。重大的观点会让科学家们半信半疑，但是编辑们很
快把盖亚看作是一个可以进行包装、营销和出售的全新概念④。作
为一个特立独行的科学家，他必须谨慎地选择；出版商的声誉很重
要，因为它将传达盖亚的合理性。他选择了一家学术声誉无可挑剔
的出版社：牛津大学出版社。此外，作为一本科普图书，其样式给
予洛夫洛克更多的自由度，允许他在书中注入不仅仅是专业学术著
作范围可接受的观点。

他在爱尔兰西南海岸靠近班特里湾的一个小木屋里开始写这本
书，他写道，这就好像"进入了一个由盖亚操纵的房子"⑤，崎岖不

---

① Martin Sherwood，"Inventing Pandora's Box," *New Scientist*，February 6,1975，307 - 309.

② Sherwood，"Inventing Pandora's Box," 309.

③ Kenneth L. Woodward and Lorraine Kisly，"Mother Earth," *Newsweek*，March 10, 1975，49.

④ Turney, *Lovelock and Gaia*.

⑤ Lovelock, *Gaia*, viii.

平的、未被开发的自然景观激发了这本书浪漫主义的及精神上的意象。"我常常坐在我最喜欢的岩石上俯瞰班特里湾和宽广的大西洋,"他后来写道,"当我在温暖的阳光下坐在悬崖上时,似乎很难不用浪漫的方式来思考我们的地球,这个悬崖高耸于亨格里山(Hungry Hill)的砂岩之上。"[1]

《盖亚:对生命和地球的新看法》(*Gaia: A New Look at Life on Earth*)首次出版于 1979 年,科学、精神和伦理道德交织其中。洛夫洛克详细地叙述了地球作为一种生命体的概念。洛夫洛克认为《盖亚:对生命和地球的新看法》不仅仅是一种流行形式的科学论文;他说这本书针对的不仅仅是科学家,而且包括工程师、医生、实践的环保人士,以及那些在他们的工作中需要"道德指引"的非专业人士。他特别提到他并没有把盖亚构想为有感知能力的(sentient),但是如果不赋予盖亚生命,这种写作几乎不可能完成——他说这就好像把一艘船叫作"她"一样。在对这个概念进行界定时,洛夫洛克写道:"地球的整个表面,包括生命,都是一个超级有机体,这就是我所说的盖亚。"[2]

《自然》很喜欢这本书。这本期刊的书评人"带着无与伦比的愉悦"阅读了这本书,欣然接受了把地球看作是一个超级有机体的新奇视角,但是也警告说其观点可能需要进一步的科学提炼[3]。尽管他有着特立独行的身份,洛夫洛克在提出盖亚之前获得的声誉使其具有一定的认可度。一个科学研究学者写道,"来自一个著名人

---

[1] Lovelock, *Homage to Gaia*, 309.

[2] Lovelock, *Gaia*, vii.

[3] René Dubos, "Gaia and Creative Evolution," *Nature* 282, no. 5735 (1979): 154 - 155.

物的一个让人惊奇的观点将会被认真地对待"[1]。自从 1974 年开始，洛夫洛克就是英国皇家学会的会员。

　　但是进化生物学家们猛烈抨击这本书。到 70 年代末，他们成了科学上的权威人士、有重要影响力的把关人，若与他们的科学观点不符，可能会被他们当作伪科学驳回。他们把盖亚看作是对他们的基础理论——达尔文主义——的一种威胁[2]。《共同进化季刊》（*Co-Evolution Quarterly*）中的一篇评论认为，这本书提出了一种"绝对错误的"关于自然选择的观点[3]。在活着的星球上，所有生命形式为了所有物种的利益共同进化，这种观点违背自然选择，特别是从根本上来说生命形式不得不确保他们自己的幸存这种看法。理查德·道金斯把这本书看作是"流行的生态学文学作品"。他在《延伸的表现型》（1982）中认为，如果盖亚理论和进化生物学相容的话，那么将有一个星际的自然选择过程。宇宙中将充斥着不能维持生命的死寂星球，但是也会包含那些成功地适应了常规生命的星球，比如地球[4]。史蒂芬·杰伊·古尔德称，盖亚"温情友好而模糊不清""一个美丽的比喻，仅此而已"[5]。

　　盖亚一开始被分流到了科学的边缘，现在它在大众科学中又被"击毙"了。

---

① Nicholas Russell，"The Importance of Being Respectable," *Independent*，October 3，1988，15.

② Michael Ruse，*The Gaia Hypothesis: Science on a Pagan Planet*（Chicago：University of Chicago Press，2013）.

③ Doolittle 引自 Turney，*Lovelock and Gaia*，68.

④ Richard Dawkins，*The Extended Phenotype: The Long Reach of the Gene*（Oxford：Oxford University Press，1999），235.

⑤ 引自 Charles Mann，"Lynn Margulis：Science's Unruly Earth Mother," *Science* 252，no. 5004（1991）：378 - 381.

被置之不理的假说通常会以消亡而告终。但是盖亚继续存活了下来，因为它与宗教共同体和属灵团体连接了起来。"让我大吃一惊的是，对盖亚的主要兴趣来自普通公众，来自哲学家和宗教界，"洛夫洛克写道，"只有三分之一的信件来自科学家。"[①] 已故的伯明翰主教休·蒙特弗洛尔（Hugh Montefiore）把盖亚看作是宗教性的。"它让我想起了神学家们所谓的上帝的内在性，"他说道，"也就是说，在创造万物中工作的神的圣灵。"[②]

新时代宗教精神（New Age spirituality）是美国 20 世纪 70 年代后期反主流文化的一个特征，特别是，它把盖亚奉为地球之母。盖亚图书公司成立于 1982 年，出版有关科学、环保主义和灵性的文本，这是"盖亚生活方式"的三个要素[③]。同年，菲杰弗·卡普拉（Fritjof Capra）在《转折点》（The Turning Point，1982）中首倡搭建起了大一统理论（grand unified thinking）的新框架，盖亚完美地融合其中。"难怪职业科学家们十分震惊，"科学哲学家迈克尔·鲁斯写道，"通常，提供了一个伪科学概念的不是其内容，而是与其相伴的东西。"[④]

到 80 年代中期，盖亚以其他方式渗透进了大众文化中。英国广播公司有关核能黑暗政治的广受欢迎的电视剧《黑暗边缘》（Edge of Darkness，1985）里就有一个名为盖亚的环保恐怖组织。科幻作家艾萨克·阿西莫夫（Isaac Asimov）出版了《基地与地球》（Foundation and Earth，1986），这本小说描述的星球上有一位名

---

① Lovelock, *Homage to Gaia*, 264.

② 引自 "James Lovelock," *Beautiful Minds*, BBC 4, 首播于 April 14, 2010.

③ Joseph, *Gaia: The Growth of an Idea*, 67.

④ Ruse, *The Gaia Hypothesis*, 204.

为盖亚的智者。洛夫洛克与人合著的小说——《火星绿化》（*The Greening of Mars*，1985）——讲述了人类如何改变火星大气的化学成分而制造了与地球类似的大气层。卡尔·萨根在《纽约时报》上发表了对该书的正面评论：他称该书诱人地展现了科幻般的科学事实[1]。在一篇与萨根的评论同时出现的文章中，洛夫洛克承认他把火星当作了一个展示其盖亚理论的舞台。他说，"虚幻似乎往往比事实更可信"[2]。

在这些叙述当中，《纽约时报》在 1986 年发表了一篇介绍洛夫洛克的长文，把他和他的工作呈现为一种高科技与原生的大自然之间奇怪的对比。"詹姆斯·E. 洛夫洛克的实验室坐落在距离圣吉尔斯（St. Giles）荒野一个离河不远的地方，这里是英格兰西南郊康沃尔郡和德文郡交界的一个小村庄，一个白色带窗子的小木屋和他的家连接着，五六只孔雀在屋外游荡，"科学作家劳伦斯·E. 约瑟夫（Lawrence E. Joseph）写道，"一个由数台分光镜、辐射探测器和微型计算机组成的阵列不协调地摆放在芳香四溢的草地上，这个实验室似乎是一个被派去揭开自然之谜的探测仪。"[3]

生态学的象征

技术与自然、理性与浪漫主义、科学与灵性这些对比鲜明的观念都体现了洛夫洛克公众形象的特色。所有这些因素都是生态学的

---

① Carl Sagan, "The Terraformers Are Coming," *New York Times*, January 6, 1985, 6.

② Tom Ferrell, "A Planetary Air-Conditioner," *New York Times*, January 6, 1985, Books, 6.

③ Lawrence E. Joseph, "Britain's Whole Earth Guru," *New York Times*, November 23, 1986, 67.

组成部分，随着环保意识的提升，这门学科在 20 世纪 60 年代末和 70 年代获得了更多的关注。当时，这门学科最知名的科学家之一巴里·康芒纳（Barry Commoner）描述了他提出的生态学四项法则："每一事物都与其他事物相关；所有事物都必然地有其去向；自然界最懂得自然；没有免费的午餐。"[1]

但是非科学家人士往往不把生态学看作是一门科学。他们把其看作是一种伦理道德立场，一种指导人们如何与他们尊敬的环境和谐相处的指南；或者他们把它看作是一场政治运动，一种他们所认为的资本主义开发掠夺自然的对立物；又或者看作是一个宏观的框架，让似乎彼此分开的世界各部分变得连贯相通起来[2]。

此外，和环保主义一样，生态学对**科学本身**是含混不清的。科学被认为是生态危害的起因，但也是纠正这种危害的唯一方式。对某些环保主义者来说，他们的权威来源于科学。而对其他人来说，科学缺乏权威性，因为它和产业以及军方联系在一起。

洛夫洛克和盖亚通过不同方式符号化了这些问题。洛夫洛克体现了生态学家的核心特征。史学家安娜·布拉姆韦尔（Anna Bramwell）在《20 世纪的生态学》（*Ecology in the 20th Century*）中认为，生态学家信奉和谐的自然，融入并理解自然界，遵循与精神价值相近的美学价值，反对人类和自然彼此分离的观点，相信客观规律，然而对他们口中的传统科学持一定的怀疑主义态度。把生态理念应用于政治和文化，这被称为政治生态学的一种批判主义，其特征是伦理和道德主张、巨大的补救措施和末日般的场景。

---

① Stephen Bocking, *Nature's Experts: Science, Politics and the Environment* (New Brunswick, NJ: Rutgers University Press, 2006), 55 - 56.

② Anna Bramwell, *Ecology in the 20th Century: A History* (London: Yale University Press, 1989).

1988 年，科学共同体再次聚精会神地审视了盖亚。美国地球物理联盟会议是专家们每年共聚一堂讨论他们领域最新进展的一个重要场合，该会议把焦点对准了盖亚的一个弱点——它难以证实。一个无法证实的假说就无法满足基本的科学准则：它无法被证实是错误的，因而在科学上是毫无价值的。该会议把各个领域的专家们聚集起来为盖亚设计切实可行的验证方法。《自然》中一篇对这个会议进行报道的文章说，这个观点"似乎得到了公平的听审"①。《科学》在其报道中说盖亚变得"受尊敬"起来了②。会议上提交的论文最后结集为《科学家论盖亚》（*Scientists on Gaia*，1991）。

但是洛夫洛克把这次会议看作是一场灾难。他认为这个会议上最具说服力的声音来自那些认为这个观点难以界定且几乎不可能验证的人。科学共同体认真审视着盖亚，但是它仍然无动于衷。

一个科学家对盖亚感到厌烦了。在会议结束后一个月，著名的英国微生物学家约翰·波斯特盖特（John Postgate）用《新科学家》上的一篇文章对盖亚进行了抨击，并且谴责记者们把这个不可信的观点持续放在公共议程当中。他问道："当媒体邀请我再一次认真地对待她（盖亚）的时候，我是唯一一个有那种不现实的感觉、疼到抽筋的生物学家吗？"研究人员对盖亚研究的参与度不高是"一种礼貌性的沉默"，其部分原因在于洛夫洛克早期的学术成就。

波斯特盖特认为他必须打破这种沉默，因为盖亚"愚蠢且危险"，它是一种"伪科学的、杜撰的神话"，类似于自 60 年代以来

---

① David Lindley, "Is the Earth Alive or Dead? " *Nature* 332（1988）：483 – 484.

② Richard A. Kerr, "No Longer Willful, Gaia Becomes Respectable," *Science* 240, no. 4851（1988）：393.

科学声名狼藉时突然大受追捧的那种时尚："占星术、边缘医学、信仰疗法、营养怪癖、宗教神秘主义和那些现在困扰西方社会的上千种其他的时尚和邪教。"波斯特盖特对这样一种未来表示担心，"成群好斗的盖亚激进分子（强迫）社会接受一些伪科学的愚蠢行为和言论，高喊着'没有上帝，只有盖亚，洛夫洛克是她的先知'"①。

把盖亚从公共生活带入科学生活

尽管如此，洛夫洛克仍在坚持。《盖亚时代》（*The Ages of Gaia*）出版于 1988 年，这是一本比《盖亚：对生命和地球的新看法》本质上更加技术性的著作，并且试图建立这个观点的科学凭据。该书把盖亚重塑为一种将地球科学和生命科学结合起来的新科学——地球生理学。它还彻底消除了一个长期以来被科学家们从其思维方式中排除的错误，即一种洛夫洛克的批评者们认为他再三犯的错误：科学的目的论原罪——地球和它的生命形式都有动机、目的和宿命的论点。

这本书的一个主要目标是反击进化生物学家们毁灭性的批评，而这样做的唯一方式就是解释盖亚是如何演化的。洛夫洛克的解决方案是把他设计的一个计算机模型当作进化的证据。这个模型描述了一个名为雏菊世界的假想星球的工作机制，这是一个围绕着太阳运转的类地星球，其表面全部长满了各种类型的雏菊，它们的生长

---

① John Postgate, "Gaia Gets Too Big for Her Boots," *New Scientist*, April 7, 1988, 60.

和死亡显示了这个星球上适宜的温度是如何得以维持的①。《盖亚时代》是一本洛夫洛克期望其同行阅读的著作。他说，同行们对这本书的审查"完全像是在看一本科学期刊上的论文"②。其中一个评论家写了 250 多条评论。

虽然他呈现了一个精简的科学的盖亚，洛夫洛克在《盖亚时代》中纳入了精神上的反思。他给其中一章起的标题是"上帝和盖亚"，并且提出他的观点是"一个宗教概念，也是一个科学概念，并且在这两个领域内都是可控的""上帝和盖亚，神学和科学，甚至物理学和生物学都不是彼此独立的，而是一种单一的思维方式"，并且"作为一个自然哲学家的科学家，其一生可以是虔诚的"③。洛夫洛克说他是不可知论者，并且写道："我绝不会把盖亚视为一种意识存在，可以替代上帝。"④

在对这本书进行评论的时候，已故的科学记者丹尼斯·弗莱纳根（Dennis Flanagan）——担任《科学美国人》编辑近 40 年——指出了贯穿于洛夫洛克的观点和他公众形象之间的分歧。他写道，盖亚是一个陷入在"事实和宏大观点之间的赋格曲"中的科学概念，洛夫洛克是"一个被撕裂了的人"。洛夫洛克的"宏大观点用许多的夸张之词和很少的合格验证来进行阐述，但是他予以支持的

---

① 虽然是一个公认的简单模型，雏菊世界旨在通过反馈和自我调节来表明地球上维持了一个适合生命的稳定的温度。有关雏菊世界更多的信息，参见 James Lovelock, *The Ages of Gaia: A Biography of Our Living Earth*（Oxford, Oxford University Press, 2000），41‐62. 有关雏菊世界作为一个模型的鲁棒性的各种主张存在着巨大的差异。更多信息，参见 Stephen H Schneider, "A Goddess of Earth or the Imagination of a Man," *Science* 291, no. 5510（2001）: 1906‐1907.

② Lovelock, *The Ages of Gaia*.

③ Lovelock, *The Ages of Gaia*, 194‐199.

④ Lovelock, *The Ages of Gaia*, 204.

论点是适度的、合格的、合理的，特别具有启发性的，"弗莱纳根在《纽约时报》中写道，"虽然他自己的方法不是充满神秘色彩的。他似乎对这类人怀有同情心，因为他们和他一样以虔诚的态度把地球看作是一个生命体系。"①

即便如此，他特别提到洛夫洛克不再是科学界的弃儿，因为盖亚假说提出了富有成效的研究途径。到 1988 年，洛夫洛克的看法触及另外一个开始抓住科学和政治兴趣的观点：全球变暖。

那一年，国家航空航天局的詹姆斯·汉森（James Hansen）对一个国会委员会发出警告说全球变暖确有其事。他告诉当选的官员们说他 99% 确定全球气温的升高是因为温室效应，地球气候变暖是由释放到大气中的大量二氧化碳和其他温室气体导致的。通过焚烧化石燃料和其他活动，人类已经改变了未来几百年的全球气候。

这样一来，全球变暖具有了政治性。同样在 1988 年，英国首相玛格丽特·撒切尔——和洛夫洛克一样，她也是一个训练有素的化学家——成了把气候变化看作是人类文明所面临的重大挑战的世界领袖第一人。洛夫洛克是一小批受邀到唐宁街 10 号就气候变化为撒切尔内阁提供首批简报的科学家之一。80 年代的环保运动把气候变化作为了其主要事业②。

随着全球变暖在 90 年代初进入政治议程中，人们对盖亚的兴趣开始增加。为《纽约时报》写洛夫洛克传略的记者劳伦斯·E. 约瑟夫出版了《盖亚：一个观点的成长》（*Gaia: The Growth of an Idea*，1991）。约瑟夫富有同情心的叙述称赞了盖亚如何促进了科

① Dennis Flanagan, "His Big Idea," *New York Times*, September 25, 1988, 13.

② Spencer R. Weart, *The Discovery of Global Warming* (Cambridge, MA: Harvard University Press, 2008).

学、经济、无私和公正的新思维。90 年代早期还见证了一连串从宗教层面解读生态学图书的出版，包括有影响力的《生态学者》（*Ecologist*）杂志创始者爱德华·戈尔德史密斯（Edward Goldsmith）的《出路：生态学世界观》（*The Way: An Ecological World View*）。一个评论家写道，作为信仰的生态学是"科学主义、盲目的消费者至上主义和过于拘泥于教条的宗教的避难所"①。

洛夫洛克发展了自己的观点。他发布了《盖亚：行星医学的实用科学》［*Gaia: The Practical Side（Science）of Planetary Medicine*，1991］，一本盖亚图书出版的把另外一种隐喻介绍给广大公众的图书：把地球比作是病人。他认为，科学家们对地球生态的理解类似于 20 世纪医学之前医生对身体的看法。他诊断出了地球的致病菌：消耗了其资源且让其因大量的垃圾而负载过重的人类。地球遭受着人类瘟疫的折磨。

这本书的出版给洛夫洛克带来了更多的公众曝光度。《独立报》的一个记者造访了 Coombe Mill，洛夫洛克和他的第二任妻子桑迪（Sandy）住在那里。作者特别提到多年以来盖亚为洛夫洛克的家带来了很多朝圣者，"就像在《物种起源》出版之后那些追到肯特郡农村向查尔斯·达尔文索要签名的人一样"。记者称之为"技术的阿卡迪亚（Arcadia）"，并且提到桑迪如何有条理地管理着"不断涌入的盖亚的相关素材：科研论文，媒体简报，粉丝、宗教狂人的来信，以及那些说她丈夫的著作改变了他们人生的人的来信。让洛夫洛克惊愕的是，他们中的很多人亲自前来拜会洛夫洛克"②。

---

① 　Walter Schwarz, "Building a Church for Gaia," *Guardian*, September 5，1992，25.

② 　Ryle, "The Secret of Everything," 3.

洛夫洛克回想起他是如何被描绘的："最后一个来到这里的记者说我是一个头发蓬乱的 110 岁的疯狂科学家，和性感迷人的金发妻子住在魔法森林里。"①

在 20 世纪 90 年代初，洛夫洛克的地位逐渐提升。他欢迎全球媒体造访他的住所，并且在全球巡讲，参加学术会议。环境记者，也是洛夫洛克职业生涯的忠实追随者弗雷德·皮亚斯（Fred Pearce）写道，洛夫洛克在媒体中的曝光率如此之高，以至于他不再像 70 年代那样处于大众文化的边缘了。"现在你可以在彩色增刊中看到洛夫洛克的文章了；玛格丽特·撒切尔也征求他的建议；（绿党倡导者）乔纳森·波立德（Jonathon Porritt）把他命名为自己的英雄；时髦的主持人在电视节目中对他进行采访，"皮亚斯写道，"这对于商业、科学，很可能还有这个地球都是好事，但是我开始盼望疯狂的科学家博德明·穆尔（Bodmin Moor）的回归。"②

皮亚斯还反对对盖亚的任何形象重塑。对他来说，这个理论的价值在于它适用于不同群体对其进行各种阐释的方式，让它对环保主义者和年轻科学家有不同方面的意义。"盖亚是一种隐喻；盖亚是科学探索的一种催化剂；盖亚是字面真理；盖亚是大地女神。不管她是谁，让我们保留她。"皮亚斯写道，"如果科学无法接纳这个宏大愿景，如果盖亚不敢在自然界中说出自己的名字，那将是科学的耻辱。现在公开宣布放弃盖亚将是非常不明智的举动。吉姆，不要那样做。"③

---

① Ryle, "The Secret of Everything," 3.

② Fred Pearce, "Dr. Lovelock's New Bedside Manner," *New Scientist* 132(1991), 43.

③ Fred Pearce, "Gaia, Gaia: Don't Go Away," *New Scientist* 142 (1994).

在伦敦国家肖像馆把洛夫洛克 1993 年的一张照片纳入其永久展览中的时候，洛夫洛克作为英国公众生活中一个重要成员的地位进一步得到了巩固。摄影师尼克·辛克莱（Nick Sinclair）在洛夫洛克德文郡的家里拍摄了他的照片（见图 7-1），他站在数十年前栽种的 30 公顷林地中。在镜头中，洛夫洛克握紧双手，象征着精神性。他花白的头发和眼镜展示了他的智慧。自然背景作为科学观点的象征。从视觉上看，洛夫洛克与盖亚融为了一体。

图 7-1　詹姆斯·洛夫洛克 1993 年拍摄于他从前位于英国乡村的家，他站在数十年前自己栽种的 30 公顷林地中。该照片是伦敦国家肖像馆永久展览的一部分，是盖亚之父的官方肖像。（作者：尼克·辛克莱，国家肖像馆收藏品）。

将气候变化拟人化

在 21 世纪之交，科学家们把盖亚理论——地球是一个自我管理的复杂交互系统——作为理解和解决全球变暖紧迫威胁的重要途径。用《科学》中的话来说，一个新的科学学科——地球系统科学——把地球作为"一个复杂的交互系统"进行了考察[①]。并且几个考察了全球变化的机构提出了《地球系统科学 2001 年阿姆斯特丹宣言》，该宣言写道："地球系统是一个单一的、自我管理的系统。"[②] 科学机构似乎接纳了盖亚。

其他知识分子把盖亚不止当作一个科学观点。它是一个管理社会和看待人类生活新方式的蓝图。科学哲学家玛丽·米奇利把盖亚看作是世俗社会的信条，一个西方生活占主导地位的个人主义道德观的对立面，一个她认为处于社会生物学和新达尔文主义核心的个人主义的对立面。从盖亚的视角看待气候变化会带来更加集体主义的道德世界观，这种世界观可以替代社会中的原子论和个人主义[③]。

物理学家弗里曼·戴森认为，过度地强调竞争最终对地球和社会有害，对比之下，盖亚的集体主义道德观是受欢迎的[④]。政治哲学家约翰·格雷在盖亚理论中看到了一种重新思考人类在地球上的位置的方式。盖亚恢复了人类和自然的关系。格雷在《稻草狗》

---

① John Lawton, "Earth System Science," *Science* 292，no. 5524 (2001)：1965.

② 对引用的 Amsterdam Declaration 的全文可以在下列网址中找到：http：//www.igbp.net/about/history/2001amsterdamdeclarationonearthsystemscience.4.1b8ae20512db692f2a680001312.html.

③ Mary Midgley, *Gaia: The Next Big Idea* (London：Demos, 2001)，13.

④ Freeman Dyson, *From Eros to Gaia* (London：Penguin, 1993).

（*Straw Dogs*）中写道："对于盖亚来说，人命和黏菌的意义并无两样。"格雷认为，盖亚的批评者们抵制它是因为它不科学，"事实上，他们担心并且讨厌它，因为它意味着人类与稻草狗从来就没有不同"。稻草狗是中国古代宗教仪式中向崇敬的神明敬献的祭品，但仪式一旦结束就会被丢弃和践踏[1]。

　　洛夫洛克撰写了自己的传记，以帮助确立自己在科学史中的一席之地。《向盖亚致敬》（*Homage to Gaia*）的精装版宣传语称他是"20 世纪真正的最杰出且最有创造力的思想者之一"，并且表示说"他的作品促进了绿色运动的创始，他著名的盖亚理论改变了我们思考地球的方式"。洛夫洛克把盖亚遭遇的挫折和成功用平行于自己生活的高峰与低谷的方式记录下来。比如，在 80 年代，他面临着严重的健康问题（包括接受了一系列手术以修复其受伤的尿道），他的第一任妻子海伦（Helen）也进入到了多发性硬化症的晚期。在这十年间，他写道，研究人员把盖亚"更多地看成是科幻而不是科学"[2]。相比之下，90 年代见证了他找到心满意足的配偶桑迪，并且他的作品给他带来了八个荣誉学位，三个重要的国际环境大奖，以及一个大英帝国司令勋章（Commander of the Order of the British Empire，CBE）——这是一种对他在公众生活中的成就的认可。盖亚概念的博物志映射了詹姆斯·洛夫洛克的人生故事。

　　相关的评论大多表示赞许和尊敬。著名环境科学家史蒂芬·施耐德（Stephen Schneider）说，这本自传"与其说是一本对地球冥想的生理学指南，不如说是袒露了这个男人的灵魂……一部极其个

---

①　John Gray, *Straw Dogs: Thoughts on Humans and Other Animals*（London：Granta, 2002），33－34.

②　Lovelock, *Homage to Gaia*, 267.

人的自我历史"①。施耐德在他发表于《科学》的评论中写道，洛夫洛克的科学成就——关于提出盖亚的系统理论，以及提出盖亚自我管理的机制——对于一个研究团队来说都是值得称赞的成就，更别说是一个独立的科学家了。

但是一个生物史学家试图打破他所认为的洛夫洛克神话。阿道夫·奥利-弗朗哥（Adolfo Olea-Franco）在《生物学史期刊》（*Journal of the History of Biology*）中写道，写自传的研究人员们把他们夸大的自我形象蚀刻在了科学史中。他认为该书会让读者们产生一种错误的看法，觉得洛夫洛克是一个激进的学者。相反，奥利-弗朗哥写道："作为一个所谓的极具发明天赋的发明了很多分析设备的发明者，他的大多数作品都是在 60 年代中期与公司（壳牌、惠普）、军方（喷气推进实验室、国家航空航天局、五角大楼）甚至情报机构（如中情局）签订协议之后完成的。"

评论者写道，对于被描述成一个自由的思想者来说，洛夫洛克在机构中有赞助者和支持者——包括玛格丽特·撒切尔以及投资银行家罗斯柴尔德勋爵（Lord Rothschild）。作者还强调了有关洛夫洛克激进形象的并不典型的其他观点：他讨厌绿色和平，认为石油和化工公司会尽他们最大的力量来保护环境。

奥利-弗朗哥认为，这本图书标题的选择就是某种形式的自吹自擂，因为洛夫洛克在公众心目中已经与他的理论紧密相连，因此"对盖亚表示敬意当然就是对洛夫洛克表示敬意"②。

---

① Schneider, "A Goddess of Earth or the Imagination of Man," 1906.

② Adolfo Olea-Franco, "*Homage to Gaia: The Life of an Independent Scientist* by James Lovelock," *Journal of the History of Biology* 35, no. 3 (2002), 601.

将气候灾变可视化

2004 年 5 月 24 日，洛夫洛克粉碎了一个记者所谓的"伟大的绿色禁忌"：他主张利用核能[①]。他在《独立报》上写道，气候变化带来了如此紧迫的威胁，唯一现实的化石能源替代方案就是核能。"对核能的反对是以好莱坞风格的科幻、绿党的游说以及媒体所带来的非理性恐慌为基础的，"他写道，"但是我是绿党成员，并且我请求我的朋友在这场运动中放下他们对核能顽固且错误的反对。"[②]虽然他的观点并不新鲜——《盖亚：对生命和地球的新看法》和《盖亚时代》中都支持把核能作为阻止释放二氧化碳的一种能源来源——但是他的文章引发了地球之友和绿色和平组织的批判[③]。

这已经不是第一次讨论他与环保运动矛盾的关系了。在《向盖亚致敬》中，他说太多的绿党不仅仅是因为在科学上的天真——他们还讨厌科学。他把大部分环保运动称为"让人困惑且胡言乱语的绿党政治家和哲学家共同体"[④]。他的科学资历把他与很多环保主义者区别开来，洛夫洛克认为这些人的观点等同于反科学。他告诉一个记者说："他们的出发点一点没错，但是他们经常误解科学，而且如果你没有参与科学，你不能成为一个真正的绿党。"[⑤]

---

① Irvine, "The Saturday Profile: James Lovelock," 44 - 45.
② James Lovelock, "Nuclear Power Is the Only Green Solution," *Independent*, May 24, 2004, 31.
③ Michael McCarthy, "Only Nuclear Power Can Halt Global Warming," *Independent*, May 24, 2004, 1.
④ Lovelock, *Homage to Gaia*, 339.
⑤ Irvine, "The Saturday Profile: James Lovelock," 44 - 45.

2001 年政府间气候变化专门委员会（Intergovernmental Panel on Climate Change，IPCC）的报告所展示的最新证据让洛夫洛克有些担忧。世界正在变暖，这份报告坦诚地表明，而且温室气体应该对此负责。到 21 世纪末海平面将上升半米，但是少部分科学家预测说会上升一米，这可能会导致低于海平面的沿海地区出现大洪水，比如佛罗里达和孟加拉国①。

在他访问了一个英国气候变化研究中心后，他的担忧加重了。那里的研究人员们呈现了表明北极浮冰正在融化，格陵兰岛冰川以及热带雨林正在消失的证据——一系列并行的趋势让洛夫洛克愈加感到诧异，因为这些研究人员们似乎孤立地看待每种趋势。数十年沉浸于盖亚之中不得不让洛夫洛克纵观全局。他的恐慌感如此强烈，所以在访问结束后不久他就开始了《盖亚的复仇》（*The Revenge of Gaia*，2006）的撰写工作。

这本书描绘了一个气候变化导致的荒芜的地球：全球气温急剧上升，冰盖融化，从而不能再通过将阳光反射回太空来为地球降温了；被埋藏在冻土带下的二氧化碳也将逃逸出来；海平面急剧上升，海洋中的生命也将消亡；孟加拉国将被淹没，印度将严重缺水，数十亿人面临着死亡；一群地方军阀将为稀缺的水资源和能源开战，文明将向北方移动；到 2100 年，人类将逃至南极地区，那里的气候将相当于今天的佛罗里达②。

洛夫洛克提供了减轻气候灾难的方式。核能必须迅速地扩张。

---

① The Intergovernmental Panel on Climate Change（IPCC）是一个由考察气候变化的各国政府的代表所组成的科学政治组织。有关它的详细描述，参见：Spencer R. Weart，*The Discovery of Global Warming*（Cambridge，MA：Harvard University Press，2008）.

② Lovelock，*The Revenge of Gaia*.

在科学发展出更安全以及可再生的核聚变技术之前，核裂变将为人类提供能源。核废料应被转储于热带雨林，在那里它将保卫着自然栖息地。可持续发展不是一个切实可行的战略，这个计划应该是永续撤退。人类种族应该写就一部巨著，用皮面装订，里面保存着有助于我们后代生存的科学进步的记录。

　　当这本书出版的时候，洛夫洛克再次在《独立报》[①] 和《太阳报》[②] 中以第一人称撰文支持核能。各年龄段的人都听到了他鲜明的信息。他的陈述还产生了政治影响，因为这些陈述帮助英国重构了其核能辩论[③]。如图 7 - 2 所示，该书的出版及其立场鲜明的辩论使媒体对洛夫洛克的报道达到顶峰[④]。

　　2006 年，媒体见证了气候变化的公众兴趣和政治兴趣达到高峰，因而他的看法也吸引了公众的关注。《时代周刊》杂志在封面文章中警告说："担忧，**非常**担忧。"[⑤] 气候学家提姆·福兰尼瑞（Tim Flannery）后来在《纽约书评》中写道，"盖亚概念和气候变化科学紧密地结合在一起"[⑥]。

---

① James Lovelock，"The Earth Is About to Catch a Morbid Fever That May Last as Long as 100,000 Years," *Independent*, January 16, 2006, 31.

② James Lovelock，"Nuclear Energy Will Help Save Our Planet," *Sun*, July 12, 2006.

③ Karen Bickerstaff, Irene Lorenzoni, Nick Pidgeon, Wouter Poortinga and Peter Simmons, "Reframing Nuclear Power in the UK Energy Debate: Nuclear Power, Climate Change Mitigation and Radioactive Waste," *Public Understanding of Science* 17, no. 2 (2008): 145 - 169.

④ 作为文化形象的一个指标，我为洛夫洛克获得的媒体关注设定了唐斯式的经典模式，从 Lexis-Nexis 数据库中抓取提到他名字的素材，在世界主流出版物的标题下逐年地进行搜索。这不是一种正规的内容分析法，却是旨在以某种方式刻画出长期以来对他的关注。还应该注意的是 Lexis-Nexis 中 1980 年之前的档案通常是不完整的。参见 Anthony Downs，"Up and Down with Ecology: The 'Issue-Attention Cycle,'" *Public Interest* 28 (1972): 38 - 50.

⑤ 引自 Neil Carter，"The Politics of Climate Change in the UK," *WIREs Climate Change* (2014)，doi: 10.1002/wcc.274.

⑥ Tim Flannery，"A Great Jump to Disaster？" *New York Review of Books*, November 19, 2009.

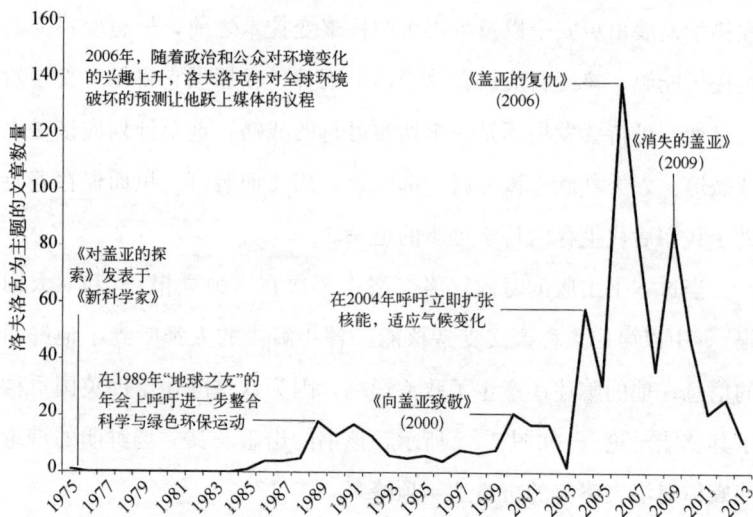

图 7-2　詹姆斯·洛夫洛克公共职业生涯期间媒体对他的兴趣变化

　　在此背景下，环境专家们对《盖亚的复仇》表示欢迎。美国著名的环保主义者比尔·麦吉本（Bill McKibben）在《纽约书评》中盛赞洛夫洛克是科学界中最有吸引力的思想家之一。他特别提到洛夫洛克对气温快速升高的预测要比发表同行评议的气候研究论文的科学家们更不乐观，他的预测"比我知道的其他任何一个合格的观察者"都更悲观[1]。麦吉本写道，洛夫洛克的见解非常有价值，因为"地球上只有极少数人——甚至没有人——对地球整体的表现有同样的直观感受"。气候学家提姆·福兰尼瑞在《华盛顿邮报》中称这本书是"了不起的、新颖的文章，因为它里面的内容以及它为我们这个时代提供的最具独创性的智慧，虽然说有些古怪。"《华盛顿邮报》称盖亚"是气候变化的化身"[2]。

[1]　Bill McKibben，"How Close to Catastrophe？" *New York Review of Books*，November 16，2006.
[2]　Tim Flannery，"Climate Change Personified，" *Washington Post*，August 22，2006，C03.

《盖亚的复仇》中世界末日的画面很是凄凉。但是对于著名的环境科学家麦克·赫尔穆特（Mike Hulmet）来说，它延续了有关环境作品的长期传统——对世界末日的描述。末日浩劫的叙述可以追溯至《寂静的春天》，并且随着全球变暖从未停止过。赫尔穆特写道："现在极端气候行为不再是上帝发怒的一种反应，而可以被阐释为盖亚对道德上刚愎自用的、生硬粗暴的人性的复仇。"[①] 这次采访了洛夫洛克的记者们把这个主题融入到了他们的叙述中。比如，《滚石》称他是"气候变化的先知"，并说到尽管他预测说人类面临着"天启四骑士——战争、饥饿、瘟疫、死亡"的来临，但是他并没有悲观[②]。《卫报》的一个记者说与洛夫洛克见面感觉"有点像一个观众和先知见面"[③]。

这本书还利用了反乌托邦的科学幻想。企鹅公司出版的这本书的封面上展示了一对夫妇的科幻形象，他们紧紧拥抱，被城市坍塌形成的旋转云层和冲击波包围着。报纸认为这本书呈现了一种"《银翼杀手》（*Blade Runner*）中的压抑的场景"[④]，一种"即将到来世纪的《疯狂麦克斯》（*Mad Max*）风格的画面"[⑤]，读起来就像"那些可怕的 70 年代科幻电影中的情节，在这些电影中，世界因瘟疫、核战争或者类人猿的冲击而告终"[⑥]。（一个评论家后来写道，

---

① Mike Hulme, *Why We Disagree about Climate Change: Understanding Controversy, Inaction and Opportunity*（Cambridge：Cambridge University Press, 2009），14.

② Jeff Goodell, "The Prophet of Climate Change：James Lovelock," *Rolling Stone*, November 1, 2007.

③ Decca Aitkenhead, "Enjoy Life While You Can," *Guardian*, March 1, 2008，33.

④ Steve Connor, "The IOS Interview：James Lovelock, Environmental Scientist," *Independent on Sunday*, February 5, 2006，27.

⑤ Boris Johnson, "We've Lost Our Fear of Hellfire, but Put Climate Changein Its Place," *Daily Telegraph*, February 2, 2006，18.

⑥ Michael Hanlon, "A Scorched Earth？ Let's Stay Cool," *Daily Mail*, January 31, 2006，12.

洛夫洛克作为一个伟大观点的发明者和创立者"与 H. G. 威尔斯作品中的一个角色很类似"。)① 洛夫洛克本人也促使了人们产生这种反乌托邦的意象联想，他告诉一个采访者说他不是"奇怪的洛夫洛克（Strangelovelock）博士"②。

但是《星期日电讯报》（Sunday Telegraph）认为，洛夫洛克了解他形象的影响力。这篇报道表达了一个科学研究学者早已发现了的观点：公民们会吸收同化科幻故事里的叙述来形成科学的形象。文章写道："洛夫洛克早已掌握了其他科学家才刚开始掌握的东西：和那些他们一知半解的枯燥科学宣言相比，公众更容易受到他们观看的电影和他们阅读的图书的影响。"③ 洛夫洛克告诉《新闻周刊》说："兴致勃勃地向观众讲述的末日故事通常相当受欢迎。"④

2006 年出版的一批图书预测了相似的环境毁灭场景。比如，弗雷德·皮亚斯的《迷惘的一代》（The Last Generation）认为，人类正面临一系列将导致大灾难的气候变化的开端，而这场灾难将使数十亿人丧生，科学作家约翰·格里宾称它是"我看过的最让人恐惧的一本书"⑤。乔治·蒙贝尔特（George Monbiot）的《炎热：如何阻止地球被烧焦》（Heat：How to Stop the Planet Burning）认为，这是这一代人采取行动的最后机会了。获得奥斯卡大奖的《难以忽

---

① Peter Forbes, "Jim'll Fix It," Guardian, February 21, 2009, Review, 8.

② Nigel Farndale, "If We're All Doomed, Enjoy It While You Can," Sunday Telegraph, March 15, 2009, 19.

③ Susan Elderkin, "The Earth Will Take Only So Much Abuse Before It Strikes Back," Sunday Telegraph, January 29, 2006, 51. 如见：Weart, Nuclear Fear, Peter Weingart et al, "Of Power Maniacs and Unethical Geniuses: Science and Scientists in Fiction Film," Public Understanding of Science 12 (2003): 227 - 228.

④ William Underhill, "Here's Dr. Doom," Newsweek, April 24, 2006.

⑤ John Gribbin, "Not Worried about Global Warming?" Independent, July 31, 2006, 20.

视的真相》（*An Inconvenient Truth*）也于 2006 年出版，阿尔·戈尔（Al Gore）警告说全世界正处于前所未有的危机之中。科学记者罗宾·麦凯认为在此时此刻，描写环保问题的作家们已经"把他们单调低沉的独白变成了对愤怒的尖叫和散播末日的恐慌"[①]。

同样的反乌托邦主题出现在了电影和小说中。文学评论家詹姆斯·伍德（James Wood）把《盖亚的复仇》及"变暖地球的可怕画面"与描绘末日后世界的作品放到了一起，比如《后天》（*The Day After Tomorrow*，2004）以及《末日危途》（*The Road*，2006）。前者是一部电影，引人入胜地描绘了未来因气候急剧变化而导致的冰河时期；而后者是一本小说，描述了未来的美国被核冬天笼罩着，被烧焦的土地上遍布灰烬、尸体和烧毁的建筑物。伍德写道："人们熟悉的、习以为常的生活方式在未来百年内有可能被破坏，那时作物将颗粒无收，温暖的地方将变为沙漠，物种也将灭绝——地球上的很多区域将变得无法居住——这种可能性抓住了当代人的想象力，并且让人毛骨悚然。"[②]

尽管媒体的兴趣飙升，但是《盖亚的复仇》没有像《寂静的春天》那样给政治生活和公众生活带来同样的催化作用。洛夫洛克很快又写了另外一本著作，一个评论者写道，这本书似乎"是受到了社会没有被《盖亚的复仇》的警钟所唤醒的挫败感激发出来的"[③]。

《消失的盖亚》（*The Vanishing Face of Gaia*）比《盖亚的复仇》更阴郁。洛夫洛克认为，未来几年或者几十年内气温的急剧上升将使地球上的城市被水淹没，导致群体迁徙，人类陷入饥荒的世界。

---

① Robin McKie, "Who Will Save the Earth?" *Observer*, November 12, 2006, 22.

② James Wood, *The Fun Stuff and Other Essays* (New York: Farrar, Straus and Giroux, 2012), 52.

③ Lee R. Kump, "A Second Opinion for Our Planet," *Science* 325, no. 5940(2009), 539.

他认为，这种状况要比政府间气候变化专门委员会所预测的更严重：因为其计算机模型没有包括当气温上升时可能会出现的突然的气温跃变。气候学家们虽然意识到了这种跃变，但是无法把它们作为因素纳入模型中，因为这种骤变的时间和强度是无法预测的。然而洛夫洛克说他把预测的跃变纳入到了自己的模型中。

他让读者们有理由相信一个"独立科学家"的悲观预测，而非政府间气候变化专门委员会达成的温和的共识。"我独立工作，并且我不对某些人类机构负有责任——宗教、政党、商业或者政府机构，"洛夫洛克写道，"独立性让我在不考虑人类福利为先的约束的情况下来思考地球的健康问题。"①

科学评论家们则相对谨小慎微一些。提姆·福兰尼瑞在《纽约书评》中认为，这个模型的预测性并不是十分奏效——这对好的科学模型是必不可少的——并且洛夫洛克的整套方法在被接受之前需要大量的审查②。洛夫洛克的前博士生、气候学家安德鲁·沃森（Andrew Watson）认为，他前导师的专业知识在一个支离破碎的社会中预测人类行为时有些站不住脚。沃森写道："在讨论人类行为方面，他唯一的专业资质就是他的寿命——因为经历过第二次世界大战，他知道在邪恶的时代人们有时候会如何待对待彼此。"

然而沃森说，虽然洛夫洛克对突然气候变化的科学预测并不是官方对"政府间气候变化专门委员会的发言"的认可，但是他的训诫与科学共识是一致的——并且，和政府间气候变化专门委员会相比，洛夫洛克"受欢迎的言论会传播得更远"③。

---

① James Lovelock, *The Vanishing Face of Gaia: A Final Warning* (London: Allen Lane, 2009), 23, 43.

② Tim Flannery, "A Great Jump to Disaster?"

③ Andrew Watson, "Final Warning from a Sceptical Prophet," *Nature* 458, no. 7241 (2009): 970.

加固科学遗产

《消失的盖亚》与一本授权的传记同时出版，《他知道他是对的：詹姆斯·洛夫洛克与盖亚势不可当的生命》（*He Knew He Was Right: The Irrepressible Life of James Lovelock and Gaia*）。由著名的科学作家约翰和玛丽·格里宾撰写，这本书把洛夫洛克与他的理论融为一体，因为它把洛夫洛克的生平故事与理解地球气候这个系统性科学方法更广泛的故事交织在一起。这本书把洛夫洛克呈现为一个非正统的科学家，与从事科学研究的传统方式不一致，与用了数十年来追赶他的主流科学不一致，与把知识划分成相互分离的领域的狭隘思想不一致[1]。

这本书中的视觉形象反映了洛夫洛克象征的各种意义。书中的照片摄于他家中的实验室里、他采集空气样本的萨克里顿号和流行号上、他跋涉的沿海步道上、Coombe Mill[2] 一个盖亚的塑像前，以及法国的核燃料再处理工厂中。洛夫洛克是一个发明家、个人主义者、生态学家、科学家，洛夫洛克是特立独行者。

这本书还旨在强化有关洛夫洛克的一种特别的公共叙事。前《新科学家》主编罗杰·海菲尔德（Roger Highfield）写道，"这是一个传奇故事，一个狂热的特立独行者的传奇故事，他被抨击，又被证明正确，随后又被誉为具有可以拯救地球的环保远见"[3]。

---

[1]　John Gribbin and Mary Gribbin, *He Knew He Was Right: The Irrepressible Life of James Lovelock and Gaia* (London：Allan Lane，2009). 该书在美国出版的书名是 *James Lovelock: In Search of Gaia*。

[2]　位于英国牛津郡，与埃文洛德河毗邻的一个历史上非常著名的锯木厂。——译者注

[3]　Roger Highfield，"Irrepressible Lovelock's Final Warning on Global Warming," *Daily Telegraph*，March 21，2009，Books，22.

　　这本书对洛夫洛克在科学史中受尊敬的地位呈现了一种更新的观点，从其 2006 年获得地质学会沃拉斯顿奖章（Wollaston Medal）（这是地质学上至高无上的一项荣誉，曾获此殊荣的还有达尔文）开始，记者们重申了这种叙事，描述了在洛夫洛克被放逐到科学边缘之后他和盖亚又如何受到科学界的欢迎。

　　然而，他继续批判主流科学。在东英吉利大学气候研究人员的邮件被劫持并发布到公众领域之后，来自气候科学批评家和记者们的控诉认为研究人员修改了数据，以为气候变化制造更好的理由。在这次丑闻之后，洛夫洛克对《卫报》说他对一些科学家的行为感到震惊。"我之所以喜欢怀疑论者就是因为在好的科学中你需要批评者来让你思考：'哎呀，我这里是不是错了？'"他说道，"如果没有那种声音持续地提醒你，你真的会处于困境之中。"[1]

　　洛夫洛克也公开地修正自己的错误。2012 年，他对美国全国广播公司（NBC）说他的气候预测是杞人忧天。他说气候变化仍在发生，但不是以他曾经认为的方式发生的，也没有他曾经担心的那么迅速。但是他认为《难以忽视的真相》也有着类似程度的危言耸听。一个独立的科学家可以承认自己的错误，但是一个大学科学家或者政府科学家则不能，因为他们担心自己的经费会被削减。"问题在于我们不知道气候在干什么。我们在 20 年前以为我们知道。那带来了一些危言耸听的著作——包括我自己的——因为当时看来它似乎很明确，但是并没有发生。"[2]

---

① Leo Hickman, "James Lovelock: Fudging Data Is a Sin against Science," *Guardian*, March 30, 2010, 10.

② Ian Johnston, " 'Gaia' Scientist James Lovelock: I Was 'Alarmist' about Climate Change," NBC News, April 23, 2012, 查询日期为 July 16, 2014, http://world-news.nbcnews.com/_news/2012/04/23/11144098-gaia-scientist-james-lovelock-i-was-alarmist-about-climate-change.

　　有人企图在各种对气候变化表示否认或怀疑的运动中利用洛夫洛克的观点①。全国广播公司问他是否是怀疑主义者，他说道："这要取决于你所说的怀疑主义者是什么意思。我不是一个否定者。"

　　2013 年 10 月 26 日，《新科学家》发表了一篇题为《盖亚：结论是……》（*Gaia: The Verdict Is…*）的文章。地球科学家托比·泰瑞尔（Toby Tyrrell）回顾了有关这个概念的所有出版了的科学研究，他总结说，和盖亚所设想的有适应力的地球相比，这个星球其他稳定性较差，活力不足，且更脆弱。他在杂志中写道："我的研究带来了一个清晰的结果：盖亚假说并不能准确地描述我们这个世界如何运作。"②《新科学家》——1975 年曾把盖亚引入到了更广阔的世界中——在这一期发表了一篇社论，题目是《一个美好想法的死亡》（*Death of a Beautiful Idea*），该文总结说："盖亚是站不住脚的……那是科学……在其消亡中将不会有悲剧。"③

　　在《关于盖亚》（*On Gaia*）中，泰瑞尔列出了他对洛夫洛克核心观点所做的测试的结果。《自然气候变化》（*Nature Climate Change*）对其进行了评述，标题是《一个宏大理论的安魂曲》（*Requiem for a Grand Theory*）。气候变化专家威廉·H. 施莱辛格（William H. Schlesinger）认为这本书是系统的、不带偏见和有说服力的。"随着这本书的出现，我认为我们可以结束行星生态学历史上

①　James Delingpole, "'Only Global Fascist Tyranny Can Save Us Now' Says Nice Old Man," telegraph.co.uk, March 30, 2010.

②　Toby Tyrrell, "Gaia: The Verdict Is …," *New Scientist*, October 26, 2013, 31. 另见：Toby Tyrrell, *On Gaia: A Critical Investigation of the Relationship between Life and Earth*（Princeton, NJ: Princeton University Press, 2013）.

③　"Gaia: The Death of a Beautiful Idea," *New Scientist*, October 26, 2013, 5.

的这个章节了，"他总结说，"盖亚已死；是继续前行的时候了。"①

但是洛夫洛克继续为如何在变热的地球上生活提出建议。在《艰难的未来》（*Rough Ride to the Future*，2014）中，他大幅地减少了自己的悲观情绪。他写道，"我认为我们可以勉强渡过难关，进入一个陌生但仍可生存的世界"。只有几百万人可以在气候变化导致的潜在文明崩溃中幸存下来。那些幸存者将不得不撤退到为生存而特意建造的装有空调的城市中②。

在他所描绘的蓝图中，这个不受气候影响的城市是新加坡，那里 560 万居民居住在有序且繁荣的大都市中，室内清凉，气候炎热且潮湿，气候高达预测的最高数值的两倍。盖亚将在城墙外面调节着气候。他写道，新加坡不是一个会被烧焦的地方，它充满生机。这本书的宣传语称他是"我们这个时代科学上最有远见的人"。

洛夫洛克 94 岁时出版了这本书，在书中他描述了自己 56 年来独立科学家职业生涯的愉悦。然而独立科学家当时几乎绝迹了，并且在围绕着大规模研究团队而组建的科学事业中不再受欢迎了：他问道，当一个独立科学家能发明出改变了近现代环境史进程的电子俘获检测器时，对这些研究人员的工作来说那意味着什么？③

一个特立独行的名人

洛夫洛克表明了在宣扬自己观点的斗争中，名声如何成了一个

---

① William H. Schlesinger，"Requiem for a Grand Theory," *Nature Climate Change* 3，no. 679 (2013)：697.

② James Lovelock，*A Rough Ride to the Future*（London：Allen Lane，2014），15.

③ Lovelock，*A Rough Ride to the Future*，18.

特立独行的科学家的武器。曾被推到了科学的边缘，被看作是伪科学的承销商，他通过大众文化传播了盖亚。这个宏大的想法触动了文化的神经，并为新纪元运动的探索者、传统的信徒、激进的环保主义者和科学家这个多元的集体带来深刻的意义。作为盖亚之父，他成了一个明星。

当盖亚成为生态运动蓬勃发展的漫长的 60 年代中的核心词汇时，洛夫洛克赋予了生态学以人性。他把生态思维中科学和反科学、理性和精神性、物质世界和自然界之间明显相左的观点集于一身。他完美地体现了这些观点，有着精神渴求的独立科学家在壮观的与世隔绝的农村开展着研究，四周环绕着他亲手栽种的几十公顷林地。

对气候变化威胁的担忧重燃了研究人员们以全面系统性的方式来思考地球的兴趣，盖亚也有了新发现的现实意义。盖亚成了气候变化的化身。洛夫洛克的观点因为公众的需求和兴趣在大众文化中得以持续，随着研究人员转变他们的科研工作，纳入他曾经被嘲笑的观点，盖亚受到了主流科学的欢迎。然而，他的名声是一种不情愿的名声。正如《新科学家》在 2013 年写道，通过盖亚，"洛夫洛克成了一个名人——然而他可能愿意用那种名声换取多一点来自学术界同行的尊重"[1]。

---

[1]　Michael Bond，"The Living Heart of Things," *New Scientist*，August 24，2013，48.

第8章　布赖恩·格林让人着迷的明星地位

　　在他纽约的家中，物理学家布赖恩·格林从他收藏的阿尔贝·加缪（Albert Camus）第一版的《西西弗的神话》（*The Myth of Sisyphus*）上移去了两层透明的保护套，并大声朗诵其引人注目的第一句话："真正严肃的哲学问题只有一个，那就是自杀。"格林继续引述着这个法国存在主义哲学家1942年关于生命意义的徒劳探寻的随笔。"无论世界是否是三维的，其他一切……都是后来的。"合上书，哥伦比亚大学数学和物理教授格林说道："我不是加缪；他是一个伟大的人，智力超群……但是如果你不知道生命是什么——或者更广义地说，现实是什么的话，你又怎么能判断生命是否值得呢？对我来说，现实是否有三个维度这个问题——也就是，你能看到的维度——或者它还有其他维度……对我来说生命更加丰富。这让我想活下去。"[1]

　　2011年，格林的家向电视谈话节目《科学星期五》（*Science Friday*）敞开了大门，这是该节目"桌面日记"（Desktop Diaries）环节的特色之一，在这个环节中，著名的科学家会带领大家参观他

---

[1]　"Desktop Diaries: Brian Greene," *Science Friday*, Public Radio International, October 28, 2011, 查询日期为 July 16, 2014, http://www.sciencefriday.com/about/desktop-diaries.html.

们的工作场所。格林穿着牛仔裤、灰色带拉链的卫衣里配了一件白色衬衫，该节目拍摄了他在一张很大很整洁的办公桌前工作的镜头，桌上放着两部打开的笔记本电脑和一部台式电脑。俯视着哈德逊河（Hudson River），他用铅笔在一个大笔记本上写下了简单的方程。"有一种想法认为天才在混乱中工作，"他说道，"我不是天才。我只是在四周清净时会思考得更好一些。"

他说，杂物都被移到了他的书架上，在那里他收藏的加缪图书的罕见版本紧挨着一件玻璃饰品，他把它看作是卡拉比-丘流形（Calabi-Yau manifold），是一个看起来像大绳结的几何结构。格林参照他的专业领域理论物理学解释说，"这是弦理论中额外维度的形状"，理论物理学假设现实的基本元素是亚原子弦。弦理论认为宇宙包含着几个可以被视觉化为不同结构的隐藏维度，比如格林书架上的这个，他认为这些结构"事实上非常壮观"。

这段 3 分 30 秒的剪辑巧妙且有策略性地展示了格林。这个短片中的任何东西都不是随机出现的；甚至配乐都是格林的音乐家父亲谱写的，格林在智能手机上展示了他吹口琴的黑白视频片段。短片中或含蓄或清晰地展示了关于秩序、美、艺术、科学以及对更深层次现实的探索的内容——所有这些都是有关他科学专业主义和公众形象的重要理念。

在该节目播出的时候，格林已经是蜚声国内外的知名度最高的公众科学家之一。《今日美国》（*USA Today*）称他是"下一个卡尔·萨根，能够横跨实验室和客厅之间鸿沟的人"[1]。《纽约时报》说他是

---

[1]　John Yaukey, "Physicist Wraps Universe in String," *USA Today*, December 14, 1999, 10D.

"自中微子以来宇宙学中出现的最聪明的人"[1]。《发现》（*Discover*）称他是"弦理论的公众面孔"[2]。加州理工学院著名的弦理论家约翰·施瓦茨（John Schwarz）说他"在一定程度上是媒体名人"[3]。

　　格林是哥伦比亚大学弦理论、宇宙学和天体物理学研究所的联合创始人兼所长，随着弦理论在世纪之交成为理论物理学中占主导地位但富有争议的研究方法，格林成了公众人物。他在科学史上还代表了一个巨大的、前所未有的关键时刻，利害攸关的是这个时刻要从根本上重新考虑什么构成了现实，以及对物质世界的本质而言，什么才是有效的科学理论。在对这个俘获了公众想象力的古怪想法进行阐释方面，他是一个具有说服力的解释者，就像在 70 年代末解释黑洞那样。和这里概述的其他任何一位科学家相比，格林还把当代适合上镜的科学家具体化了，这样的科学家在公众中的地位取决于他在前沿研究和大众娱乐之间穿梭自如而无须牺牲其科学权威的能力。从整体来看，他的职业生涯表明他是新一代的公众科学家。

弦理论革命

　　弦理论在科学上是一个奇妙的东西。该理论认为现实的基本单

---

① Janet Maslin, "The Almost Inconceivable, But Don't Be Intimidated," *New York Times*, February 26, 2004, E7.

② Andrew Grant, "The Man Who Plucks All the Strings," *Discover*, March 9, 2010, 查询日期为 August 1, 2012, http://discovermagazine.com/2010/extreme-universe/08-discover-interview-man-who-plucks-all-the-strings.

③ John H. Schwarz, "Review of *The Elegant Universe: Superstrings, Hidden Dimensions, and the Quest for the Ultimate Theory*," *American Journal of Physics* 68 (2000): 199-200.

位不是原子，而是一个震动的弦，是 10^{-33} 厘米级别的一股能量，通常被称为普朗克尺度——"和原子大小之比，就相当于一个原子与太阳系的大小之比。"[1] 该理论起源于 20 世纪 60 年代末期的欧洲核子中心（CREN），那是一个位于法国和瑞士地下的庞大的高能物理实验室。研究人员们认为，这是能够解释原子核内部令人费解的粒子互动的新方法。从 70 年代中期开始，一些物理学家把这个理论看作是对通过万有引力控制自然的三种基本作用力进行调和的方式，这种难以捉摸的调和方法已经困扰了物理学家几十年。这三种作用力分别是电磁力、把原子的原子核聚集起来的强作用力，以及引起放射性衰变的弱作用力。

但是研究弦理论的为数不多的研究人员取得的进展很缓慢。他们发现它充满了数学上的不一致性，这意味着它的计算无法完成——这是阻碍理论物理学上任何新观点的一个主要问题。他们发现为了让弦理论的方程变得合理，除了已知的长、宽、高三个维度之外，还需要有关空间的额外维度，也许是七个。不仅如此，理论家们还认为，这些额外的维度蜷曲得太紧而难以观测。到 80 年代初，这些问题意味着弦理论是研究中的一潭死水。

那种局面在 1984 年弦理论第一次革命之后发生了改变。美国物理学家约翰·施瓦茨和他的英国合作者迈克尔·格林（Michael Green）在这个理论上已经钻研多年，并最终发表了具有里程碑意义的论文，该论文从根本上解决了数学上阻碍弦理论进展的棘手的不一致性问题。物理学界开始认真地认为弦理论——也被称为超弦

---

[1] John Schwarz，引自 Sean Miller，*Strung Together: The Cultural Currency of String Theory as a Scientific Imaginary*（Ann Arbor：University of Michigan Press，2013），213.

理论——有可能解决现代物理学中最大的难题，爱因斯坦临终前在病床上仍在试图解决这个问题，而霍金认为这个问题的解决方案将终结理论物理学。这个问题就是如何把万有引力理论整合进量子力学中，从而把广义相对论和量子力学整合为单一的理论。

理论物理学家开始涌向这个领域。发表的相关主题的论文数量激增，1975—1983 年发表的论文数量还不到 100 篇，但仅在 1987 年这一数量就达到 1 200 篇。物理学家们在弦理论中一睹了被物理史学家黑厄尔·克拉夫（Helge Kragh）称为"几乎圆了百年的梦想，通向全新物理学的一个敲门砖，量子引力理论众人趋之若鹜的圣杯"[①]。

在这股科学兴趣的热潮中，科普作品通过文化传播着弦理论。迈克尔·格林于 1986 年为《科学美国人》撰写了关于这个理论的文章。对其基本原理进行阐述的著作包括加来道雄（Michio Kaku）的《超越爱因斯坦》（*Beyond Einstein*，1987）、F. 大卫·皮特（F. David Peat）的《超弦和万物理论的探索》（*Superstrings and the Search for the Theory of Everything*，1988），以及保罗·戴维斯（Paul Davies）和朱利安·布朗（Julian Brown）的《超弦：万物理论?》（*Superstrings: A Theory of Everything?*，1988）。文学学者肖恩·米勒（Sean Miller）认为，一系列科普作品的涌现是因为弦理论颠覆了对世界的常识性理解，以及它延续了 20 世纪英美文化中公民把物理学家视为宇宙真理的监护者和阐释者的文化趋势[②]。

当第一次弦理论革命生根发芽的时候，格林于 1984 年从哈佛

① Helge Kragh, *Quantum Generations: A History of Physics in the Twentieth Century* (Princeton, NJ: Princeton University Press, 2002), 417 - 418.

② Miller, *Strung Together*.

大学物理学专业毕业。之后，他以罗兹学者的身份在牛津大学攻读物理学博士学位。就是在那里弦理论第一次吸引了格林。据他叙述，他经过了一个窗子上贴着宣传迈克尔·格林讲座海报的书店，这个物理学家帮助塑造了弦理论的第一次革命。格林决意投身于这项科学事业，并且他也证明了自己在这个领域非常成功。1990 年他加入了康奈尔大学的物理学院。在那时候，他对这个领域做出了第一次名留青史的贡献。他和一个同事表明宇宙中的每一种可能存在的形状都有一种镜像，创造了另一个和我们的宇宙具有同样特色的宇宙。

他的第二个标志性发现诞生于 1993 年。他和两个同事一起，表明空间的结构是可以撕裂的——根据广义相对论是不可能的一种撕裂。格林后来记录下了在长达数月的计算过程中他们如何察觉到当宇宙以新的方式撕裂和变革时可以改变形状。他回忆起当复杂的计算机程序确认了他们的方程有效时的那一刻："我从椅子上跳起来，带着喜形于色的狂喜绕着办公室尽情地跑了一圈。"[1]

但是随着格林建立起自己的声誉，著名物理学家们对弦理论家有关他们这个领域是真正科学的主张进行了严厉抨击。他们的批判核心是弦理论几乎完全脱离于实验和观测，这是数百年来测试、验证或者摒弃科学观点的方式。批评家认为，弦理论无法测试或观测，也无法证实或证伪。没有实验就不会提出新的理论，没有理论就不能指导实验。"这个理论要靠神奇般的巧合、表面上不相关的（或者可能未被发现的）数学领域中奇迹般的相约（cancellations）和关联

---

[1] Brian Greene, *The Elegant Universe: Superstrings, Hidden Dimensions, and the Quest for the Ultimate Theory* (New York: Vintage, 2003), 278.

才能证明它的存在，"哈佛大学物理学家保罗·金斯巴克（Paul Ginsparg）和诺贝尔奖得主谢尔登·格拉肖（Sheldon Glashow）在1986年写道，"超弦的情绪因为一位至高无上的天主的存在怪异地召回了'神创论'（arguments from design）。当一个顶尖的弦理论家提出'超弦可能会和上帝一样成功'"，这只是一个玩笑吗?[1]

1988年，格拉肖继续对弦理论和弦理论专家进行抨击。"大学应该为他们支付报酬，并允许他们误导易受影响的学生吗?"[2] 他这样问道，并且补充说，"和物理系相比，弦理论的思想是不是更适合数学系甚至神学院?"还有一些其他理由解释了物理学家们起初的兴奋为何逐渐消失。因为这里面的数学太难了，这个理论的先驱们在解决重大问题方面太成功了，等等。

但是仍然存在另外一个重要的问题：共有五种不同且有效的弦理论同时存在。每个理论都有与其他几个理论相同的特点，但呈现出不同的现实景象，因而破坏了这个领域寻找自然界根本特征的宣言。所有的理论都不能解释现实的本质。物理学家们失去了信心[3]。

这样的情况在1995年弦理论第二次革命中发生了变化。这个学科资深的元老、普林斯顿大学高等研究院的爱德华·威腾（Edward Witten）提出了一个激进的新观点，他认为这五种弦理论只是描述一个统治理论（master theory）的不同方式，即 M 理论。弦理论家们现在有了一个指导他们研究的总体框架。威腾点燃了理

① Paul Ginsparg and Sheldon Glashow, "Desperately Seeking Superstrings," *Physics Today*, May 1986, 7.

② Sheldon Glashow, "Tangled in Superstring," *The Sciences* 28, no. 3（1988）：28.

③ 引自 Kragh, *Quantum Generations*, 419.

论物理学家对弦理论的疯狂兴趣。现在它在这个领域中占据了核心的优势地位，有大约 1 000 位活跃的研究人员，他们发表了上千篇论文。但 M 理论到底意味着什么还是模糊不清：它被称为魔法、奥秘、黏膜、矩阵或者母亲。

然而弦理论在科学中的争议性地位仍然存在。科学作家约翰·霍根在《科学的终结》（1996）中把弦理论看作是他称为"反讽科学"的一个范例，这种研究如此远离实验证实或者观测证实，阐释的方式如此之多，以至于它类似于后现代哲学或者文学批评[1]。哈佛大学的一个弦理论研讨会一度被正式地冠名为"后现代物理学"[2]。M 理论也被称为是朦胧的和怪异的理论。

有关弦理论的争议标志着科学史上一个前所未有的时刻。弦理论打破了开展物理学研究的传统技术：试验指导并限制、约束理论，观测淘汰、支持或者启发理论。但是没有进行实验测试的可能性，于是弦理论家们求助于数学来支持他们的观点。这样一来一个理论能否解释现实的证据是它的方程能否实现。衡量证据的标准就是数学概念上的美、优雅和一致性。

正如科学史学家彼得·盖里森（Peter Galison）写道："在弦理论的争议当中，20 世纪末见证了这个理论在物理学中的地位发生了深刻且有争议的变迁。"[3] 史蒂芬·霍金和伦纳德·蒙洛迪诺也

---

[1]　John Horgan, *The End of Science: Facing the Limits of Knowledge in the Twilight of the Scientific Age* (New York: Abacus, 1998).

[2]　Lee Smolin, *The Trouble with Physics: The Rise of String Theory, the Fall of a Science, and What Comes Next* (New York: Houghton Mifflin, 2006).

[3]　Peter Galison, "Theory Bound and Unbound: Superstrings and Experiment," in *Laws of Nature: Essays on the Philosophic, Scientific, and Historical Dimensions*, ed. Friedel Weinert (Berlin: Walter de Gruyter, 1995): 369–408.

在《大设计》中补充说："我们似乎在科学史上处于关键时刻，在此我们必须改变我们对目标的设想，以及是什么让一个物理学理论变得可以接受的设想。"①

对于物理学家李·施莫林（Lee Smolin）来说，弦理论是一个如此高风险的尝试，如果它被证明是正确的，"弦理论家将成为科学史上最伟大的英雄"，但是如果他们错了，"那么我们将把弦理论家看作是科学上最大的失败之一……一个如何不把它搞砸，如何不让理论推测远远超出合理地认为某人参与幻想的界限之外的警示录"②。

在这场争论的中心，在这个科学的悬崖峭壁上，伫立着布赖恩·格林。

公众理解弦理论的分水岭著作

格林把这些观点的冲突推进到了公众视野之中。《优雅的宇宙》（*The Elegant Universe*）首次出版于 1999 年，该书描述了宇宙如何根据弦理论运转。他把这个领域作为爱因斯坦揭示一个统一理论的未竟探索的无缝延续，这个理论将表明物理学的所有现象只是"一个宏大物理原理、一个主方程的映像"。格林写道，"从一个原理——所有事物在其最微小的层面上都是由振动的弦的组合构成的——弦理论提供了一个单一的解释性框架，这个框架能够包含所

---

① Stephen Hawking and Leonard Mlodinow, *The Grand Design*（New York：Bantam, 2010），143.

② Smolin, *The Trouble with Physics*, xvii.

有的力和所有的物质"①。

这个观点抓住了千禧年终结之际公众的想象力,这本书销售了几十万册,有三天时间该书在亚马逊上超过了刚刚出版的约翰·格里森姆(John Grisham)的惊险小说,入围普利策奖最终评选名单,《纽约时报》提名其为著名的图书,并且获得了英国安万特科学图书奖(British Aventis Science Book Prize)。一个学者称它是弦理论科学普及方面的一个"分水岭"②。

格林在《优雅的宇宙》中有几个修辞性的目标(rhetorical aims)。首先,他为非专业读者提供了一个理论物理学方面最新趋势和思想的业内看法,这个领域有着成熟的求知若渴的大众科学受众群。在导论中格林解释说,这本书源于他就相对论、量子力学和弦理论所做的一般水平的一些演讲。格林说,在这些演讲中,他感受到了观众们对这些观点的热情,尽管他找到的第一个文稿代理人直接拒绝了这个提议,认为这不可能达到主流受众。其次,格林把这本书的目标读者锁定为理科生和老师,因此纳入了大量的参考技术说明。再次,他还向其他领域的科学家们公正且诚实地叙述了为什么弦理论家们如此兴奋。

批评家们赞赏格林清新的散文风格。比如,记者乔治·约翰逊也是《奇异的美:默里·盖尔曼和 20 世纪的物理学革命》(*Strange Beauty: Murray Gell-Mann and the Revolution in Twentieth-Century Physics*)一书的作者,他在《纽约时报》中写道,向假定没有数学学科背景的读者解释这门学科是科普创作中最大的一个挑战,但是

---

① Greene, *The Elegant Universe*, 5 – 15.

② Miller, *Strung Together*, 5

格林达到了"我原本认为不可能的深度和清晰度"。他写道:"格林对这个理论的阐述如此的清晰且有说服力,以至于你不得不开始相信它了,并且希望某一天会找到一种方式来确定弦理论是否不仅仅是基于愿望的数学。"①

但是其他人认为这本书的技术细节方面的信息量过大。著名科学作家玛西亚·芭楚莎(Marcia Bartusiak)为《华盛顿邮报》写了这本书的书评,她认为这本书的优势在于把数学转化成了视觉化的术语,"然而他想达到普通读者的愿望可能野心太大了。那些对物理学前沿寻求业内视角的有科学头脑(science-minded)的人才能欣赏他对规范对称性和卡拉比-丘流形的讨论。"②《观察家》的科学编辑罗宾·麦凯认为,这本书"冗长、难懂且技术性太强"③。

批判和宣传把格林的写作风格和他的科学联系在一起了。比如,这本书2003年复古版封底上的宣传语说"这本书的写作风格(和)它解释的理论一样优雅"。在为科学史期刊《爱西斯》(ISIS)对这本书进行评论时,物理学家劳里·M.布朗(Laurie M. Brown)认为,格林的"写作风格清晰、引人入胜,有时候还有些幽默或者诗意——总而言之,很优雅"④。在为《公众理解科学》对这本书进行分析时,文学家蕾切尔·艾德福德(Rachel Edford)写道:"在格林的文字中,美丽、协调和优雅是重要的主题元素和风格元素。"⑤

---

① George Johnson, "Space-Time: The Final Frontier," *New York Times*, February 21, 1999, 6.

② Marcia Bartusiak, "With Strings Attached," *Washington Post*, March 7, 1999, X09.

③ Robin McKie, "Mind Your Peas ...," *Observer*, June 17, 2000, 12.

④ Laurie M. Brown, "Brian Greene: *The Elegant Universe: Superstrings, Hidden Dimensions, and the Quest for the Ultimate Theory*," *Isis* 95, no. 2 (2004): 327.

⑤ Rachel Edford, "The Elegance of *The Elegant Universe*: Unity, Beauty, and Harmony in Brian Greene's Popularization of Superstring Theory," *Public Understanding of Science* 16 (2007): 449.

美是弦理论科学地位的核心。物理学家们对美和优雅有着特别的定义——并且这些条件帮助评估一个科学理论是否为真。正如诺贝尔物理学奖得主史蒂文・温伯格解释的那样，一个优雅的理论不包含无关的细节，但是对事物的诠释能力十分强大。一个美丽的理论十分简单，并且推理十分清晰和有逻辑，因而其结论是必然的[①]。在《优雅的宇宙》中，格林写道，"理论物理学家做的一些决策是建立于审美意识之上的——在这种意识中，理论与我们的经历有着相似的优雅和结构美"。但是，"最终，对理论的判断取决于它能否经受住冷冰冰的、坚实的实验事实的考验"[②]。

专家评论员们表明格林的科普创作有一个科学议程。格林是弦理论"这个事业的劝导者"[③]，《自然》前编辑约翰・马多克斯（John Maddox）写道，"格林承认自己是超弦理论的拉拉队长"。科学作家芭楚莎写道，"这可能会留下一种错误的印象，即这是通往万物理论的唯一路径"。蕾切尔・艾德福德提到格林并没有提及弦理论的主要竞争对手，由一种不同的合一（unification）方法构成的圈量子引力理论[④]。触发了这个领域第一次革命的约翰・施瓦茨在他《美国物理学期刊》（*American Journal of Physics*）的评论中认为，格林的叙述"很大程度上是对一个大型、复杂且快速演化的领域的个人观点"[⑤]。

然而，施瓦茨和马多克斯认为，格林和这本著作对这个领域的工作和公众对其工作的支持起到了催化作用。对于马多克斯来说，

---

①　Steven Weinberg, *Dreams of a Final Theory* (New York: Pantheon Books, 1992).

②　Greene, *The Elegant Universe*, 166 - 167.

③　John Maddox, "A Further String to the Believers' Bow," *Nature* 398 (1999): 766 - 767.

④　Edford, "The Elegance of *The Elegant Universe*."

⑤　Schwarz, "Review of *The Elegant Universe*," 199.

这个领域还有很多工作要做，他说，"在这个领域开展研究的上千名研究人员要有做这些很大程度上徒劳无功的杂事的勇气，只有这本出色的著作将在他们前进的道路上为他们加油"。对于施瓦茨而言，格林的"青春活力（和行动经验）对他有很大帮助。……在我看来，他给这个领域带来的宣传是非常健康的发展。"他写道，格林成了"某种意义上的媒体名人"①。

格林的名人化源于围绕着《优雅的宇宙》开展的宣传和推广。在其出版的前一周，《纽约》这本记录文化潮流的杂志刊登了格林的传略。这本杂志称他"有些孩子气"以及"备受美国媒体宠爱"。它说他的出版商诺顿出版社"希望他对弦理论所做的贡献可以像史蒂芬·杰伊·古尔德对进化论、史蒂芬·霍金对黑洞以及理查德·费曼对量子电动力学所做的贡献那样：赋予科学一个友好的面孔，写出一本破纪录的曲高和寡主题的畅销书。"

这篇文章把格林描绘为专业物理学中的一种反常现象："一个引人注目的杰出人物，这不仅仅是因为他很有吸引力并且戴隐形眼镜。在高中的时候，格林赢得过数学竞赛和柔道锦标赛。在哈佛大学，他出演过音乐剧。在牛津大学，他和乔治·史蒂法诺普洛（George Stephanopoulos）一起闲逛。"乔治是政治分析师和比尔·克林顿（Bill Clinton）总统的前助手。该文引述一个哥伦比亚大学数学研究生的话说："他是一个伟大的传播者，他富有人格魅力，他显然在智力方面是最优秀的，除此之外，他还富有外表上的吸引力，这个事实让他着实充满了浓厚的神秘感。"②

---

① Schwarz, "Review of *The Elegant Universe*," 199 - 200.

② Jennifer Senior, "He's Got the World on a String," *New York*, February 1, 1999, 查询日期为 August 1, 2012, http://nymag.com/nymetro/news/people/features/1011/.

　　这篇传略通过其个人细节加强了这种神秘性。他的父亲是作曲家、声乐教练和轻歌舞演员。小时候，他是一个数学天才，可以计算 30 位数与 30 位数的乘积。在上小学时，一个老师把他送到哥伦比亚大学数学系，并且写了一张请求某人帮助开发他天赋的便签。成年之后，他那时的女朋友艾伦·阿切尔（Ellen Archer）——"她天生就是一个演员"——详述了格林在开车的时候如何极度沉迷于思考，以至于汽车几乎慢到停了下来。

　　但是记者们也猛烈批评了格林被建构的媒体形象。"格林把自己推广为乐天型的博学者"[①]，《澳大利亚人》写道，"他是一个特别适合上镜的物理学家。"《基督教科学箴言报》（*Christian Science Monitor*）称他是一个"风度翩翩的数学和物理教师……通过其吸引人的散文和让人舒缓的深夜电台主持人式的嗓音循循善诱地吸引非专业人士学习前沿的物理学知识"[②]。《今日美国》写道，尽管弦理论很复杂，但是格林的"科学才华和媒体吸引力相结合，恰好是把这个理论作为物理学时尚进行销售的不二人选"[③]。

　　其他出版物把格林描述为物理学中最热领域的最炙手可热的研究人员。《科学美国人》说他的阐释能力以及"充满朝气的外表"意味着他很快就成了"理论物理学的海报男孩"。该杂志引述了史蒂法诺普洛的话，他曾开玩笑地说，"单身的格林可能会是第一个拥有追星族的物理学家"。该杂志认为，继波士顿和牛津之后，"曼哈顿似乎是格林落脚的最佳场所。他偏爱时髦的黑色衣服，稍微有点

① Tom Rhodes and Steve Farrar，"In Search of the Theory of Everything，" *Australian*，April 27，1999，13.

② Shira J. Boss，"Physicist Strings Together Theory of Universe，" *Christian Science Monitor*，July 22，1999，查询日期为 August 1，2012，http：//www.csmonitor.com/1999/0722/p16s1.html.

③ Yaukey，"Physicist Wraps Universe in String，" 10D.

像电视系列片《老友记》中的演员大卫·休默（David Schwimmer），他们有着同样的孩子气魅力和诙谐感。只有从他波浪式卷发中的一缕灰才能看出他 38 岁了"。该杂志写道，自《优雅的宇宙》出版以来，"格林被大家评论为（弦理论）最炙手可热的实践者，他的名声甚至让爱德华·威腾都黯然失色"①。

《新闻周刊》认为他"表达清晰、妙趣横生，完全不是那种不善交际的极客"，并且"低调、考虑周全，坚持不希望自己被视为弦理论的代言人"②。"我认为人们是被这些理念所触动，"格林对该杂志说，"我不认为他们是被我所触动。"

目睹弦理论的奇妙

格林用自己的声誉通过一个强大的媒介——电影——传播着他弦理论方面的思想。他为标新立异的 90 年代电视喜剧《歪星撞地球》（*3rd Rock from the Sun*）的物理学主角提供着技术话题，而他也于 2000 年走到镜头前，在电影《生死频率》（*Frequency*）中担任了一个小配角。该电影讲述的是 1999 年一个警察可以通过无线电广播与他过世的消防员父亲进行对话，而广播另一头的父亲身处他仍健在的 1969 年。这个戏剧就是基于错列历史以及时空旅行的概念。

格林在影片中出演"布赖恩·格林教授"，父亲和儿子通过业

---

① Alden M. Hayashi, "A Greene Universe," *Scientific American* 282（2000）: 36 - 40.

② Claudia Kalb, "Physics Envy," *Newsweek*, July 31, 2000, 62.

余无线电初次彼此交谈这个关键场景中的一个物理学家。他的角色分别以年老的形象出现在 1999 年的彩色电视中和以年轻的形象出现在 1969 年的黑白电视中，讨论了弦理论如何引发对时间和空间的新理解。他解释了弦理论如何需要我们的宇宙有 10 个或者 11 个维度，以及物理学家们也在考察的多重另类宇宙这个观点。

格林还充当了《生死频率》的技术顾问，以及其他几部电影的评论员，对其科学思想进行评论。已故的著名评论家罗杰·艾伯特（Roger Ebert）写道："当然，有关量子物理学的最新理论推测说时间可能是一个具有延展性的维度，并且无数的新宇宙时时刻刻都在从无数的旧宇宙中分裂开来。"①

他是娱乐产业新一代的科学顾问之一。这些顾问们就如何让电影中的科学信息准确无误以及让其观点看起来真实向制片人提供建议。除此之外，正如科学研究学者大卫·科比（David Kirby）在《当科学遇见电影》（*Lab Coats in Hollywood*，2001）中认为的那样，像格林这样的科学顾问通过电影宣传着他们的科学。他们在戏剧性的故事中帮助呈现争议性的观点，这种展示表明，代表着真实的是这些概念而非受到争议的科学理念。通过在大众文化中展现这些观点，科学顾问认为他们的观点应该得到越来越多的公众关注和科学关注。电影的故事情节影响着科学工作。

但是科比认为，制片人聘请格林作为科学顾问的主要原因在于，这个畅销书作者的名声有助于这部电影的宣传。"然而，制片人并不是想聘请像布赖恩·格林这样的科学家，让他花费数周时间

---

① Roger Ebert，"*Frequency*，" Roger Ebert.com，April 28，2000，查询日期为 August 1，2012，http：//www.rogerebert.com/reviews/frequency-2000.

确定电影的科学细节，"科比写道，"他们聘请格林主要是因为他
1999 年的畅销书……并且由于他英俊的长相和在电视上从容的态
度，他被亲切地比作卡尔·萨根。"格林作为科学顾问的"首要价
值在于他们通过其'名人背书'把他们的科学专业知识转移到了一
部电影中"[①]。

格林还把自己的观点带到了电视上。他把《优雅的宇宙》重新
包装为三集《新星》系列片，名字还叫《优雅的宇宙》。这个节目用
了两年时间，耗资 350 万美元。这个节目的执行制片人，宝拉·阿
普塞尔（Paula Apsell），认为格林是一个"性感、聪明的科学
家"[②]。电视非常适合用来戏剧性地呈现量子力学和弦理论。对于
《新星》来说这也是一个完美的话题，因为它可以透过构建戏剧性
的视觉形象来吸引那些对科学感兴趣的精英观众成为其核心受众。
正如丹尼斯·奥弗拜在《纽约时报》中写道的那样，这个媒介使不
可思议之物（weirdness）的可视化成为可能。这个节目是虚拟现实
的一场奇观。观众们看到格林拉着大提琴来解释弦的震动，用面包
片演示平行宇宙，通过从一幢高的建筑物跳下并双脚落地来展示引
力的电磁效应。

"根据弦理论，我们可能生活在一个现实遇见科幻的宇宙中"，
作为主持人的格林从容而庄重地吟诵着旁白。弦理论戏剧性的可视
化让人难以把物质现实和眼花缭乱的特效区别开来。一个学者说
道，《优雅的宇宙》"展示了一个多媒体的奇观，它如魔法般地……

---

① David A. Kirby, *Lab Coats in Hollywood: Science, Scientists, and Cinema* (Boston: MIT Press, 2011).

② Dan Odenwald, "*Nova* Strings Together a Theory That's Got It All," *Current*, July 14, 2003, 查询日期为 August 1, 2012, http://www.current.org/wp-content/themes/current/archive-site/doc/doc0313string.html.

把推测变成了已获证实的主张"①。

　　评论家对这个节目科幻风格的优点存在着分歧——但是认同格林是一个有魅力的主持人。丹·维加诺（Dan Vergano）在《今日美国》中说，它成功地展示了物理学家如何看待现实。他提到"格林是一个令人印象深刻的演讲者，去年的一次物理学会议上他被介绍成一个'物理学摇滚明星'，但是他表现得很低调"②。《星期日泰晤士报》则把焦点放在作为主持人的格林身上。"他一如往常地富有魅力（魁梧，黑色头发，身穿当代学术界常见的周五舒适便装），"该文写道，并且他"满怀热忱地决心向尽可能多的人解释他的学科"③。

　　然而，维吉妮雅·赫芙南（Virginia Heffernan）在《纽约时报》上批评"这个节目愚蠢的表现形式——伴随着爆炸式低沉音效的乏味动画和超现实主义的画面"。她认为，《新星》希望"向观众表明弦理论很酷"，为了实现这个目标，它对"格林先生人格特质的依赖甚至要比其精心制作的超现实主义插曲还多"。她写道，格林很有说服力，因为当"他似乎在怪异的幻觉中旋转，像一个狂热分子一样谈论着弦理论有多么让人惊奇时，越来越难以质疑他是否真的有那样的感受"。她总结说，格林是"一个曾参与过音乐剧和柔道锦标赛的全能且古怪的人，（他）一跃成为一个激励大师，物理学上的托尼·罗宾斯（Tony Robbins）"④。

---

① Jose Van Dijck, "Picturizing Science: The Science Documentary as Multimedia Spectacle," *International Journal of Cultural Studies* 9, no. 1 (2006): 5 - 24.

② Dan Vergano, "'Universe' Artfully Juggles Theories," *USA Today*, October 28, 2003, 3D.

③ Helen Stewart, "The Theory of Everything," *Sunday Times*, November 2, 2003, 59.

④ Virginia Heffernan, "A Three-Part Excursion to the Universe of String, Where the Cool Scientists Are," *New York Times*, October 28, 2003, E5.

格林教授的畅销之道

到该节目播出的时候，格林的商业价值已经飙升。在 2000 年的法兰克福书展上——一项重大的行业年度活动，出版商们竞价购买新图书——诺夫出版社（Knopf）为格林尚未完成的下一部著作支付了 200 万美元。［相较而言，前流行歌星维多利亚·贝克汉姆（Victoria Beckham）的演艺回忆录也只拿下 100 万英镑。］《泰晤士报》认为两个因素抬高了价格："人们有理由相信格林是新的霍金，而且会比霍金更好，以及他的英俊相貌——至少，他不像是一个科学家。"[1] 兰登书屋（Random House，诺夫出版社的母公司）的一个发言人告诉《泰晤士报》说："格林教授才华横溢，表达相当清晰，并且极其适合上镜。"[2]

那部未完成的作品就是《宇宙的构造》（*The Fabric of the Cosmos*，2004），这本书探讨了"什么**是**现实？"这个问题。格林认为"在日常生活的表面之下**是**一个我们几乎没有认识到的世界"，通过考察时间和空间的科学理解——宇宙的构造——如何在几个世纪里经由牛顿、爱因斯坦、玻尔（Bohr）和海森堡（Heisenberg）的工作而演化的过程，格林向读者揭示了这个蒙着面纱的世界。"如果超弦理论被证明是正确的，"他写道，"我们将不得不接受我们所知道的现实只不过是一件覆盖在厚重且纹理丰富的宇宙结构之

---

[1]　Anjana Ahuja，"He's Got an Answer for Everything," *Times*（London），February 19，2004，10.

[2]　Imre Karacs and Steve Connor，"Forget Posh, the Big Book Money Is in Physics," *Independent*，October 21，2000，5.

上的精致薄绸。"①

评论家们对格林在物理学方面的显而易见的激情做出了回应。其中比较有代表性的批判性回应来自《耶路撒冷邮报》(*Jerusalem Post*),它把这本书描述成"热衷于阐述的一个典型"②。对于《纽约时报》的珍妮特·马斯林(Janet Maslin)来说,那种激情压倒了高水平的技术性内容。她写道,"他对临近关键性突破口的科学感到的兴奋是极其有感染力的"③。

评论员们像分析格林的散文一样分析了他的人物形象。《华盛顿邮报》写道:"他作为'弦理论'这个领域领导者的声誉与他在电视上如鱼得水的帅哥声誉肯定难免会被相提并论。"④《先驱报》(*Herald*)说他是"电视制片人向往的科学家,年轻且很上镜,格林看上去好像刚从《X 档案》中走出来的人物"⑤。《爱尔兰时报》开篇的第一句话就是:"当他大笑的时候,他看起来好像约翰·库萨克(John Cusack);当他严肃起来的时候,又有点像大卫·杜楚尼(David Duchovny)。"⑥《环球邮报》指出,"痴迷于 90% 都是由暗物质和暗能量组成的宇宙的本质,与这样一个人物形象相符的是",他"全身穿着黑色的衣服,除了若隐若现地闪着光的白色 T 恤之外"。格林(在另外一次采访中)回想起那些把自己与帅气演员所

① Brian Greene, *The Fabric of the Cosmos: Space，Time，and the Texture of Reality* (New York: Vintage Books，2005)，ix - 19.

② Meir Ronnen, "Physics for the Everyman," *Jerusalem Post*，August 6，2004，23.

③ Maslin, "The Almost Inconceivable, But Don't Be Intimidated," E7.

④ Joel Achenbach, "If You Believe There's No Time Like the Present, You'd Be Right. Or Would You Be Wrong? Better Ask Brian Greene. Whatever," *Washington Post*，March 11，2004，C1.

⑤ Rob Crilly, "It's Quantum Physics？" *Herald*，March 13，2004，6.

⑥ Arminta Wallace, "Life, the Universe and Everything," *Irish Times*，March 9，2004，15.

做的比较。他和一个采访者开玩笑说他一定有一张"大众脸"①。

《宇宙的构造》重燃了对弦理论科学地位的争论。对于著名物理学家弗里曼·戴森而言，弦理论是科学史上反复出现的一场辩论的一个案例——革命者和保守者之间的冲突。戴森把自己划归为一个保守主义者，"不接触新观点，被年轻弦理论家所包围，我并不想假装去理解他们的对话，"戴森说他质疑弦理论作为科学的价值——它只是几个"流行的理论"之一——因为目前它还无法证实②。另外一个物理学家说格林不应该在公开场合讨论还没有被证实的观点。当格林讨论弦理论的时候，这个物理学家写道，他"常常根据他所谓的'直觉'做出判断。在科学家的头脑中还没有超越这种原始的第一阶段的理论不应该在专家圈之外夸夸其谈"③。

大众科学对弦理论的挑战出现于 2006 年。两位科学家的两本著作认为弦理论损害了物理学。李·斯莫林是圈量子引力理论的开创者，该理论也是与弦理论对立的统一理论。斯莫林在《物理学的困境》（*The Trouble with Physics*）中认为，弦理论并没有实现其早期的承诺，但是它仍然垄断着大量的人才和资源，导致其他分支的人才流失。他认为，弦理论之所以在有缺陷的观点上艰难前行，是因为某种小集团思想控制了这个领域；并且一个紧密团结的有竞争力的科学家集体认为他们不可能是错误的。由物理学家转型为数学家的皮特·沃特（Peter Wiot）在《连错都不够格》（*Not Even Wrong*）中认为，弦理论不仅不可能是万物理论的一个备选，它甚至都不能获得备选理论这个地位。用著名物理学家沃尔夫冈·泡利

① Stephen Strauss, "Bart Simpson, the Universe and You," *Globe and Mail*, April 12, 2004, R3.

② Freeman Dyson, "The World on a String," *New York Review of Books*, May 13, 2004.

③ Roger G. Newton, "Weird Science," *New York Times*, April 11, 2004, 12.

（Wolfgang Pauli）描述一个毫无价值的科学理论的话来说，它那么不着边际，它甚至连错都不够格[1]。

但是沃特写道，这个领域"在一个方面是非常成功的，那就是公共关系"。他认为，这种策略性传播运动的要素是《优雅的宇宙》、国家科学基金会支持的有关这本书的《新星》节目、定期的《纽约时报》文章以及培训老师们教授孩子弦理论的会议。

斯莫林和沃特都认为，为了矫正对弦理论的过度强调，物理社会学需要进行变革。资深物理学家应该把他们的研究转向不太流行的领域，并且鼓励他们的学生们予以效仿。沃特写道，"我认为一个良好的开端就是弦理论家们公开承认这个问题，并且停止孜孜不倦地向中学老师、科学记者和（资助经费的）官员们兜售这个有问题的理论"[2]。

（顺便提一句，但并非无关紧要，斯莫林在其他地方写道："我收到了读者的来信，他们抱怨说我长得没有格林帅，尽管我写得比格林好。"[3]）

在就这两本书为《美国科学家》撰写的书评中，弦理论家约瑟夫·泡耳钦斯基（Joseph Polchinski）说，"科学判断"是赋予弦理论以魅力、希望和现实意义的主要影响因素[4]。如果在弦理论中没有发现什么重要的东西，他认为，那么这些成就斐然的科学家们将会转移到更有前途的领域中去。对于一个科学哲学家来说，这两本

---

[1] Peter Woit, *Not Even Wrong: The Failure of String Theory and the Search for Unity in Physical Law* (New York: Perseus, 2006).

[2] Peter Woit, "Macroscope: Is String Theory Even Wrong?" *American Scientist* 90 (2002): 110 - 112.

[3] Lee Smolin, "Unraveling Space and Time," *American Scientist* 92, no. 4 (2004): 371.

[4] Joseph Polchinski, "All Strung Out?" *American Scientist* 95 (2007): 72 - 75.

图书的一个价值在于它们使"有关弦理论地位的争论清晰地展现在了更广大的公众面前"[1]。

通过文化传播科学

同时，格林继续传播着科学——而且是全方位地。

2011年，他主持了《宇宙的构造》节目，这是根据这本书改编的四集《新星》节目。这个节目是又一个壮观的多媒体景观，它再一次在某种意义上让来自前沿物理学的观点可视化成为现实。在该节目的一个定格画面中（见图8-1），我们看到格林于深夜坐在英

图8-1　布赖恩·格林曾被称为"一位特别适合上镜的物理学家"，他在美国公共广播公司播出的《宇宙的构造》节目中利用特效呈现宇宙的结构，这是2011年基于他的同名畅销书打造的一个节目。（美联社图片／美国公共广播公司／NOVA及Pixeldust工作室）

---

[1]　Richard Dawid, "On the Conflicting Assessments of the Current Status of String Theory," *Philosophy of Science* 76（2009）: 984 - 996.

国"艾伯特的晚宴（Albert's Diner）"餐厅里，他面前出现了一个闪闪发光的宇宙幻象，并且解释了爱因斯坦对有关遮盖着宇宙的神秘现象的知识做出的贡献：暗能量。

格林在电影《时空线索》（*Déjà Vu*）中担任科学顾问，该电影由大片制造者杰瑞·布鲁克海默（Jerry Bruckheimer）创作，并由已故导演托尼·斯科特（Tony Scott）执导。在电影中，演员丹泽尔·华盛顿（Denzel Washington）出演一个政府特工，他利用秘密技术穿过虫洞及时回到了过去，阻止了一场屠杀平民的恐怖袭击。该影片讨论了平行宇宙以及关于时间旅行的悖论，并且特点是其中有一个弦理论家的角色。

格林还让自己被冷嘲热讽了一回。在热播的情景喜剧《生活大爆炸》中，他在书店举行了一次谈话。在那里他试图解释海森堡的测不准原理，这是量子物理学中的一个基本观点，你只能测量一个粒子的位置或者它的速度，而不能同时测量两者，格林说这"很像你在某个中国餐馆中看到的特殊菜单一样，A 套餐和 B 套餐中分别有一些菜肴，如果你点了 A 套餐中的第一道菜，你就不能点 B 套餐中相对应的那道菜"。剧中主角谢尔顿·库伯博士（Dr. Sheldon Cooper）突然大笑起来，并问格林说："你用毕生的精力向普罗大众传授复杂的科学观点……你曾经想过做点有用的事情吗？也许是为老年人读读书？……但不是读你的著作——而是他们可能会喜欢的书？"[1]

他还出现在午夜喜剧秀《扣扣熊播报》（*The Colbert Report*）中，该节目在一次采访中嘲弄了格林和他的作品。史蒂芬·科尔伯

---

[1] "The Herb Garden Germination," *The Big Bang Theory*，CBS，首播于 April 7，2011.

特（Stephen Colbert）把弦理论总结为："它是多维度的，振动的弦这么小以至于从来没有测量过它是否存在，或者你在数学公式中描述的宇宙状态是否能在未来任何一个可想象的时间点上、在任何层次上能通过客观的、可证实的方式予以量化（还不得而知），可是……人们仍然把你当回事。"①

格林还把物理学带给了年轻读者。他的儿童书《时代前沿的伊卡洛斯》（*Icarus at the Edge of Time*，2008），讲述了一个男孩建造了一艘太空飞船，并且飞到黑洞边缘的视界附近的故事，那里是传统的时间观念破碎的地方。当他返程后发觉时间已经到了 1 万年后。他后来与作曲家菲利普·格拉斯（Philip Glass）合作，把该书改编成了管弦乐，格拉斯以前创作过有关开普勒（Kepler）和爱因斯坦的歌剧。在宣传这本书的时候，格林讨论了自己的家庭生活。"起初我不想强迫我五岁的儿子读这本书。直到最近我的妻子给他读了，在读到结尾的时候他哭了。"②

《纽约时报》发表了格林写的几篇评论文章，其中一篇非常清晰地阐明了格林的科学传播哲学。他讲述了一个在伊拉克的士兵如何给他写了一封信，并且描述了在战火纷飞中格林的一本书曾是他的精神支柱，因为这本书表明所有人都是更宏大宇宙的一部分。对于格林来说，这封信证明了"科学在赋予生命情境和意义方面可以发挥强大的作用"。

格林继续写道，"同时，这个士兵的信强调了我现在越来越相信的一些事情：我们的教育体系没能让学生们把科学融入生活当

---

① 　*The Colbert Report*，Comedy Central，首播于 May 27，2008.

② 　Brian Greene，"Q&A：Brian Greene on Music and String Theory，"*Nature* 465（2010）：426.

中"。他认为，有必要"培养可以参与科学议题的普通公众；要想让我们的社会对塑造未来的一系列议题做出明智的决策，除了教育，别无他法"。他认为，为了实现这个目标，"我们必须开始着手一场文化转型，让科学与音乐、艺术和文学一起置于其应有的位置上，使其成为让我们的生活更有意义的不可或缺的一部分"[1]。

他把这种理念付诸实践。受到他在意大利热那亚参加的一场活动的鼓舞，他和他的妻子电视制片人特雷西·黛（Tracy Day）于2008 年在纽约设立了世界科学节。超过 12 万人前来参加为期五天的科学节，活动中的表演者和发言嘉宾有 130 人，其中还有 11 位诺奖得主。格林和黛希望"可以维持一个了解科学内容的公众群体"[2]。格林不想呈现一种孩子气的、简单化的科学。"有些人认为让普通公众参与科学的唯一方式就是通过气球、爆炸和五彩纸屑，让大家看起来觉得'噢，很有趣，'"他说道，"我真的讨厌那样。公众将参与到科学的思想中来——你就是不能让它变得索然无味。"[3]

在《隐秘的现实》（The Hidden Reality，2011）中，格林解释了多重宇宙，这种观点认为我们的宇宙可能只是数十亿个存在的宇宙之一，每个宇宙都有其独有的特征。他表达了多元宇宙（或者虚拟实境或者无限维度宇宙）的多样性。在平行宇宙中，这个宇宙中每一样东西的复制版本也同时在另外一个现实中存在着，有些隐藏在距离我们几毫米的地方，而其他的一些则被巨大的时空拉伸消除

① Brian Greene, "Put a Little Science in Your Life," *New York Times*, June 1, 2008, 14.

② Andrew Lawler, "The Big Apple Does Science," *Science* 320 (2008): 165.

③ Alan Childs, "The Many Dimensions of Brian Greene," *Times* (London), July 1, 2010, 36 – 41.

了。膜宇宙场景假定我们的宇宙不过是漂浮在太空其他维度中的其中一张薄片或膜。在另外一种变体中，这些膜反复地彼此碰撞，然后分离，每次都产生一个新的宇宙，就这样永无休止地轮回。景观宇宙（landscape universe）认为在弦理论中包含额外维度的所有形状共同存在于一个单一且巨大的地带。全息宇宙认为我们的世界只不过是其他地方发生的现实的一种映射。终极多元宇宙是该书描述的最终观点，主张每个潜在的宇宙都存在于一个更宏大的、包罗万象的多元宇宙的某个地方。

对格林而言，终极多元宇宙是富于幻想的版本[1]。

《隐秘的现实》的出版以及《宇宙的构造》的播出给格林带来了前所未有的媒体关注（见图 8-2）[2]。多元宇宙作为红极一时的科学观点抓住了公众的注意力。一系列科普图书探讨了这个奇异的观点，包括加来道雄的《平行世界》（*Parallel Worlds*）以及霍金和蒙洛迪诺的《大设计》。格林注意到，平行宇宙、另类历史和其他维度之所以获得了大家的垂青，是因为普通读者已经接触过这些概念虚构的表现形式。他援引了自己最喜欢的电影作为案例，包括《绿野仙踪》（*The Wizard of Oz*）、《美好人生》（*It's a Wonderful Life*）、《双面情人》（*Sliding Doors*）和《罗拉快跑》（*Run Lola Run*），以及《星际迷航》（*Star Trek*）之《永远边缘的城市》（*The*

---

① Brian Greene, *The Hidden Reality: Parallel Universes and the Deep Laws of the Cosmos*（New York: Alfred A. Knopf, 2011）.

② 作为文化形象的一个指标，我为格林获得的媒体关注设定了唐斯式的经典模式，从 Lexis-Nexis 数据库中抓取提到他名字的素材，在世界主流出版物的标题下逐年地进行搜索。这不是一种正规的内容分析法，却是旨在以某种方式刻画出长期以来对他的关注。还应该注意的是 Lexis-Nexis 中 1980 年之前的档案通常是不完整的。参见 Anthony Downs, "Up and Down with Ecology: The 'Issue-Attention Cycle,'" *Public Interest* 28（1972）: 38-50.

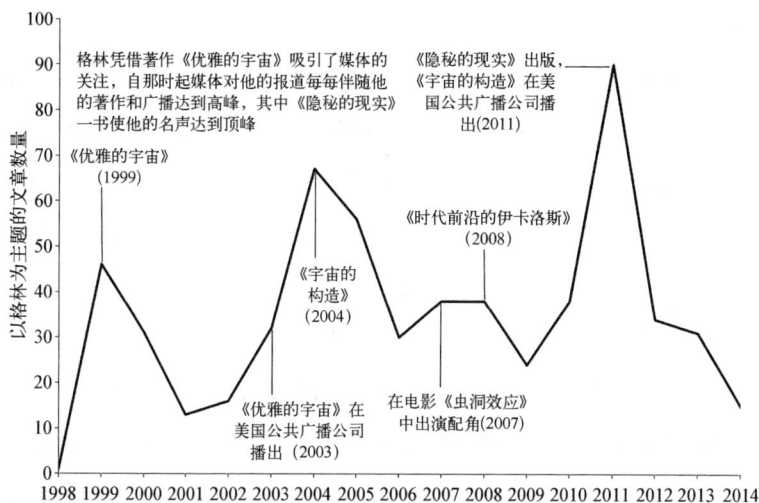

图 8-2　布莱恩·格林公共职业生涯期间媒体对他的兴趣变化

City on the Edge of Forever）和豪尔赫·路易斯·博尔赫斯（Jorge Luis Borges）的小说《小径分岔的花园》（*The Garden of Forking Paths*）。格林在《新闻周刊》的封面文章中写了关于多重宇宙的内容，并且在一次 TED 演讲中也讲过。

批评家们认为《隐秘的现实》很难懂，包括其中 30 页的专业注释。格林的长期观察者珍妮特·马斯林在她《纽约时报》的评论中写道："即使阅读的过程非常痛苦，但是阅读他的著作仍让人兴奋且非常值得。这本书比他以前的那些著作显然要难懂很多，但是仍然抓住并吸引了人们的想象力。"[①] 物理学家乔治·爱丽斯（George Ellis）在《自然》中认为格林不慎从科学滑向了哲学，因为他没有呈现现实的侧面，而是讲述了"未被证实的理论上的可

---

① Janet Maslin, "Multiple-Universe Theory Made, Well, Easier," *New York Times*, January 27, 2011, C4.

能性"①。

作为对这种批评的反击，在《新科学家》的一次采访中，格林说道："对于普通公众来说，我认为重要的不仅仅是学习那些已经确定的、被证实的和教科书中的科学，而且还要掌握正在发展中的重要科学的图景。这就是当说到我们的宇宙可能只是众多宇宙之一这个观点时我们现在所处的阶段。"②

格林书中的这种观点与精神主题融为了一体。比如，拉比·伊茨哈克·金斯伯格（Rabbi Yitzhak Ginsburgh）认为弦理论提出的现实的多重维度唤起了哈巴拉中类似的概念，这是一种犹太神秘主义③。格林　　出生在犹太人家庭，但是不信仰宗教——意识到了弦理论的精神阐释和形而上的阐释。他同父异母的兄弟，约书亚（Joshua），是国际黑天觉悟会（Hare Krishna）的虔诚信徒，格林通常会告诉他物理学方面的新观点。"很多时候，他会跟我说，'好吧，这个我们早已经知道了。它位于《吠陀经》的第 23 节或者什么别的地方'。"格林说，"你知道，这样的交流很有意思，因为当我们谈到更多细节的时候，好像我们碰到的很多观点确实会与古籍文本或者更现代的神学文本或神秘文本中明确叙述的某些观点产生某种共鸣。"④ 格林在其他地方评论说："你看，我的父亲培养了两个探索者。一个采取了宗教路径，一个采取了科学路径。"⑤

但是格林巧妙地回避了科学与宗教不可避免的辩论。在采访

---

① George Ellis, "The Untestable Multiverse," *Nature* 469 (2011): 294 - 295.

② Amanda Gefter, "Thoughts Racing Along Parallel Lines," *New Scientist*, February 5, 2011, 30.

③ Boaz Huss, "The New Age of Kabbalah," *Journal of Modern Jewish Studies* 6 (2007): 107 - 125.

④ *Fresh Air*, NPR, February 11, 2005.

⑤ Anjana Ahuja, "He's Got an Answer for Everything," *Times* (London), February 19, 2004, 10.

中，他说他不认为科学和宗教是冲突的，除了在学校教授神创论而非进化论这种狭隘的情境下。"我个人的观点是科学不能排除宗教。它不能排除上帝。上帝可能位于一切的背后，安排好了一切，所以我们发现了我们目前发现的东西，而根据上帝的安排我们对于他/她的存在没有任何直接证据，不管对其正确的称呼是什么，"他告诉《每日野兽网》（*Daily Beast*）说，"我的看法是如果我们作为科学家要做的事情是搞清楚上帝的设计，那正是我们现在所做的。如果真是那样的话，我很高兴参与这个意义重大的征程。但如果不是那样的话——而且我也认为不是那样——如果我们所做的只是搞清楚使世间万物存在并指导其进化的宇宙的深层法则的话，如果我是那段旅程的一部分并且我可以让这项研究走得更远一些，我很高兴成为其中一分子，因此，以日复一日的方式，其实这无关紧要。"①

　　然而这些奇怪的推测性观点是造就格林的公众感染力不可或缺的一部分。阿曼达·雪佛（Amanda Schaffer）在《石板》杂志中就格林文化地位的一个方面写了一篇精锐的分析，辩论为什么格林是名人，而弗里曼·戴森不是。她写道，格林写作风格中的"自我意识的浪漫主义"融入了他对弦理论的呈现当中，这个可能永远不能证伪的理论便成为"一块完美的画布，理想主义、乐观主义和浪漫主义可以轻易地投射到上面"。结果，格林"被公众们视为一种新时代的科学大师"。

　　该文总结说："如此一来就不难看出为什么那些倾向于新时代

---

① "Welcome to the Multiverse," Daily Beast，May 21, 2012，查询日期为 June 20, 2014，http://www.briangreene.org/bg_beast.html.

思维的人，或者那些在物质世界中寻求精神意义的人会被格林所吸引；迪帕克·乔普拉（Deepak Chopra）也会爱上布赖恩·格林（虽然反之并不亦然）。"雪佛写道，"让同行科学家们质疑的这些品质——痴迷于优雅以及准精神性的幽默风格——恰恰是让对意义望穿秋水的公众们眼花缭乱的东西。"[①]

弦理论明星

格林的声誉有着清晰的轨迹。随着弦理论在 20 世纪 90 年代盛行起来，他通过对该学科的两个主要贡献在 21 世纪初确立了自己的科学权威地位，其中一个贡献证明了爱因斯坦的相对论有一部分是错误的。在 20 世纪末，他凭借《优雅的宇宙》一书在大众文化中崭露头角，充分显示了在深奥的话题方面他是一个满怀激情且雄辩的阐释者。这本书的推广和宣传让他的人格特质和他的著作融为一体，进而展现了他作为一个才华横溢但非典型的物理学家的媒体友好型形象。他是一个值得信任的专家，他的写作清晰且具有说服力，并且在利用图书和电视进行传播方面有着自然禀赋。格林成为弦理论的公众形象，他是弦理论最雄辩的、最诚挚的以及最具有激情的销售员。

格林例证了物理学和科学中更深层次的趋势。他是物理学中万物理论最新备选理论最显著的倡导者。他还对什么才是自然界有效

① Amanda Schaffer，"Science as Metaphor：Where Does Brian Greene Stand in the Pantheon of Physicists？" *Slate*，July 6，2004，查询日期为 August 1，2012，http：//www.slate.com/articles/arts/culturebox/2004/07/science_as_metaphor.html.

理论的相关辩论进行了阐释，该理论对优雅的美感和数学上一致性抽象概念的依赖多于对传统上屈服于观察和实验的依赖。此外，他还阐明了科学史上的一个转折点，理论家们拓展了他们对现实的界定，这种界定超越了我们可见的和可测量的事物，纳入了隐藏的维度、平行宇宙和另类历史。他的传播强化了弦理论的学术合法性。格林的工作有助于吸引顶尖学生投身弦理论的研究，吸引资助者提供经费，从其他不太有魅力、不太注重宣传以及不太显眼的分支吸引到人才和经费。

　　或许格林如此举足轻重的主要原因是他穿梭于科学文化和大众文化中的方式——在这两个领域中都一直保持着地位。他同时是一个有重要影响的科学家、理智的作家、文化经理人以及受欢迎的电视主持人。他把学生们带到了这个领域，又把这个领域带到了社会中。他的工作场所不仅仅是课堂和报告厅，而且包括当今的公共知识分子必须充分利用的展示平台：报纸采访、评论文章、TED 演讲、讽刺类新闻节目、午夜脱口秀。他展示了萨根效应实质上已经过时，取代它的是一种新的现象，科学家们通过非虚构读物、电视上壮观的场面、科幻片、喜剧节目、科学节和在电影中客串等方式传播着科学——在所有媒体上的露面都是在向不同的受众宣传科学家。但是这种传播不仅仅是通过文化扩散着科学观点，它还利用文化向科学传播观点，这被称为"格林效应"。

第9章　尼尔·德格拉斯·泰森的明星气质

　　太空梦让 20 世纪 60 年代的美国变得生机勃勃。1957 年，苏联发射的人造卫星（Sputnik 1）成为第一颗绕地球轨道运行的卫星，触发了冷战的显著升级。美国成立了国家航空航天局（NASA）。1961 年，总统约翰·F. 肯尼迪对国会说他希望在 60 年代末之前派人登上月球。他设想，那将是国家努力"在激动人心的太空冒险中自由地全速前进"的一个里程碑[1]。以摄影作品为主的大众市场杂志《生活》（Life）和《展望》（Look）精心刻画了与这种乌托邦式的主流愿景随之而来的意象，把白人宇航英雄们呈现为住在郊区的老头，而他们的白人配偶则是完美的家庭主妇形象[2]。

　　天体物理学家尼尔·德格拉斯·泰森博士（Neil deGrasse Tyson）出生于 1958 年国家航空航天局成立的那一周，同时也是苏联人造卫星发射一年零一天的日子[3]。但是他没有对太空探索感到

① John F. Kennedy, "Special Message to the Congress on Urgent National Needs," May 25, 1961, 查询日期为 July 1, 2012, http://www. jfklibrary. org/Research/Ready-Reference/JFK-Speeches/Special-Message-to-the-Congress-on-Urgent-National-Needs-May-25 – 1961.aspx.

② Lynn Spigel, *Welcome to the Dreamhouse* (Durham, NC: Duke University Press, 2001).

③ Neil DeGrasse Tyson, *The Sky Is Not the Limit: Adventures of an Urban Astrophysicist* (Amherst, NY: Prometheus Books, 2004)；以及 Tyson 在 Claudia Dreifus 节目中的评论，"Voices: 10/4/57," *New York Times*, September 25, 2007, 3.

和其他人同样的兴奋。"在最初的那些年，国家航空航天局准备整队送入太空的那些人的肤色都要比我的浅很多，"他在 2007 年对《纽约时报》说，"这意味着国家航空航天局在这个新的太空领域中并没有把我纳入考虑范围之内。"1964 年，当他和国家航空航天局都 6 岁的时候，他在布朗克斯区附近的里弗代尔的一个公寓楼街区看到了纠察队员，那是他父母期望居住的街区①。因而，泰森写道："当我的家庭被拒绝搬入我们选择的公寓楼时，我没法毫无保留地对美国送白人空军飞行员进入太空表示庆贺。"②

20 世纪 60 年代的黑人媒体把太空竞赛置于民权斗争中。《乌木》（*Ebony*）是主要以黑人中产为受众的杂志，它和其他黑人媒体共同通过社会问题的棱镜透视着这种努力——贫民区冲突、不公平的住房供给、公共交通供给不足以及种族主义。黑人记者们把"阿波罗计划"的 40 亿美元年度开支和减轻城市贫困上的举措乏力进行对比。当阿波罗 11 号于 1969 年登陆月球的时候，《乌木》的一篇社论把太空飞船和贩奴船关联起来③。当泰森描述自己的职业选择时，他与这段历史较着劲："在我那一代人中，我是唯一一个在太空领域的成就被**无视**的天体物理学家，而不是**因为**这些成就我才成为天体物理学家的。"④

泰森决意成为当代美国最著名的科学家之一。他是纽约海顿天象馆的馆长，迄今为止他写了十本有关宇宙学的科普图书，主持了四季《新星》的衍生节目，还主持了一档科学广播节目，以及卡

---

① Neil deGrasse Tyson, *Space Chronicles: Facing the Ultimate Frontier* (New York: W. W. Norton, 2012).

② Dreifus, "Voices: 10/4/57," 3.

③ Spigel, *Welcome to the Dreamhouse*, 162.

④ Tyson, *Space Chronicles*, 67.

尔·萨根《宇宙》的更新版。泰森担任过两届总统科学委员会委员，是国家航空航天局咨询委员会成员，获得了国家航空航天局的杰出公共服务奖章，这是国家航空航天局授予推动该机构工作的非政府雇员的最高奖项。

泰森的影响力在文化中产生了回响。《发现》在 2008 年提名他为科学界十位最具影响力的人物之一[①]。《华盛顿邮报》认为泰森"继承了卡尔·萨根所开创的工作：流行文化中所有宇宙相关事情的公众大脑"[②]。《花花公子》说泰森"把自己变成了摇滚科学家"[③]。《乌木》认为泰森"在科学名人云集的殿堂中像超新星一样闪耀"[④]。泰森在 60 年代的余震中成为一个公共人物，并且继续显著地影响着公众理解科学、科学政策和科学辩论——尽管他作为一个研究人员的学术成就并不出众。对比本书中简述的其他科学家，他更多地展示了一位作为科学名人的公共科学家所能发挥的巨大力量。

黑人科学知识分子的困境

民权斗争一直持续到泰森的大学期间。他于 70 年代末就读于

① Susan Kruglinski and Marion Long, "The 10 Most Influential People in Science," *Discover*, November 26, 2008, 查询日期为 August 1, 2012, http: //discovermagazine.com/2008/dec/26-the-10-most-influential-people-in-science/article_view? b_start: int = 1 & -C = .

② David Segal, "Star Power: As an Astrophysicist, Neil deGrasse Tyson Is a Universal Expert," *Washington Post*, December 16, 2007, M01.

③ Carl Zimmer, "King of the Cosmos," *Playboy*, January-February 2012, 查询日期为 June 27, 2012, http: //www.haydenplanetarium.org/tyson/read/2012/01/01/king-of-the-cosmos.

④ Charles Whitaker, "Super Stargazer: Neil de Grasse Tyson Is the Nation's Astronomical Authority," *Ebony*, August 2000, 58.

哈佛大学，本科专业是物理学。这十年见证了阻碍非裔美国人上大学的制度性障碍的瓦解。黑人学者的学术成就随之蒸蒸日上。黑人研究项目在全国各个大学开展起来，这是一种研究美国历史、社会和文化中黑人的跨学科的方法。泰森毕业于 1980 年，当时黑人知识分子开始在美国大学里建立起自己的学术地位，并且在美国的公众生活中获得了引人注目但边缘化的地位，比如贝尔·胡克斯（bell Hooks）和亨利·路易斯·盖茨（Henry Louis Gates）①。

但是黑人知识分子在 19 世纪和 20 世纪面临着特殊的知识张力。这些思想者们在追随他们自己选择的知性追求的欲望和履行他们对黑人社群以及种族相关的斗争所承担的责任之间进行着斗争②美国黑人公共知识分子科奈尔·韦斯特（Cornel West）在 1985 年一篇有影响力的论文中清晰地阐述了这种张力，并称为"黑人知识分子的困境"③。

泰森敏锐地觉察到了这种困境。在哈佛大学，他学习的是宇宙学，而与他同龄的很多有才华的美国黑人在他们对民权相关议题的研究中把激进主义和学术界结合了起来，比如房屋供给不平等、工作中的歧视和不平等的教育④。当他还是一名大二学生的时候，他告诉大学摔跤队的一名美国黑人伙伴说，他想成为一名天体物理学家，他的这个伙伴是一名计划帮助消除黑人社群贫困的经济系学生。他的回答是"美国的黑人没有让你把知识天赋用在天体物理学

①　William M. Banks, *Black Intellectuals: Race and Responsibility in American Life*（New York：W. W. Norton，1996）.

②　Banks，*Black Intellectuals*.

③　Cornel West，"The Dilemma of the Black Intellectual," *Cultural Critique* 1（1985）：110.

④　Tyson，*The Sky Is Not the Limit*.

上的资本"①。

作为回应，泰森说："在我的头脑中我清楚地知道我做的是正确的事情……但是在我心里我知道他是正确的。如果我不解决这种内在的矛盾情绪，我永远都会因为追求我对宇宙深奥的兴趣而背负某种程度的受压抑的负罪感。"② 在从哈佛大学毕业后，泰森在得克萨斯州立大学奥斯汀分校开始攻读天文学研究生，他仍然感觉到追随自己的科学职业意味着"和我这一代那些做好事的杰出实干家分隔得更远了"③。

在奥斯汀分校，泰森专注于矮星系的恒星形成模型，矮星系是由数十亿颗恒星组成的小型星系。在他攻读研究生期间，他拓展了自己在传播方面的天赋。1983 年，他接手了《星历》（*Star Date*）天文学专栏的撰写工作，这是奥斯汀分校的麦克唐纳天文台面向普通公众的一份刊物。泰森以虚构人物梅林（Merlin）的身份为其撰写文章。他的专栏非常具有阐释性和教育性，比如他会告诉读者如果地球停止转动将会发生什么。他的部分专栏文章刊登在泰森的第一本著作《梅林的宇宙之旅》（*Melin's Tour of the Universe*，1989）中。

在续集《恰好造访这个星球》（*Just Visiting This Planet*，1998）中，他解释了自己的传播哲学。"作为一个文学载体，我把亚瑟王传说中著名的梅林这个角色改造成一种教育性工具，使我得以探索一种创造性的方式，让普通读者能够接触到有关宇宙的复杂主题，"他写道，"梅林这个人物同时也体现了我对天体物理学的激

①　Tyson，*The Sky Is Not the Limit*，135.

②　Tyson，*The Sky Is Not the Limit*，135.

③　Tyson，*The Sky Is Not the Limit*，136.

情以及我希望每天与公众分享关于宇宙的发现的心情。"①

在 1983 年从奥斯汀分校毕业并获得天文学硕士学位后，他在纽约的哥伦比亚大学开始进修天体物理学博士学位，在那里他专注于被称为银河系核球的现象的研究，这是位于大型恒星阵营内部的十分紧凑的恒星群。他还是这个系的媒体联络人，自大学期间他就一直陷于一种左右为难的境地，而这个非正规职位为他提供了一个途径和机遇，让他以引人注目且公开的方式走出困境。

粉碎种族成见

20 世纪 80 年代晚期，一个当地的福克斯分支机构找到在哥伦比亚就读的泰森，问他是否愿意在电视上讨论太阳表面的爆炸给地球带来的潜在后果。泰森后来在自传中回忆说，那是一个"改变了我的一生"的电话②。那晚看着电视上的片段，泰森说那是"一次理智上身心分离的超然体验"。泰森写道：

> 出现在我面前屏幕上的是一个研究太阳的科学专家，晚间新闻正播出他在讲解相关的知识。这个出现在电视上的专家恰好是一个黑人……那一刻，整整 50 年的电视节目史在我眼前掠过。我想不起这期间的任何地方有一个黑人（既不是艺人也不是运动员）曾作为专家被采访，讨论与黑人不相干的事情。③

① Neil deGrasse Tyson, *Just Visiting This Planet*（New York: Main Street Books, 1998），xiii - xiv.
② Tyson, *The Sky Is Not the Limit*, 136.
③ Tyson, *The Sky Is Not the Limit*, 137.

在非黑人相关议题上担任专家使他走出了作为一个科学界的黑人知识分子的困境。"破坏白人和黑人之间关系的一个重要障碍在于潜在地假设黑人是不如白人聪明的一个群体，"他讲述道，"我最终调解了我十多年来内心的冲突。问题在于并不是黑人社群无力承受让我学习天体物理学，如果我不学习天体物理学，才是黑人社群无法承受的。"①

泰森的专业知识让他得以摆脱了主流媒体机构中白人把关者多数情况下分配给黑人知识分子的那些角色。制片人和编辑们通常期望用黑人的思想解决黑人相关的话题。黑人专家也面临着与此相关的存有问题的期望，即他们在某个议题上必须呈现黑人的视角或者表达黑人的声音，这是由所有的黑人经历都有单一的本质这个假设所支持的一种模式②。但是泰森在电视上的露面意味着他被卷入了另外一个存有问题的种族相关议题中：美国黑人的媒体形象。特别是，黑人通常与暴力和性欲旺盛联系起来，被贴上暴力、犯罪、无能或者缺乏教养的标签。黑人只有在娱乐行业和体育运动中的成功才被认为是可接受的。在这些充满成见的表征中忽略了大量工作的、已婚的、中产阶级黑人③。

泰森讨论自己的生活和职业生涯，并反驳这些普遍的成见。"没错，我篮球很好，而且是的，我在9年级的时候就可以扣篮。我是摔跤队的队长，"他写道，"我差不多就是你认为的典型的黑人

① Tyson，*The Sky Is Not the Limit*，137，140.

② Robert Boynton，"The New Intellectuals," *Atlantic*，March 1995，查询日期为 March 12，2012，http：//www.robertboynton.com/articleDisplay.php？article_id＝23.

③ 有关黑人男性气质的表征，参见 Ronald L. Jackson and Celnisha Dangerfield，"Defining Black Masculinity as Cultural Property：An Identity Negotiation Paradigm," in *Intercultural Communication: A Reader*，ed. Larry Samovar and Richard Porter（Belmont，CA：Wadsworth，2002），120－130.

运动员。不出人们所料，那并不难。为什么不难呢？我认为是因为社会中所有的力量**允许**这样的事情发生。"但是人们对他学术成就的反应则截然不同。当他被任命为布朗克斯理科高中（Bronx High School of Science）物理学期刊的主编时，他回忆说："人们开始窃窃私语，'**他**怎么就坐到这个位置了……？''**他**做了什么……？'都是这种暗涌的流言蜚语。但是没有人质疑我的体育成就，根本就没有人质疑。"[①] 他提到，记者也会在提及他的背景时纳入隐含的信息。他们错误地把他的籍贯写成充满暴力的南布朗克斯，在公众的印象中，这个区域常与"让人吃惊的废墟、神秘的荒原和某种传染病"联系起来[②]。然而同时，泰森在他的自传中反复提及他的体格特征和他的体育专长。他讨论了自己作为一名大学摔跤运动员的技巧，并且曾经提到，为了赚钱，他考虑过去当一个脱衣舞男[③]。

虽然在公共场合他被展示为一名天文学专家，而且恰好是一名黑人天文学家，但是种族成见影响了泰森在天体物理学领域被接受的程度。"当我第一次走进研究生院的时候（距离哥伦比亚大学很远的一个研究所），我渴望追求我研究天体物理学的梦想，"他于1991 年从哥伦比亚大学获得博士学位时发表的毕业典礼演讲中说道，"但是我刚刚认识的一位教工在我报到第一天的第一分钟给我的第一个评论就是，'你必须要加入我们系的篮球队'"。在对这些成

---

① 引自 Bruce Caines，*Our Common Ground: Portraits of Blacks Changing the Face of America*（New York：Crown Publishers，1994），39，emphasis in original.

② Jeff Chang，*Can't Stop，Won't Stop: A History of the Hip-Hop Generation*（New York：St. Martin's Press，2005），17.

③ "我的体型相对灵活（六尺二寸高，190 磅重），在我上大学的时候一直是两个舞蹈公司的演员，我的身材很好，是全美大学体育联盟第一级摔跤队的队员。"（Tyson，*The Sky Is Not the Limit*，52）

见的反击过程中征收了"某种情感税，是剥夺理智的一种形式"。他对观众说，"到今天下午为止，我获得的博士学位将使得全国黑人天体物理学家的人数从 6 个增加到 7 个（全国共有 4 000 个）。鉴于我的经历，我很惊讶全国有这么多黑人天体物理学家"[1]。

隐性的种族偏见仍然伴随着他的职业生涯。他后来写道："甚至天体物理学家们会告诉我那些他们认为我应该做的事情。我认为这是因为他们无法把我当成研究伙伴，和他们同样的人。"他补充说，"当我参加这些天文学会议的时候，一切看似寻常。当我走上去发言的时候，他们仍不习惯让一个黑人向他们解释天体物理学"[2]。

在 90 年代期间的五年多时间里，泰森估计他作为宇宙学专家接受了 50 多次的电视采访。这十年见证了活跃的黑人公共知识分子进一步的多样化[3]。然而黑人知识分子面临的个人挑战和获得的胜利在公开场合仍然被当作黑人历史更大发展的一部分向公众展示。比如，小亨利·路易斯·盖茨写道，他作为一个研究黑人文学的大学生感到有某种责任，就好像他"肩负了一项为了所有黑人的使命"。他在《纽约客》中写道："黑人作家的经历自然而然地具有历史性是他与生俱来的权利，不管这种经历多么个人化。"[4]

---

① Neil deGrasse Tyson, "Ph.D. Convocation Address," Columbia University, New York City, May 14, 1991, 查询日期为 August 1, 2012, http://www.hayden-planetarium.org/tyson/read/1991/05/14/phd-convocation-address.

② 引自 Caines, *Our Common Ground*, 39. 然而，泰森把他自己和其他物理学家作为盛行的关于黑人的负面描述的强大反证。在 1992 年全美黑人物理学家（NSBP）会议期间发生了另外一件事情，因殴打黑人驾驶员 Rodney King 而受审的四名白人警察被当庭无罪释放，泰森讲述了他如何将"全美黑人物理学家在美国白人对黑人的看法方面具有不可估量的作用"的发言取代了他起初的会议发言。（Tyson, *The Sky Is Not the Limit*, 135）

③ Banks, *Black Intellectuals*, 238.

④ Henry Louis Gates, Jr., "Bad Influence," *New Yorker*, March 7, 1994, 94; 引自 Boynton, "The New Intellectuals," 1995.

　　90 年代黑人视角的评判性作品也把泰森置于广泛的黑人历史叙事中。正如布鲁斯·凯恩斯（Bruce Caines）在《我们的共同之处：改变美国面貌的黑人肖像》（*Our Common Ground: Portraits of Blacks Changing the Face of America*，1994）中说道："成为一个备受尊敬的天体物理学家，他已经做出了一个即使在他死后也将长存不朽的声明。"① 《坚强的人不断涌现：非裔美国人之书》（*Strong Men Keep Coming: The Book of African-American Men*，1999）把泰森描述为一个"现代翻版的本杰明·班纳克（Benjamin Banneker）"，从字面上和象征意义上把他和这位 18 世纪的先驱、自学成才的数学家、天文学家和发明家联系起来。班纳克于 1790 年在哥伦比亚特区设计并开展了一次调查，他写信给当时的国务卿托马斯·杰弗逊（Thomas Jefferson），质疑当时存在的黑人在智力上低人一等的思维倾向②。即便如此，泰森还是意识到他肩负着代表黑人社群的重任③，尽管他有策略地回避在"黑人历史月"期间发言，"前提是我的专业知识既不适合节日需要，也不适用特殊场合"④。

把天体物理学带给公众

　　到 90 年代中期，泰森的传播技巧引起了科学精英的关注。美国自然博物馆馆长艾伦·富特（Ellen V. Futter）对《科学美国

---

① Caines，*Our Common Ground*，39.

② 有关 Banneker 的更多信息，参见 Banks，*Black Intellectuals*，248.

③ Stuart Hall，*Critical Dialogues in Cultural Studies*（New York：Routledge，1996）.

④ Tyson，*The Sky Is Not the Limit*，140.

人》说，"他作为一个极具天赋的科学传播者进入到我们的视野当中"[1]。1994 年，泰森被任命为纽约海顿天象馆的职业科学家，该馆是美国自然博物馆这个大型组织下属机构的一部分。

同年，他开始在《博物学》杂志上撰写名为《宇宙》的每月专栏，这本杂志由美国自然博物馆主办及资助，其目标是促进接受过高等教育和有公民意识的读者对自然界的理解和鉴赏，该读者群的数量在 5 万到 15 万之间[2]。1995 年，泰森成为天象馆的代理馆长。

泰森的《博物学》专栏把科学事实的呈现与对科学作为一个知识体系如何运作的解释结合起来。他讨论了天体物理学的话题，比如宇宙常数、宇宙微波辐射、光污染对宇宙学研究的影响。他解释了科学方法的很多方面，比如科学中不确定性的向心性、困惑如何驱动科学上的好奇心、如何通过科技考察自然的新方式。泰森还利用这个专栏来拓展自己的知识范畴和领域。他探讨了在他的职业生涯中反复出现的科学和文化的各个方面：电影中对科学描述的不精确性，宇宙所带来的惊奇，太空项目的益处，以及对科学和宗教之间关系的反思[3]。

泰森在他的专栏中第一次清晰地阐述了自己的宇宙观。本质上来说，利用和历史的尺度有关的宇宙概念，赋予人类生命更均衡的视角，作为这样一种方式，宇宙观"源自基础知识""来自科学的

---

[1]   Steve Mirsky, "When the Sky Is Not the Limit," *Scientific American* 282，no. 2 (2000)：30.此外，该博物馆还向普林斯顿大学天体物理系的一个成员征求了建议，那时泰森正在那里作博士后。这个物理学家推荐了泰森。

[2]   对于该杂志的目标，参见：Natural History, Mission Statement，查询日期为 March 28，2012，http：//www.naturalhistorymag.com/page/mission-statement. 发行量在各期之间有差异；这些数字基于该杂志 2009 年制作的媒体资源包。

[3]   其文章的横切面可以在 Tyson's Hayden Planetarium 的主页上找到：http：//www.haydenplanetarium.org/tyson/read.

前沿""为思想打开了非凡观念的大门""让我们能够透过地球上的境况看得更深更远",并且"不仅仅接受我们与地球上所有生命的遗传的亲缘关系,而且会珍视我们与任何有待发现的生命之间的化学上的亲缘关系"[1]。

　　当泰森于 1996 年被任命为天象馆首任弗雷德里克·罗斯馆长时,他与美国自然博物馆的组织隶属关系进一步加深了[2]。正如天象馆在其网站主页上以及泰森公开发表的信息中所阐述的那样,这个职位给作为一名公众科学家的他提供了一个重要平台,把"天体物理学的前沿知识"带给广大的受众,因为在历史上它"把科学成就和创新性的公众拓展活动结合了起来"。泰森上任后负责的第一个重大项目是管理该博物馆旧天象馆耗资 2.3 亿美元的重新设计,改造后馆内一个 87 英尺宽的球形悬浮在 95 英尺高的玻璃立方体内,它位于中央公园的西侧。

　　泰森被定位为天象馆的公众形象。在 1999 年新年前夜,《纽约时报》在"公众生活"版中对这位打着黑色领结的天象馆筹款人进行了宣传,文章中融入了泰森的公众生活和私人生活。泰森被称为有着"洪亮笑声的天体物理学家和享受生活的人",他的桌子上有"一块 46 亿年前坠落到地球上的铁镍合金陨石"。文章把泰森刻画成一个优雅的学者,他收集"同时期的科学奇迹和预测未来的历史悠久的图书,""在烛光下用羽毛笔在曼哈顿市区的家中记录着沉思的时刻。"[3]

————————

[1]　Tyson,*Space Chronicles*,259 - 260.

[2]　Hayden Planetarium,"Neil deGrasse Tyson Curriculum Vitae,"查询日期为 July 26,2012,http://www.haydenplanetarium.org/tyson/curriculum-vitae.

[3]　Jan Hoffman,"Public Lives: Putting a Milestone in Cosmic Perspective," *New York Times*,December 31,1999,2.

这份报纸把泰森和卡尔·萨根关联起来。据报道，嘉宾们在天象馆筹款活动期间观看了一个带他们穿越宇宙 50 亿光年的节目。安·德鲁杨（Ann Druyan）是这个节目的共同作者之一，也是萨根的遗孀，文章引述她的话说，她已故的丈夫"也将会爱上今晚的旅行，并且是他启发了这个节目的灵感"。记者还指出泰森意识到对天象馆进行宣传的价值："和他的偶像萨根博士一样，他有着巨星般的自我价值感和对媒体宣传时机的敏感度和把握能力。因为这篇采访将在假期间刊登，他在想发行量会不会下降？"这篇文章的结尾明确地把泰森同天象馆关联起来："今晚……他将在玫瑰中心举行聚会，在那里，他的未来，以及天象馆的未来，似乎都在熠熠生辉。"①

重新设计的天象馆在 2000 年正式开放，亮点是一场精心策划的传播活动，把泰森作为公众人物进行宣传。各种媒体在那年对泰森进行了报道。《乌木》是历史上展现美国黑人精英成就的一本杂志，它用一系列主题对泰森进行了宣传。它提到了泰森的历史意义，因为它把泰森描述成"自本杰明·班纳克以来第一个出版了天文学图书的美国黑人"。它强调了泰森作为那些希望成为科学家的少数族裔学生的代表性人物的作用②。泰森对《乌木》杂志说："我的希望是通过成为公众人物，我能够打开大门，让那些比我更优秀的人，那些从来没有想过自己可以做这些事情的人，可以涌现出来并且在现代社会中展示自己。"③《乌木》的宣传中也提到了泰森非常适合上电视，它写道，"通过他厚厚的像头盔似的爆炸头，古怪

① Hoffman, "Public Lives," 2.

② Whitaker, "Super Stargazer," 58 - 60.

③ 引自 Whitaker, "Super Stargazer," 62.

的布满星星的领带和西服背心，以及他富有感染力的对宇宙万物的激情，泰森……的形象相当上镜"。它强调了泰森的体格特征，并称他是"高大健壮的前摔跤手和加勒比黑人舞者"。文章中附上的一张照片显示泰森和他的妻子及女儿在家里的场景，进一步展示了他的私人世界。

《人物》杂志称他是"最性感的天体物理学家"。它写道："身高 6 英尺 2 寸的泰森沉迷于红酒和美食烹饪，同时屈服于与他共同生活了 12 年的妻子爱丽斯·杨（Alice Young），她是数学物理博士，今年 44 岁，下个月他们的第二个孩子将要出生。"[①]《葡萄酒观察家》（Wine Spectator）杂志描写了他的红酒收藏，详述了泰森如何在 80 年代"对来自里奥哈的酒正存酿（Gran Reservas）产生了浓厚兴趣，并且系统收集了豪厄尔山邓恩赤霞珠（Dunn Cabernet Sauvignon Howell Mountain）14 年陈酿的纵向年份系列"。但是他的日程安排不允许他如他所愿的那样品尝这些美酒——"他每周只能开 2～4 瓶。"[②]

2000 年，泰森出版了他的第一版自传，《天空不是极限》（The Sky Is Not the Limit）。他在该书的序言中写道，他不是电影明星或体育明星，也不是重要的政治人物，这些人物的生平适合在回忆录中讲述。而他把自己刻画成"只是一个科学家——一个天体物理学家，试图把宇宙带给地球上每一个想一睹其真容的人"。他把自己描述成一个教育家，"试图提高公众的科学素养"。他这样描述自己的生活——经过"我的意志、我的生活目标以及我对自己身份的认

---

① "Neil deGrasse Tyson: Sexiest Astrophysicist," *People*，November 13，2000，查询日期为 June 26，2012，http：//www.people.com/people/archive/article/0,,20132902,00.html.

② Peter D. Meltzer, "Star Collector," *Wine Spectator*，May 31，2000，19-20.

知都经受了极限的考验那些艰难的时刻",我顶着"社会潮流"迎难而上,克服了种族障碍①。《纽约时报》在对这本书的评论中说,当泰森把他个人的生活经历和职业发展联系起来时,这本书显得尤其充满力量②。

除了在种族背景中讨论他的生活和职业之外,泰森利用他的自传与萨根建立起了关联。他描述了他选择物理学作为本科专业时与这个著名的物理学家会面的情景。萨根带他参观了自己在康奈尔大学的实验室,开车送他去了汽车站,因为当晚正在下雪,萨根把自己家的电话号码留给了泰森,以防他滞留在纽约的伊萨卡。泰森写道:"在他去世之前我从来没有跟他说过这些,但是在我接下来的职业生涯的每个阶段,在与我的学生相遇的时候,我都会效仿当年我与萨根第一次会面的场景。"③

冥王星杀手

泰森曾处于太空科学一个具有里程碑意义的决策的中心——冥王星不再是一颗行星了。作为天象馆重新设计的一部分,它对太阳系的演示进行了改变。它对天体的布置方式没有按照行星和卫星区分,而是把类似的物体归为一类。它把冥王星归入了位于柯伊伯带(Kuiper Belt)上数量不断增加的冰冻星体中,这个海王星之外的天体密布的广大区域是天文学家们在90年代发现的。这样一来,

① Tyson, *The Sky Is Not The Limit*, 1-2.
② Scott Gabriel Knowles, "Books in Brief," *New York Times*, August 1, 2004, 12.
③ Tyson, *The Sky Is Not the Limit*, 43.

冥王星的地位变得很模糊；它没有被作为行星演示，也没有被标记为缺乏资格的行星。通过对太阳系的展示，天象馆实际上对冥王星进行了降级。

在重新设计之前，泰森就阐明过自己对冥王星的立场。在1999年的一篇《博物学》专栏中，泰森说作为一个公民，他希望维护冥王星作为一颗行星的地位——冥王星是由克莱德·汤博（Clyde Tombaugh）于20世纪30年代在美国亚利桑那州的一个天文台发现的，并且在公众的认识中与迪士尼人物联系起来[1]。但是作为一个科学家，他必须对冥王星的降级投赞成票[2]。在2001年之前，天文学家和感兴趣的公民们在这个问题上存在着很大的争议。那年1月，《纽约时报》发表了由记者肯尼斯·常（Kenneth Chang）撰写的头条新闻，标题是《冥王星不再是行星了？只在纽约是这样吧》（*Pluto's Not a Planet? Only in New York*）。该报道称冥王星被驱逐出了"行星的殿堂"[3]。这篇文章瞬间引起了极大反响。常在2009年回忆说："当时我知道我写了一篇好的报道。我认为这会是一篇人们会喜欢和朋友分享但在一周后就会忘记的'消遣性的文章'。天哪，我错了！我让泰森博士成了头号人民公敌，而且延续了很多年。"[4]

把冥王星归入柯伊伯带天体是由天象馆的科学委员会作出的决

① Lisa R. Messeri，"The Problem with Pluto: Conflicting Cosmologies and the Classification of the Planets," *Social Studies of Science* 40, no. 2（2010）: 187 - 114.

② Neil deGrasse Tyson，*The Pluto Files: The Rise and Fall of America's Favorite Planet*（New York: W. W. Norton, 2009），65.

③ Kenneth Chang，"Pluto's Not a Planet? Only in New York," *New York Times*，January 22, 2001, 1.

④ Kenneth Chang，"How I（Ken Chang）Tormented Neil deGrasse Tyson," *New York Times*，January 8, 2009, 查询日期为 August 8, 2012, http: //tierneylab.blogs.nytimes.com/2009/01/08/how-i-ken-chang-tormented-neil-degrasse-tyson.

定，但是泰森注意到"他成了这个决定最明显的支持者"①。那些想保住冥王星行星地位的天文学家们把泰森的公众形象作为缺乏公信力的证据。有人认为泰森"满嘴跑火车"，因为他在行星地质学方面没有有助于这场辩论的必需的专业知识②。另外一个天文学家问道，"鉴于很多专业天文学家仍然固执己见地歧视屈尊于把时间投入到天文学科普上的人，由于有关冥王星的争议是被一个天象馆煽动起来的，也许这才是问题？"③ 作为回应，泰森说天象馆的动机不是试图获得宣传或者引发争议，而是出于教育的目的④。

泰森不仅仅成了专业人士辩论的一个焦点，他还成了与行星科学核心议题相关的公众辩论的领袖：定义、归类和分类学。他也是有关冥王星地位的更广泛的文化议题的领袖。在《冥王星档案》（*The Pluto Files*，2009）中，他对这种争议做了如下陈述："冥王星的降级成为一个窗口，让作为一种文化的我们了解我们是谁以及我们是什么，这种文化混合了来自政党政治、社会批判、名人崇拜、经济指标、学术教条、教育政策、社会偏见和沙文主义等的主题。"⑤ 一个科学学研究学者认为，公众对这些以泰森为核心的议题的讨论，表明了著名科研机构中的公共科学家对科学的内部运作机制所产生的影响⑥。

冥王星的地位最终于 2006 年尘埃落定，当年国际天文学联合会以一种排除冥王星的方式对什么是行星进行了界定。在冥王星被

---

① Tyson, *The Pluto Files*, xii.
② 引自 Tyson, *The Pluto Files*, 101.
③ 引自 Tyson, *The Pluto Files*, 103.
④ Tyson, *The Pluto Files*, 173.
⑤ Tyson, *The Pluto Files*, 135.
⑥ Messeri, "The Problem with Pluto," 208 - 209.

降级之前，泰森在大众科学中已有较高的地位，但是肯尼斯·常认为有关冥王星的争议帮助他获得了更广泛的全国关注。"这次争议提高了他的声誉，"常说道，"在此之前，他就从事天文学方面的事业，但是我开玩笑地说，如果不是因为我，他将是一个二流的天象馆馆长。"[1]《今日美国》前科学作家丹·维加诺也认为这次争议让泰森成为"一个名人"[2]。

他还带来了直接的政治影响力。总统乔治·W. 布什（即小布什）任命泰森在 2000—2004 年担任以航空航天为主要目标的两个委员会的委员。泰森曾经说自己的政治价值观是"自由主义左派"，政府对他的任命出现于布什执政时有关如何利用专业知识和科学证据的政治辩论期间[3]。自由主义者、环保分子和一些科学家认为布什和国会中的共和党领袖助长了"反科学"的气焰，并且开展了"科学战争"，他们对政治意识形态价值的重视胜于专业知识，特别是在气候变化、干细胞研究和环境管治这些领域[4]。泰森在布什对科学怀有敌意的"成见"方面持反对意见：作为一个整体，包括物理学和健康研究方面的广泛的科学投资组合从布什主政期间不断增加的经费中获益良多。

《新星》中的明星

泰森新版的自传在 2004 年出版。经修订的导言表明泰森进一

---

[1] 2013 年 8 月 14 日作者电话采访了 Kenneth Chang.

[2] 2013 年 8 月 14 日作者电话采访了 Dan Vergano.

[3] Tyson，*Space Chronicles*，224.

[4] Chris Mooney，*The Republican War on Science*（New York：Basic Books，2006），237，viii.

步认识到了自己的象征性价值。他不再把自己仅仅看作是一个科学家，而是一个独一无二的科学家。他意识到了一个由乏味无趣的孩子、大学运动员、天体物理学和黑人组合而成的这些经历"可能为他提供了一个不同寻常的看待生命、社会和宇宙的入口"[1]。这种个人的独特性，加上他的传播技巧，意味着他有潜力能够通过一种媒介把他的公共知识分子成果带给最广泛的可能受众，这种媒介就是电视。

泰森加入了另外一个长期致力于提升公众科学素养的著名文化机构中，它就是公共广播公司的《新星》。这个节目旨在向广大观众宣传科学，并且其网站上显示它每周的平均观众人数达到600万人以上[2]。泰森领衔主持了有关宇宙进化的两集系列片《起源》(Origins)。《纽约时报》认为这个节目同时还起到了宣传泰森的作用，旨在"把这位年轻的天体物理学家送入太空专家名人的轨道上"[3]。

这种宣传奏效了。如图9-1所示，从2004年开始，每当泰森出版一本书或者参与的电视节目播出的时候，媒体对他的关注便急剧攀升[4]。从那年开始，他成为文化景观上的一道特殊的风景线。

---

[1]　Tyson, *The Sky Is Not the Limit*, 16.

[2]　有关 *Nova* 的历史讨论，参见：Marcel Chotkowski LaFollette, *Science on American Television: A History* (Chicago: University of Chicago Press, 2013), 121 - 135.

[3]　Ned Martel, "Mysteries of Life, Time and Space (and Green Slime)," *New York Times*, September 28, 2004, 5.

[4]　作为文化形象的一个指标，我为泰森获得的媒体关注设定了唐斯式的经典模式，从 Lexis-Nexis 数据库中抓取提到他名字的素材，在世界主流出版物的标题下逐年地进行搜索。这不是一种正规的内容分析法，却是旨在以某种方式刻画出长期以来对他的关注。还应该注意的是 Lexis-Nexis 中 1980 年之前的档案通常是不完整的。参见 Anthony Downs, "Up and Down with Ecology: The 'Issue-Attention Cycle,'" *Public Interest* 28 (1972): 38 - 50.

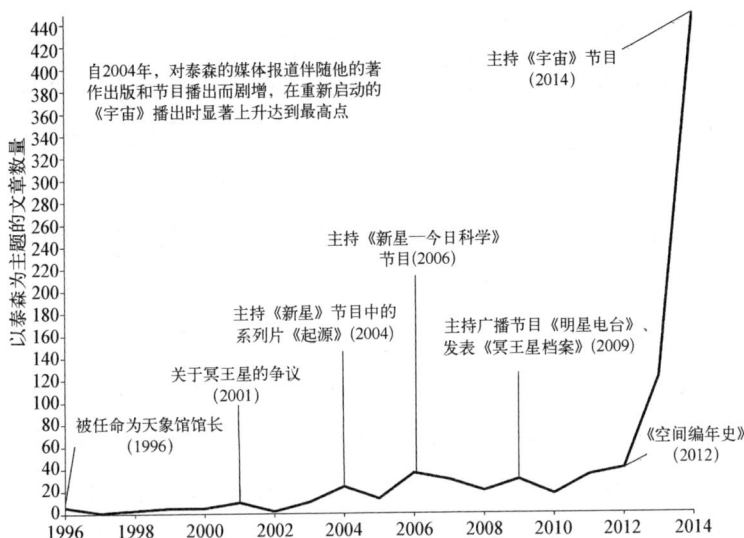

图 9-1　尼尔·德格拉斯·泰森公共职业生涯期间媒体对他的兴趣变化

　　《蒙特利尔公报》（*Montreal Gazette*）在对这档节目的预评中写道："泰森想在电视上像卡尔·萨根 20 多年前通过《宇宙》一样来展现天文学，即回答我们在宇宙中的位置这个永恒的疑问。"[1]《出版家周刊》（*Publisher Weekly*）认为，这个节目是"自 27 年前卡尔·萨根的《宇宙》以来出现的对宇宙学最翔实、最适宜且最容易理解的全面概览"[2]。《纽约时报》还写道："在卡尔·萨根的《宇宙》系列片播出 25 年之后，电视上的天文节目秀经理人是尼尔·德格拉斯·泰森。"[3]在节目播出的同时，图书《起源：宇宙演化 140 亿年》（*Origins: Fourteen Billion Years of Cosmic Evolution*，

---

① Alex Strachan，"More Than a Science Show，" *Montreal Gazette*，September 27，2004，D5.

② 引自 Scott Veale，"Newly Released，" *New York Times*，December 1，2004，9.

③ Ned Martel，"Mysteries of Life，Time and Space［and Green Slime］，" *New York Times*，September 28，2004，E5.

2004）也出版了。

　　他的电视节目让他获得了更广泛的公众关注。《起源》还证明泰森可以胜任出演高预算的大节目，2006 年，他成为《新星-今日科学》（*Nova Science Now*）第二季的主持人，这是一档杂志风格的科学短新闻节目，是时长一小时的《新星》传统节目的衍生节目。

　　这档节目的宣传把泰森塑造为一个独特的名人。公共广播公司的新闻稿称他是"全球最受欢迎的天文学演讲者之一"。这档节目的高级执行制片人宝拉·阿普塞尔强调说泰森是专业知识和独特个性的结合，使他成为一个让人着迷的主持人。这个系列节目承诺为观众报道来自科学前沿的最让人叹为观止的故事，"尼尔的科学背景和他带到工作中的激情与之相得益彰，"媒体援引她的话说，"他喜欢好的故事——节目也证明了这一点。他的激情显而易见且富有感染力——这是一种吸引人的组合"[1]。

　　泰森的例子证明了电视"由主讲人主导"这种更普遍的节目趋势。这种特色的电视体裁通常有在主持电视节目**之前**观众们就已经熟知的名人。如此一来，这些主持人可以发挥双重的宣传作用：他们把已有的粉丝群体带到了节目中，并让更多的潜在观众收看到节目[2]。泰森接纳了他作为主持人的角色，并且事实证明，他在节目中愿意偶尔装模作样来吸引观众。比如，2009 年那一季的第一集节目把泰森打扮成印第安纳·琼斯（Indiana Jones）[3]，他穿得像 20

---

[1]　"*Nova Science Now* Names Dr. Neil DeGrasse Tyson as New Host for Science Magazine Series in 2006," PBS News, January 14, 2006, 查询日期为 July 26, 2012, http：//www.pbs.org/aboutpbs/news/20060114_novasciencenow.html.

[2]　Frances Bonner, *Personality Presenters: Television's Intermediaries with Vicwers* (London: Ashgate, 2011), 3 - 4.

[3]　美国影片《夺宝奇兵》中的主角。——译者注

年代的警察，并且为了介绍一个关于语音增强的片段在洗澡的时候唱歌。《蒙特利尔公报》在对这个系列进行评论时认为，这个节目的一个优势在于"泰森对他的话题毫不掩饰的热忱和激情"[①]。泰森说，他想"让大量不同的受众容易理解科学且觉得科学是与他们息息相关的"[②]。就泰森接任主持这个系列片进行报道时，《每日新闻》（*Daily News*）说泰森"在执行一项让我们具有'科学素养'的使命"[③]。

这下泰森成了著名的媒体人物，记者们探究了他公众形象之下的另一面。《纽约时报》称他"是一个嗓音洪亮的科学家，高大、黑皮肤且适合上镜……知道自己于 1958 年国家航空航天局成立的那一周出生，他很高兴"。这篇文章描述了他如何是一个"衣着讲究且思维敏捷的发言人"，他认为"科学很有趣"，他"完全打破了科学家乏味无趣的成见"。这篇简介试图通过描述泰森的周围环境来说明他的人格特质。文中提到他办公室的一面墙挂着一幅巨大的凡·高的作品——《星空》（*Starry Night*）的复制品[④]。《华盛顿邮报》说他是"泰迪熊式的家伙，有时候很做作，有时候又会咯咯地笑"，他"似乎天生就是"电视主持人的材料。这篇报道说泰森"具有磁铁般的吸引力，让人觉得你可以问他任何问题，而且他都会回答，即使这个问题有点白痴"[⑤]。他被《华盛顿邮报》称为《新星》中的明星，但是在另外一篇文章中又被称为"超一流的天体物

---

① Alex Strachan, "Science Show Is Fast-Paced, Deep," *Montreal Gazette*, July 9, 2008, D6.

② Tyson, 引自 "*Nova Science Now* Names Dr. Neil DeGrasse Tyson."

③ Marisa Guthrie, "A Cry to Pass the Science Test," *Daily News*, November 21, 2006, 87.

④ Felicia R. Lee, "A Science Show Courts 'Blue-Collar Intellectuals,'" *New York Times*, October 3, 2006, 7.

⑤ Segal, "Star Power," M01.

理学家、电视名人"①。

2007 年，泰森的文化影响力越发清晰了。《时代周刊》提名他为全球 100 位最具影响力的思想者之一。《致命黑洞》（*Death by Black Hole*）是泰森《博物学》专栏的一本选集，初次亮相就登上了《纽约时报》非虚构类畅销书榜单的第 14 位②。把他与萨根进行比较成为家常便饭。"你可以把尼尔·德格拉斯·泰森看成 21 世纪的卡尔·萨根，只要你把萨根设想成一个强壮的美国黑人，泰森和他的前辈一样奇特，"迈克尔·勒莫尼克（Michael Lemonick）在《时代周刊》中写道，"抛开这些微小的差异，泰森……毫无疑问是他已故的前辈衣钵的继任者、宇宙万物伟大的解说者。"③

他把自己归为一个不可知论者。科学和宗教的冲突仅限于学校之内，他在以怀疑主义和理性为导向的《咨询性问题》（*Point of Inquiry*）的播客中说道，"如果你想告诉我诺亚方舟上有恐龙的话，很抱歉，你很无知且缺乏科学素养，你不应该出现在科学教室里"④。为了促进这个议题，他帮助完成了《科学、进化和神创论》（*Science，Evolution，and Creationism*）报告，这份由国家科学院和医学

---

① Lisa deMoraes，"The 'Nova' Man is Bursting with Bright Ideas," *Washington Post*，January 9，2009，C07.

② 来自 2007 年 2 月 18 日《纽约时报》畅销书榜单。作为其明星地位的一个指标，与他共享这个榜单的还有 Thomas Friedman 的 *The World Is Flat*（第九位），Richard Dawkins 的 *The God Delusion*（第八位），Bill O'Reilly 的 *Culture Warrior*（第十位），以及 Barack Obama 的 *The Audacity of Hope*（第一位）。参见：Best Sellers，*New York Times*，February 18，2007，Section 7，26.

③ Michael D. Lemonick，"Neil deGrasse Tyson,"*Time*，May 3，2007，查询日期为 August 1，2012，http：//content.time.com/time/specials/2007/time100/article/0,28804,1595326_1595329_1616157,00.html.

④ Center for Inquiry，"Neil deGrasse Tyson — Communicating Science to the Public,"Point of Inquiry Podcast，November 16，2007，查询日期为 August 1，2013，http：//www.pointofinquiry.org/neil_degrasse_tyson_communicating_science_to_the_public/.

研究所赞助的 2008 年的报告以教育工作者为目标，概述了为什么公立学校只能纳入有关进化的科学解释，但是也表明接受进化论与宗教信仰是不矛盾的①。泰森把自己与那些他称为"赤裸裸的无神论者"区别开来。相反，他说："我是一个科学家。我是一个教育工作者。我的目标是让人们首先学会清醒的思考……这正是我要做的事情。"②

《致命黑洞》还重述了他作品中的另外一个主题：电影中对宇宙不准确的描述如何损害了科学素养。《泰坦尼克号》（Titanic，1997）中的人物角色们穿着 1912 年样式的服装，但是没有准确地呈现巨轮沉没那晚夜空中可见的星座。[泰森在两个月后把这当面告诉了电影导演詹姆斯·卡梅隆（James Cameron），卡梅隆向后期制作的专业人员展示了一个将在该电影的特殊典藏版中采用的精确的天空画面。]③

对泰森来说，科学素养是医治社会弊病的一剂灵丹妙药。比如，他告诉一个采访者说提升科学素养的努力不应仅仅以孩子为目标，因为"需要科学素养的恰好是成人，这种素养差不多可以一夜之间改变这个国家"④。"当你具备科学素养的时候，世界看起来都会不同。科学提供了一种特殊方法，用来质疑你的所见所闻。当你被赋予了这种思想状态，客观现实就变得很重要。"当 2011 年被

---

① National Academy of Sciences 和 Institute of Medicine, *Science*, *Evolution*, *and Creationism* (Washington, DC: National Academies Press, 2001), xiii.

② Big Think, "Neil deGrasse Tyson: Atheist or Agnostic?" BigThink.com, April 8, 2012, 查询日期为 October 30, 2014, http://bigthink.com/think-tank/neil-degrasse-tyson-atheist-or-agnostic.

③ Neil deGrasse Tyson, *Death by Black Hole and Other Cosmic Quandaries* (New York: W. W. Norton, 2007), 334.

④ Chris Heller, "Neil deGrasse Tyson: How Space Exploration Can Make America Great Again," *Atlantic*, March 5, 2012, 查询日期为 October 8, 2012, http://www.theatlantic.com/technology/archive/2012/03/neil-degrasse-tyson-how-space-exploration-can-make-america-great-again/253989/.

《纽约时报》问到他如果是总统的话会干些什么时，他给出了这样的
回答："这些是好的政府治理应该基于的事实，并且这些事实存在于
特殊的信仰体系之外。我们的政府不起作用——不是因为我们有机
能失调的政客，而是因为我们有机能失调的选民。作为一个科学家
和教育工作者，我的目标不会是领导机能失调的全体选民，而是给
他们带来客观事实，以便他们一开始就可以选出正确的领袖。"①

泰森在电视上的天赋意味着他能够在非传统的媒体节目中传播
科学。他是第一个在讽刺性新闻节目《每日秀》（*The Daily Show*）
和《扣扣熊报告》中出镜的物理学家，这些节目为那些对科学新闻
兴趣不太浓厚的人提供了一个了解科学内容的途径。观看这些节目
的人越多，他们对科学新闻的关注也就越多②。泰森对在这些特殊的
媒体场合表演变得驾轻就熟，以至于他可以为那些受邀在深夜脱口
秀节目出镜的科学家提供建议。在讨论他出演《杰·雷诺今夜秀》
（*The Tonight Show with Jay Leno*）的策略时，泰森说他掌握了嘉宾们
回答问题通常多久雷诺就用笑话来插科打诨。因此，他说他把自己
的信息拆分成三句话为一组的若干部分，他建议"把发言压缩成一小
段，做一小段他无法剪辑的原声重现"③。

现在观众对泰森的识别度非常高，于是他开始在其他节目中扮
演**真正的自己**。他在喜剧节目《生活大爆炸》中有一场扮演自己的

---

① 引自 Jesse Kornbluth, "If I Were President …," *New York Times*, August 21, 2011, 12.

② Lauren Feldman, Anthony Leiserowitz and Edward Maibach, "The Science of Satire: *The Daily Show and The Colbert Report* as Sources of Public Attention to Science and the Environment," in Amarnath Amarasingam, ed., *The Stewart/Colbert Effect: Essays on the Real Impact of Fake News* (Jefferson, NC: McFarland, 2011), 25–46.

③ "Tyson on Colbert Preparation." *Politico*, March 14, 2010, 查询日期为 March 1, 2012, 视频获取网址 http://www.politico.com/multimedia/video/tyson-on-colbert-preparation.html.

客串演出，身穿他标志性的有月球图案的背心，被主角谢尔顿·库伯博士批评他让冥王星降级了[①]。泰森在《星际之门亚特兰蒂斯》（*Stargate Atlantis*）2008 年的一集中本色出演[②]，并且在公共广播公司的儿童节目《玛莎会说话》（*Martha Speaks*）中扮演了一个动画版的自己。应 DC 漫画公司（DC Comics）的邀请，他在一个超人漫画的版本中扮演了自己，他帮助男主人公瞥见了自己的行星家园——氪星球（Krypton）[③]。

　　然而，作为一个公共科学家，他的工作使他远离了作为一个技术娴熟的天文观测者的科学研究工作。他在其专业领域的顶尖学术期刊中发表过论文，比如《天文学期刊》（*Astronomical Journal*），但是他的研究事业却不温不火。到 2012 年 6 月，他的 H 指数（h-index）是 9，这是一个代表科学家的研究所产生影响的数字，越高越好。2005 年，霍金的这个指数是 62[④]。

资助名人科学家

　　即便如此，科学机构还是为泰森提供了经费。他是荣获国家科学基金会（NSF）资助的首席科学家，部分经费是用来资助一档新

[①]　"The Apology Insufficiency," *The Big Bang Theory*, CBS, first broadcast November 4, 2010.

[②]　"Brain Storm," *Stargate Atlantis*, Sci-Fi Channel, November 21, 2008.

[③]　Sholly Fisch, "Star Light, Star Bright …," *Superman Action Comics*, 2012, 14: 26 – 31. 置于超人漫画，泰森还发现了一个可以充当 Krypton 的红日的现实生活基础的现存恒星，在漫画书中被取名为 Rao。他还提供了它的天体坐标，以便业余天文学家可以发现 Rao 真实的对应物——它更通俗的名字是 LHS – 2520。

[④]　Jorge E. Hirsch, "An Index to Quantify an Individual's Scientific Research Output," *Proceedings of the National Academy of Sciences* 102, no. 46 (2005): 165 – 172.

颖的科学广播节目《明星电台》（*Star Talk Radio*），该节目计划把天文学和喜剧结合起来，从而把科学带给多元的听众。2009 年，国家科学基金会资助他 20 万美元，并且在资助的说明中强调了泰森的明星力量，说他是畅销科普图书的作者、公共广播公司《新星-今日科学》节目的主持人以及有线电视网络中频繁出镜的嘉宾，包括《每日秀》。在前 10 期节目播出后，泰森在 2010 年又收到了另外一笔国家科学基金会总额超过 120 万美元的资助①。

《明星电台》希望引起那些传统上被科学媒体忽视的听众的关注。首先在调幅电台上播出，用泰森的话说，这档节目的目标是"蓝领知识分子"。他呈现了标新立异的科学项目：红酒的科学、科幻节目《星际迷航》（*Star Trek*）的科学，时间旅行的物理学。摩根·弗里曼（Morgan Freeman）、乌比·戈德堡（Whoopi Goldberg）、乔恩·斯图尔特（Jon Stewart），以及《星际迷航》的男女主角们都曾担任特别嘉宾。基于采访的节目形式让他们可以对科学进行广泛的讨论。

比如，对尼切尔·尼克斯（Nichelle Nichols）的采访讨论了科幻中多元化代表的问题，在 60 年代的《星际迷航》中她的角色是一档重要的电视系列片中第一个不是扮演仆人角色的美国黑人主角②。乌比·戈德堡则讨论了她希望在《星际迷航》中担任黑人主角，因为她想成为一个她感觉在科幻节目中比较缺乏的多元化象征。

戈德堡把焦点转向了泰森。她认为泰森作为一个美国黑人科学家发挥了先锋模范作用。"科学通常标榜为某些我们普通人无法理

---

① National Science Foundation, Award Abstract：0852400, *StarTalk Radio*，查询日期为 October 8，2012，http：//www.nsf.gov/awardsearch/showAward.do? AwardNumber＝0852400.

② "A Conversation with Nichelle Nichols," *StarTalk Radio*，Season 2，Episode 24，Curved Light Productions，July 11，2011，查询日期为 March 1，2012，http：//www.startalkradio.net/show/a-conversation-with-nichelle-nichols/.

解和掌握的东西，"戈德堡说道，"它也通常被认为是我们这些根本不够聪明的凡夫俗子们所无法理解的高大上的事情。如今你出现了，你不仅仅不是一个凡人，而且还是一个高大的老黑。"戈德堡把泰森和类似的象征性人物老虎·伍兹（Tiger Woods）、巴拉克·奥巴马（Barack Obama）相提并论。她说："相信我，我小的时候，我认为根本没有人会不可思议地喜欢高尔夫以及喜欢总统这个职位，结果忽然之间，现在这些事情都成真了。"①

泰森还欣然地接受并用上了推特。2014 年夏，他的粉丝数达200 多万，泰森主要发布宇宙的事实和一些小知识（他在准备把这些内容汇编成书出版）②。而他的推特也维持了他的明星形象，因为它们提供了媒体研究员所谓的"后台通道"：可以对他私生活一探究竟，增加了他和粉丝之间的亲密感。比如，2012 年 10 月 13 日，他写道："我总结出来阿尔弗雷德意大利面宽面条不过就是挑剔食物的人吃的起司通心粉。"2012 年 7 月 25 日，他以更严肃的风格回复了一个粉丝："@adinasauce：我的叔叔今晚过世了。你有关我们原子和宇宙的想法让我感到安慰。谢谢你。//不，谢谢宇宙。"

国家航空航天局的拥护者

近年来，泰森一直以国家航空航天局的首席公众倡导者的形象

---

① 引自 "A Conversation with Whoopi Goldberg," *StarTalk Radio*，Season 2，Episode 39，Curved Light Productions，December 11，2011，查询日期为 March 1，2012，http：//www.startalkradio.net/show/a-conversation-with-whoopigoldberg/.

② Rebecca Mead，"Starman," *New Yorker*，February 17，2014，80 - 87.

出现。自 60 年代末期获得的声誉和经费达到顶峰之后，国家航空航天局的光芒开始逐渐暗淡，这个四面楚歌的机构需要泰森。自 1986 年挑战者号和 2003 年哥伦比亚号的灾难事故以及哈勃太空望远镜的制造不准确的事件发生以来，它的公众形象从来没有恢复过来[①]。20 世纪另外一个著名的科学家是理查德·费曼，曾因提出了思考量子力学的新方式而享誉物理学领域，在挑战者号灾难官方调查结果发布的过程中，他曾公开谈到作为调查组成单位之一的国家航空航天局的无能，他也得到了广大公众的关注[②]。

　　泰森的支持是国家航空航天局获得公众和决策者支持的成功策略的一个案例，那就是公众知名度。该机构及其倡导者传统上利用三方面的观点来构建一种正面的公众形象：国家主义的观点认为太空项目让国家受益；浪漫主义的诉求认为太空旅行实现了对发现和探索的基本情感渴望；实用主义的观点表明太空项目将如何给人们的生活带来真真切切的好处[③]。当泰森在 2012 年试图重振国家航空航天局的公众形象时，他把这些观点整合到了一起。他认为，该机

① Roger Handberg, *Reinventing NASA: Human Spaceflight, Bureaucracy, and Politics* (Westport, CT: Praeger, 2003)；和 Mark E. Byrnes, *Politics and Space: Image Making by NASA* (Westport, CT: Praeger, 1994).

② Freeman Dyson, "The 'Dramatic Picture' of Richard Feynman," *New York Review of Books*, July 14, 2011, 查询日期为 July 14, 2014, http://www.nybooks.com/articles/archives/2011/jul/14/dramatic-picture-richard-feynman/.

③ 当 NASA 塑造其公众形象的时候，它结合了民族主义的、浪漫的和务实的诉求。但是在不同的历史时期，它强调不同的诉求以匹配当时盛行的公众情绪和政治情绪。在水星时代——从 1958 年到 1963 年——它强调民族主义的观念，因为在对苏联主导太空的担忧中，它的经费增加了。这种民族主义的诉求在阿波罗时代——从 1964 年到 1972 年——持续存在，但是公众对越战的觉醒意味着该机构还要利用英雄征服天空的这种浪漫主义的诉求。在航天飞机时代——从 1973 年到 1990 年——它再次改变了自己的方式，因为政治支持的大幅下降意味着该机构必须要强调其太空探索的务实成果，比如新技术和新产品；见 Byrnes, *Politics and Space*, 1994.

构运势的下降映射了国家经济实力的下降。他说，随着国家航空航天局的崛起，美国也将崛起。

他利用自己的声誉在各种不同场合积极推行这个主张。有关国家航空航天局持续的重要性的论点贯穿于以太空为焦点的文集《空间编年史》（*Space Chronicles*，2012）之中，该论文集在《纽约时报》畅销书榜单中停留了一周。这本书的一个摘要刊登在了《外交》（*Foreign Affairs*）季刊中，在国会面前直接呈现了其论点[1]。泰森告诉新闻机构路透社说："如果你策划一个登陆火星的任务，并且选择了新的宇航员队伍，那么你将改变这个国家的态度和情绪。"[2] 在《吉米晚间秀》（*Late Night with Jimmy Fallon*）中，泰森说："国家航空航天局需要更多的钱，没别的。接下来无论发生什么，我都会很高兴。"[3] 他告诉《扣扣熊报告》说："我要告诉你的是人工（太空）项目是美国教育渠道中与生俱来的一种力量。正是这种力量激发了人们一开始想要成为科学家的欲望，事实上国家航空航天局要敢于梦想下一步我们将走向太空的何处。"[4]

他在国会面前为国家航空航天局提供证词，"我们所见到所感知的所有零星的征兆——国家将破产，它陷入了债务危机，我们没

[1] Neil deGrasse Tyson, "The Case for Space: Why We Should Keep Reaching for the Stars," *Foreign Affairs*, March - April 2012, 查询日期为 October 11, 2012, http://www.foreignaffairs.com/articles/137277/neil-degrasse-tyson/the-case-for-space.

[2] Nick Zieminski, "Book Talk: The Case for a U.S. Mission to Mars, Reuters, March 8, 2012, 查询日期为 October 11, 2012, http://www.reuters.com/article/2012/03/08/us-books-authors-tyson-idUSBRE8270FC20120308.

[3] *Late Night with Jimmy Fallon*, ABC, August 9, 2011, 视频获取日期为 March 1, 2012, http://www.haydenplanetarium.org/tyson/watch/2011/08/09/late-night-with-jimmy-fallon-twitter-questions.

[4] *The Colbert Report*, Comedy Central, April 8, 2010, 视频获取日期为 March 1, 2012, http://www.haydenplanetarium.org/tyson/watch/2010/04/08/the-colbert-report.

有足够的科学家并且工作机会都跑到海外去了——都不是彼此孤立的问题"。他在证词中说道,"这些问题是野心缺乏的一部分,而这种野心的缺乏会在你停止梦想时毁灭你。"他倡议将国家航空航天局的经费翻倍,眼下是每一美元税收有半美分拨给了国家航空航天局,他认为这项经费的增加将有助于摆脱当前的困境。

传统上,国家航空航天局在政治上是无党派倾向的,泰森对自己的定位也是如此,他在科学政策辩论中谨慎地采取着中间立场。当他为国家航空航天局奔走造势时,他担任了科学政策专家们所谓的"议题倡导者"的角色,这种人仅仅是倡导一项政策,在本案中就是为太空科学投入更多的经费。当他把自己置身于党派政策辩论中时,他担任了"科学仲裁者"的角色,为决策者回答事实性的问题①。

比如,当喜剧演员兼左倾政治活动家詹尼安·吉劳法罗(Janeane Garofalo)在《明星电台》上批评泰森没有像她希望的那样激进地质疑一个共和党受访者时,泰森说他是一个"中间派的倡议者"。他说:"我站在中间,观看着两面夸夸其谈。……科学是一个可以在中间采取的强有力的立场……我主张站在中心的一个位置,每个人都会来找你,因为你所说的都是事实。"②

泰森还曾经造访过大卫·科赫(David Koch)的家,他是一个亿万富翁和保守派活动家,曾捐赠了 2 200 万美元给美国自然博物馆,并且出任博物馆的董事会成员,他对政客们怀疑气候变化采取

①　Roger Pielke Jr., *The Honest Broker: Making Sense of Science in Policy and Politics* (Cambridge: Cambridge University Press, 2007).

②　"When Science Crashes the Party," *StarTalk Radio*, Season 2, Episode 38, Curved Light Productions, December 5, 2011, 查询日期为 March 1, 2012, http://www.startalkradio.net/show/when-science-crashes-the-party/.

支持的立场。泰森告诉他的家庭成员如何使用望远镜，他也曾经教过纽约前市长迈克尔·布隆伯格（Michael Bloomberg）①。《名利场》称泰森是"具有说服力的理性主义者和浪漫主义的太空时代梦想家的矛盾结合体"②。

重启《宇宙》

2014 年，泰森翻拍了萨根的著名节目《宇宙》。《宇宙》的重新启动源自声誉的"交叉授粉"。安·德鲁杨是原版的创造者也是萨根的遗孀，她长久以来就希望为新一代的观众"复活"这个标志性的节目，并让泰森出任主持人。在泰森会见了塞思·麦克法兰（Seth MacFarlane）之后，这个想法获得了支持，麦克法兰是经久不衰的福克斯节目《恶搞之家》（Family Guy）的创作者，也是萨根的粉丝，他从小就喜欢原创的《宇宙》。

经科学与娱乐交流协会（Science & Entertainment Exchange）的引荐，他们会面了。该协会承担了国家科学院的一个项目，专门负责娱乐业的高级行政人员和科学专家们之间的联系，目的是让电影和电视节目中的科学既做到精确又让人兴奋③。麦克法兰利用了他在福克斯的影响力来宣传这个节目。该电视网络承诺投资制作 13

① Mead，"Starman."
② John Heilpern，"Getting Astrophysical," Vanity Fair，May 2012，查询日期为 July 12, 2014，http：//www.vanityfair.com/hollywood/2012/05/neil-degrasse-tyson-snooki-jersey-shore.
③ The Science & Entertainment Exchange，"Cosmos: A Spacetime Odyssey," April 1, 2014，查询日期为 July 1, 2014，http：//www. scienceandentertainmentexchange. org/article/cosmos - spacetime-odyssey.

集，并且没有像科学节目的创作者通常所做的那样以小众需求为目标，而是把《宇宙》深入地推到大众文化中①。图 9 - 2 为泰森在节目中宣传《宇宙》这部纪录片。

福克斯的投资是有商业风险的。在原版播放的年代，电视还是文化的重要组成部分，当时电视是一种可以吸引广大观众且激发社会对话的媒介。但是新版出现的时候，电视观众已经越来越少了，并且，观众不仅分散到了彼此竞争的数百个频道中，而且还有众多其他的信息和娱乐渠道，每个渠道的节目都是为细分的受众品位而量身定做的。但是福克斯的传播范围很广：《宇宙》总

图 9 - 2 2014 年，尼尔·德格拉斯·泰森穿着他特有的宇宙主题的西服背心，在《宇宙：时空之旅》播出之前向记者们宣传这部 13 集的有关生命和宇宙的纪录片。节目首播吸引了约 4 000 万的全球观众收看。[作者：弗兰克·麦斯洛塔（Frank Micelotta），福克斯 Invision／美联社图片]

---

① James Rocchi, "Neil deGrasse Tyson, Ann Druyan, Seth MacFarlane Discuss 'Cosmos,'" *Los Angeles Times*, June 12, 2014.

共在全球 181 个国家的 220 个频道中用 45 种语言播出，直达 5 亿个家庭。大约有 850 万观众收看了节目的首播，如果把全球的观众和那些录下来以便日后观看的观众数量计算进来的话，总收看人数达到 4 000 万[①]。

为了要和原版这个令人惊叹的里程碑意义的电视节目相媲美，制片人聘请了好莱坞的人才让第二版的《宇宙》具有一流的制作水准。节目里的视觉效果耗资巨大。"想象号"宇宙飞船是原版中的一个特色，把观众从土星的冰环带到宇宙边缘的黑暗中，以及细胞的微观世界中。泰森在节目中目睹了对大爆炸发自肺腑的再创造，当宇宙从其神秘的起源瞬间爆发出可怕的力量和光亮时，他的西服向后飞了起来。

第一季把泰森刻画成萨根的继承者。在开场片段中，他走在原版中萨根曾经走过的加利福尼亚的沿海悬崖上。这一集结束的时候，他打开了萨根 1975 年的日记，显示萨根记录的 12 月 20 日周六的一次约会。上面写着"尼尔·泰森"。《华盛顿邮报》说泰森是"一个值得尊敬的萨根遗产的继承人"[②]。《综艺》（Variety）说泰森"唤起了像摇滚明星一样的科学家的感觉，并且提供了他的权威、认可度和社交媒体的威信"[③]。泰森处于节目宣传的第一线。在一次讨论这个节目的媒体活动上，泰森穿着他标志性的布满星辰的西服背心，谈论着《宇宙》中涉及的一些观点。

但是制片人不仅仅把它看作是一档带来滚滚财源的摄影优美的

---

① 这些数字来自 Scott Collins 引用于 Nielsen 的收视率，"Neil deGrasse Tyson's 'Cosmos' Premiere Ratings: 40M First Week?" Los Angeles Times，March 10.

② Hank Stuever, "Cosmos: A Fond Return to the Vastness of Space," Washington Post，March 9，2014，T01.

③ Geoff Berkshire, "TV Review: 'Cosmos,'" Variety，March 7，2014.

神奇科学节目。"我们看到过垃圾科学的增加，不断有庸医告诉我们说不要给孩子注射疫苗……看到了质疑进化论的学校数量的增加，"麦克法兰说道，"所有这些事情堆积起来暴露了在科学素养方面我们已迷失方向的事实。"他希望《宇宙》让美国人对科学的理解"回到正轨"。德鲁杨说出了同样强有力的话。"有公众支持科学，那很好，"她说道，"而且是能够批判性思考的公众，以及不容易受到我们都知道的商业化的、精神上的以及政府的某些形式操纵的公众。"①

《纽约时报》的科学作家丹尼斯·奥弗比希望这档节目可以为科学争议的公众讨论提供一套基本的认识，比如水力压裂法和转基因食品。"如果每个人都看了新版的《宇宙》，"他写道，"我们就可以像曾经每个周一早晨讨论《黑道家族》（The Sopranos）那样来讨论它了。"② 然而其他作家们质疑单靠一档电视节目就能把科学素养的缺乏转变为对科学的欣赏，特别是原版播出的时候是美国和苏联之间的矛盾逐渐平静下来的历史时刻。"在某种程度上得到公众对科学的支持并不难，"科学史学家奥德拉·沃尔大（Audra Wolfe）写道，"部分原因在于很多冷战时期的较量依靠的是建立于前沿科学之上的高科技武器。"③

重新启动的《宇宙》引发了美国公共生活中酝酿已久的文化张力。泰森认为，人类引起气候变化这个事实是毫无疑问的，进化论的证据也是毋庸置疑的。因为在这些政治上极化的议题方面表明了

①　Meredith Blake, "'Cosmos' Supporters Are Aiming to Make a Big Bang," Los Angeles Times, March 8, 2014, D1.

②　Dennis Overbye, "A Successor to Sagan Reboots 'Cosmos,'" New York Times, March 4, 2014, 2.

③　Audra Wolfe, "Why Cosmos Can't Save Public Support for Science," Atlantic, March 11, 2014.

自己的立场，他成为保守主义批评家们的众矢之的。《国家评论》（*National Review*）的专栏作家查尔斯·库克（Charles C. W. Cooke）称这个天体物理学家是"近期开始在全美盛行的极其自命不凡的'纳客'（nerd）文化的偶像和图腾"。"纳客"这个术语，库克认为，意指某些有自由主义政治思想的人。这个专栏作家继续说道，因而，泰森成了一个象征，"被当成一支大棒和争论中的一个标志——指的是那种不会投票给［共和党人］泰德·克鲁兹（Ted Cruz）的人"①。

更具破坏性的是右倾在线杂志《联邦主义者》（*The Federalist*）上发表的一系列文章，谴责泰森编造了引言和故事。该杂志细查的最突出的一则轶事是关于在9·11恐怖袭击之后，布什总统说，"我们的上帝是为星星命名的上帝"，泰森把这个声明阐释为总统试图从宗教激进主义中把基督教和犹太教隔离开来。布什的讲稿撰写人否认总统说了这句话。泰森说他记得总统曾说过。但是泰森后来承认他错误地引用了布什的发言，布什是在 2003 年哥伦比亚号太空飞船坠毁的悲剧之后发表了如下的言论："命名星星的同样的造物主也会知道我们今天哀悼的七位英灵的名字。"他把布什的话移植到了9·11之后让人极度痛苦的日子中。

在对这则轻微的丑闻进行总结时，法律教授兼《国家评论》的特约采编乔纳森·阿德勒（Jonathan H. Adler）在《华盛顿邮报》中写道，"这里的证据清晰地阐明泰森把事情搞砸了"。但是他也提到，"我确信泰森的某些政治对头将会把这个事件作为攻击气候科

---

① Charles C. W. Cooke，"Smarter than Thou — Neil deGrasse Tyson and America's Nerd Problem," *National Review*，July 21，2014.

学或者进化论的基础。没门，那种方式是不起作用的"①。

科学的明星外交官

泰森获得了科学上的学术造诣，但是他的研究工作只是处于中等水平。不像霍金，他没有做出名垂青史的贡献；不像道金斯，他没有在一本重要的科普著作中具体阐明理解自然的一种新方式；也不像平克，他没有在公众影响力和同行影响力之间左右逢源。

他的声誉一部分依托于他在传播方面难得的天赋，当他满怀激情地让大量的普通公众参与到科学中来并且从中获得乐趣时，他长年累月不断地磨炼着这种技能。当他以梅林这个假名开始写作，向电视记者解释太空科学，撰写天文学论文，主持一系列电视节目和担任全球著名的海顿天象馆要职的时候，这种天赋逐渐显现出来。

但是他的声誉并不能仅仅通过他对解释科学这项艰难技巧的驾驭来解释。数十年来科学机构为泰森投入资金予以支持，为他提供一系列公共平台——从《博物学》杂志到海顿天象馆，使他可以施展自己让广大公众参与进来的才华，这也不能解释他的声誉。

在60年代后美国文化的骚乱中，他代表了三种更广泛的历史运动。首先，他是美国黑人公共知识分子崛起的典型，他把自己的专业知识贡献于与种族无关的公民议题中。然而同时，他代表了黑人知识分子为了在公共生活中获得有影响力的地位而进行的斗争。

---

① Jonathan H. Adler, "Does Neil deGrasse Tyson Make Up Stories？" *Washington Post*, September 22, 2014, 查询日期为 September 27, 2014, 查询网站为 http：//www.washingtonpost.com/news/volokh-conspiracy/wp/2014/09/22/does-neil-degrasse-tyson-make-up-stories/.

在他自己的案例中，他为了获得科学界的地位而与种族主义的历史斗争着，为了获得在美国太空科学界的地位而与种族隔离的历史斗争着。

其次，泰森成为更高科学素养的首席公众倡导者，某种程度上恢复了在苏联人造卫星之后对太空征服想象的公众理解科学的辉煌时代，即使这并不真实。与之相关的是，泰森代表着一种驱动力，推动美国恢复对阿波罗时代和水星时代所体现的那种太空探索的公开承诺和政治承诺，这种努力将促进国家自豪感和生产力。

此外，随着他职业的发展，泰森机智地把自己定位成卡尔·萨根的继承者，记者们不加批判地对这种观念进行了详述。泰森——尽管独一无二——踏进了文化景观的真空地带，他可以向广大公众生动地解释宇宙。此外，他对媒体也十分友好，不仅仅在于他在谈话节目中进行小段评论的压缩能力，而且在于他精心打造的个人外表：不然他怎么会穿一件星系主题的背心呢？

但是泰森本身阐明的最显著的一点是科学名人的新力量。泰森被媒体所驱动的名人地位最终为他赢得了社会权力和影响力，这不仅体现在对非专业公众的影响，而且体现在对科学政策、美国的太空项目、行星的分类以及他对这个领域未来的影响。他的明星地位让他在这些领域之间可以穿梭自如。

公开承认无党派倾向，在很大程度上不引发争议，对媒体友好，并且与把科学看作是在本质上政治中立的哲学理念相关联，在泰森迄今为止的职业生涯中，他是美国科学界吸引人的公众形象。在公开场合，他是完美的科学外交官。不过，这个位置并不稳定，他一本计划未来出版的著作可能会带来争议，因为它的主题涉及美国研究中更具争议的方面：科学和军事之间的关联。

第 10 章　新的科学精英

　　1997 年 1 月，史蒂芬·杰伊·古尔德在《科学》上为他的好朋友卡尔·萨根写了一篇讣告。他盛赞原版《宇宙》的主持人是"一个优秀的科学家，即使不是所有时代也是 20 世纪最伟大的科学普及者"。而古尔德也斥责说很多精英科学家是伪君子。这些人恰恰在贬低向广大公众传播科学的科学家——比如萨根——的同时宣称需要传播科学，古尔德称这是空洞的宣言①。

　　但是到那时为止，古尔德在讣告中表达的观点几乎是过时了的。他自己的职业生涯就足以证明。40 多年来，他扮演了一系列相互关联的角色，如富有天赋的古生物学家、革命性的进化论者、哈佛大学教授、有魅力的散文家、多产的作家、反核活动家，以及在一代美国人眼中代表科学的公众形象。在他写了萨根的讣告三年后，美国科学促进委员会任命他为该机构的主席。同年，美国国会提名他为当代传奇人物（Living Legend）。

　　古尔德和本书中扼要介绍的其他学者在这样一种新的科学时代成为有影响力的领袖，这个时代与现代媒体交织在一起，这个时代不再把科学普及人员看作是二流科学家，在这个时代中科学家们加

―――――――――

① Stephen Jay Gould, "Bright Star among Billions," *Science* 275, no. 5300（1997）: 599.

强了责任感，向感兴趣的公民们解释科学在社会中的作用。在被分裂为数千个网站和数百个电视频道的拥挤不堪的公共领域中，科学共同体大声疾呼需要一个强有力的公众声音来获得公众的关注，他们就是这支先锋部队。

这些新的公众科学家与我们媒体时代的一个本质特征交织在一起：名望。没有名望，科学家们在大众文化中将不再有显著的地位。当科学家成为名人的时候，他们赋予了科学一张面孔、一种力量，以及让科学在公共生活中产生影响。但是他们所代表的明星地位的变迁并不是一种科学庸俗化的表现。他们的成功也不能被归结为自我推销。他们并不仅仅是现代科学中最好的公共关系人员。他们表明我们以名人为焦点的文化主流中，观点和议题正是通过名人得以传播开来、彼此碰撞和得到理解的。

因而，明星科学家们在公共生活中发挥着影响力。他们的显赫地位直接吸引决策者的投资，并使得他们能够为科学相关的政策辩论提供丰富多面的知识。他们说服焦虑的公众科学需要公共资金，因为它可以改善个人生活，丰富我们的社会并解决社会问题。

他们还保护科学免受觉察到的公开抨击，拥护着它的认知能力和科学成就的事实。尤其是，他们通过文化传播科学观点，以强化公众理解科学，并帮助科学作为人类最伟大的功绩之一，和艺术、文学一样获得认可，拥有文化中的一席之地。

除了通过这些多样的方式影响公众生活，他们的声望也为他们树立了在科学界中的权威，让他们可以影响科学实践的内部机制。结果，明星科学家们成为社会学家们所谓的边界管理者，他们是在专业的科学文化和公众文化之间**同时**发挥作用的不同寻常人物。随着这些领域越来越复杂地纠缠在一起，明星科学家们通过跨领域的工作变得更加有影响力①。

　　他们成为一种新的科学精英，他们对科学事业必不可少，他们对公众生活至关重要。

科学明星是如何炼成的

　　并不是每一个科学家都能加入这个有影响力的群体。尽管科学共同体意识到了名人对传播科学思想的影响力，但是在制造这种声望方面还是有一点笨拙。比如，出于善意的科学之星广告把著名的研究科学家和音乐家放到了一起，比如黛比·哈瑞（Debbie Harry）和西尔（Seal），希望摇滚明星的部分魅力会魔法般地影响到科学家们。

　　但是声望，真正的声望，持久的声望，是不能被生产、被建构或者被创造的。本书中介绍的科学家们的公众生活表明，他们是在两个彼此关联且重叠的主要文化进程中成为名人的：成为一个公共知识分子的进程以及被转变成一个名人的进程。

　　要成为一个公共知识分子，每个科学家首先在他们的专业领域开发了高深的专业知识。比如，古尔德有**蜂窝蜗牛**，格林菲尔德有乙酰胆碱酯酶蛋白。本书中所有的科学家都建立了自己的科学公信力。徒有虚名的空洞无物的真人秀电视明星这样的人物是不会出现在科学上的。

　　其次，他们拥有面向更广泛公众的可资利用的传播渠道。道金

---

① David A. Kirby, *Lab Coats in Hollywood: Science，Scientists，and Cinema*（Cambridge，MA：MIT Press，2011）.

斯、平克、格林和霍金都撰写图书。（虽然霍金已经成为大量媒体
关注的目标对象，但是他写的图书完全是他自己的观点。）古尔德
在《博物学》上发表文章。泰森和格林菲尔德通过电视走入了公众
的视野中。洛夫洛克在撰写《盖亚：对生命和地球的新看法》之前
首先在《新科学家》上向非科学家们解释盖亚。

　　再次，随着时间的推移，所有的科学家都发表了长期以来与广
大公众所关注的观点密切相关的看法。比如，道金斯有关达尔文主
义的诠释能力的看法，对科学作为真理仲裁者的社会角色的看法，
以及宗教信仰缺乏实证证据等方面的看法紧密结合了——并清晰地
阐释了——广大公众长期以来的信仰。

　　最后，所有的知识分子都因为发表了重要的观点而建立了声
望。格林菲尔德对数字文化的观点引发了激烈的批评，但是这种看
法也解决了一个越来越突出的社会问题，从她的观点引发的大量报
道就说明了这一点。

　　当这些科学家与广大公众进行交流的时候，明星化的过程就开始
了。这些科学家自己和记者们把他们的公众生活和私人生活融为了一
体。他们的言语和形象对于出版商和广播机构也变得很有价值：这些
科学家成了文化商品。霍金的特许经营权强劲地持续了近 30 年：《时间
简史》、电影版的《时间简史》、《图解时间简史》（*The Illustrated A
Brief History of Time*）、《极简时间简史》《我的简史》。而洛夫洛克的特
许经营权运行了 40 年：《盖亚：对生命和地球的新看法》《盖亚的复仇》
以及《消失的盖亚》。道金斯的粉丝们可以从他的个人网站上购买
《玄妙的诱惑》《理性的敌人们》（*The Enemies of Reason*）① 以及《上帝

---

① 此处为图书。——译者注

错觉》T 恤衫。

　　但是造就名人的过程的最后一部分是声誉最难以捉摸、最抽象但最重要的特征。正如文化批评家路易斯·梅南解释的那样，这是明星的人格特性与历史相交叉的一种方式，是他（她）的明星地位与时代思潮（Zeitgeist）以及时代精神不谋而合的一种方式，因而在"世界恰好存在的方式与明星出现的方式"之间有一种完美的一致性[①]。

　　因而，泰森体现和反映了 60 年代之后美国黑人知识分子的斗争，洛夫洛克体现了全球与气候变化的威胁进行斗争时无所不包的生态学的发展和影响，格林在弦理论这个陌生世界中的工作成果成为 21 世纪物理学的代表。这种体现社会趋势的难以解释的能力说明了为什么像深受爱戴的比尔·奈（科学怪侠）这样的一个人在美国是一个很重要且知名的公众人物，但是却不是一个持久存在的名人，比如和史蒂芬·杰伊·古尔德相比。奈本质上是一个科学观点的诠释者，而他本人的形象或者观点没有对大众文化产生影响。

　　明星科学家不仅代表和反映了特定的历史时刻，他们还为世界如何运转提供了解释——这种解释满足了广大公众深层次的文化需求。他们清晰地阐述并表达着很大一部分普通公众的观点。用梅南的话说，公众兴趣的调节器"似乎永久地转向个别明星广播的频率"。

　　随着 21 世纪的到来，受众们认同他们的世界观或者发现他们的世界观具有说服力或表示赞同。这是一个多元的信仰体系公开地互相碰撞的时代，宗教的、精神的、哲学的、国家主义的信仰体系

---

① Louis Menand, "The Iron Law of Stardom," *New Yorker*, March 7, 1997, 36 - 39.

都声称可以解释这个世界。后现代主义的一个未被认识到的后果就是难以确定有关这个世界的真实且可靠的知识，所以很多专家的观点在媒体中发生了冲突，让非专家难以辨认出任一议题上平衡性的证据位于何处。

在这种不停的变化中，科学不仅仅是决定关于自然的可验证事实的一系列方法，而且通过明星科学家的作品成为理解文化、社会和人类生活的一系列理念。他们对科学的看法提供了理解世界的方式，提供了一条清晰的路径，穿过现代的自相矛盾且碎片化的知识困境。他们提供了可靠的知识、清晰的意义以及系统的理解。霍金、道金斯和其他科学家们成了明星，因为他们恰好是公众需要的人物。他们回应了文化的渴望和憧憬。

比如，平克在他的书中倡导对社会采取一种开明的、进步的观点，一种被人类行为的生物学解释所驱动和强化的观点，自然选择不仅解释了我们如何发展自己的身体，而且解释了我们如何思考和说话。在谈到平克的《白板》时，科学哲学家西蒙·布莱克伯恩认为这本书之所以畅销，是因为它提供了"一种对全新综合的希望，这样一种心智的科学最终告诉我们自己我们是谁，我们将有什么可能，我们的政治该如何组织，人类该如何被抚育，对伦理可以期待什么——简言之，我们该如何生活"[1]。

那种富有洞察力的观点不仅仅适用于平克，它还有助于解释其他几个科学家的公众吸引力。道金斯提供了一种类似的进行构建的生活哲学。他始终认为人类的存在是由我们基因的生存欲望所驱动的，自然界的真理可以用科学来理解和解释，但是世界同样是美丽

---

[1] Simon Blackburn, "The Blank Slate," *New Republic*, November 25, 2002, 28.

的，基于证据的相关解释不能允许用上帝的存在来解释现实。

古尔德解释了一个由众多自然因素创造的世界，这个世界拥有几乎无穷无尽且独具特色的多样性，自然进程与历史事件的相遇不仅解释了熊猫拇指的形状，而且解释了迪马吉欧的 56 次连续安打。他还让我们知道科学与这个世界的不均衡并非隔绝开来，以及科学往往使那些不均衡永远持续下去。

作为公共知识分子，他们**象征着**这些观点。作为明星公共知识分子，他们**具体化**了这些观点。

从更概括的层面上来说，他们一起把理性、合理性和真理这些更加抽象且普遍的概念拟人化了。这些观点自启蒙运动以来就是西方文明的基础信念，他们让这些观点变得真实且容易辨别。在名人文化中，他们是科学的化身。

揭示科学如何运作以及如何真正地运作

通过他们的明星地位，他们**代表**观点的能力，以及他们让这些观点变得**真实、生动**且**个人化**的能力，这些科学家们在名人文化中以多种方式发挥着影响力。

首先，他们在文化中传播着科学观点，把专业的观点带给科学共同体之外的群体。新基因学的第一部科普作品是《自私的基因》，这本书销售了 100 多万册，并且成为一本现代的经典著作。霍金夸口说地球上每 750 人中就有一个人拥有一本《时间简史》。这本书对宇宙学研究的前沿提供了一种概述性的理解，其商业上的成功引发了出版商和受众对大众科学兴趣的激增。

　　只有在《语言本能》出版之后，语言学的革命才波及整个文化。古尔德通过他的作品和 300 篇《博物学》专栏文章把进化的复杂性带给了广大读者。重启的《宇宙》在首播当晚的观众达到 800 多万人。《优雅的宇宙》因其对深奥物理学的密集解释成为畅销书。

　　他们的图书和广播引起了媒体对他们观点的讨论。如每章中媒体关注走势图所显示的那样，媒体报道通常在图书的出版或者节目的播出前后达到顶峰。在这些时候，这些科学家们在采访中讨论他们的科学，或者评论家们对他们的图书进行讨论，并且新闻报道引起了对新观点的关注。他们文化产品的发布确保了对他们观点的公众讨论。通过这些作品，这些明星使文化渗入科学之中。

　　此外，他们的观点还通过奇怪的方式在文化中扩散。除了他的图书，格林还在《生活大爆炸》中讨论自己的观点，在电影《生死频率》中担任科学顾问，在同一部电影中扮演（差不多）虚构版的自己，并且写了一本儿童图书，用诙谐的笔触讲述伊卡洛斯的神话，介绍有关时空的观点。格林菲尔德有关数字文化风险的观点通过议会中的质询、报纸上的评论以及一部小说得以传播。明星有助于把科学从书店的科学区移出来，或者从精英报纸中的科学版或者图书版移出来。

　　因为他们的观点在社会中传播开来，明星科学家提升了公众科学素养。他们的图书为事实、理论和概念注入了活力。他们的作品中描述了视界、奇点、膜视界场景、表型效果、间断平衡、卡拉比-丘流行、深层结构、自然选择、气候反馈回路、弦理论、暗物质、矮行星、重组的突触以及很多其他的概念。即使读者们不能完全掌握这些技术要点，这些著作对这些观点也提供了一种概述性的理解，让读者直面科学的感觉。

　　明星科学家们向我们表明了科学是如何运作的。他们通过描述他们自己科学思想的运作机制来阐述科学过程。霍金告诉我们在他计算方程的时候是如何对宇宙学概念进行可视化的。洛夫洛克告诉我们他如何采用一种接近于移情的方法。在一个例子中，他想象自己位于一个冷冻的细胞里，而随着细胞变冷将会发生什么。古尔德告诉我们他解决科学问题的方式不是通过一系列的逻辑步骤，而是当一个谜团的几个不同部分整合为一个可行的解决方案时的顿悟。平克在表达他的沮丧时让我们看到他的科学风格，那是当他第一次遇到有关语言习得的含糊不清的理论时，这些理论与他在视觉认知学习中使用的如定律般清晰的概念形成鲜明的对照。

　　更广义地来说，这些科学家向我们表明科学领域是如何运作的这个过程。我们在《语言本能》中看到认知科学如何给我们怎么说话带来了一种全新的理解方式。《盲眼钟表匠》表明了进化论理论家们如何从化石到基因众多不同的证据来源中重构了坚不可摧的进化论的实例。《优雅的宇宙》表明了现实法则如何以高等数学的方式表现出来，以及物理学家们如何通过想象中对美和优雅的主观观点来评判观点的价值。盖亚的发展进程表明某些观点在成为被认可的科学知识之前需要接受艰难的实验测试——即使通过了测试，观点也可能会被审查和推翻。《美丽人生》告诉我们多年来对化石煞费苦心的分类和阐释如何带来了对进化论的全新理解，是进化中偶然发生的事件引起了我们始祖的发展变化。这些著作向我们展示了科学是如何进步的。

　　明星科学家还传播着科学的愉悦。他们向我们表明成为一个科学家是什么**感觉**。古尔德表达了他在蜗牛研究上有了新发现时的兴奋，不仅仅是其他七位科学家感兴趣的发现，而且给他带来了发现有关自然新的事实时无与伦比的愉悦，而且这将永远是**他的**发现。

平克向我们讲述了他对不规则动词的研究给他带来了深入了解一件事情的极大满足。格林回想起了当他意识到抽象的数学方程描述了弹力球真实运动时所出现的一闪而过的喜悦。泰森告诉我们研究宇宙让他同宇宙建立起了一种关联，唤起了他所认为的灵性上的感觉。好的科学家可以在骨子里感受到科学，而他们的科普作品让我们也能感同身受。

在更深以及更重要的文化层面上来说，明星科学家向我们展示了科学是如何**真正地运作的**。首先，他们表明了被称为科学的东西并不是单一的。可以被称为科学方法的途径在数量上也并不单一。阅读他们的作品阐明了来自科学学研究学者伊夫林·福克斯·凯勒的观点，"不仅不同的事实集合、不同的科学关注的焦点，而且不同的知识组织，对世界的不同阐释都有可能是我们称之为的科学，并且与我们所称之为的科学相一致"①。

科学是洛夫洛克从爱尔兰的海岸上采集的空气样本，是为展示盖亚的进化而建立的计算机模型。科学是道金斯在实验室里对雏鸡进行的一丝不苟的观察，是在他的书桌前坐下来创造一种理解进化的新方式。科学是古尔德对小蜗牛壳形状的研究，是再次观察整个化石记录以对古生物学的彻底变革。

不同的领域有不同的理解方式。以进化论为例。阅读道金斯就是在了解基因驱动的自然选择。阅读古尔德就是在了解发挥作用的

---

① Evelyn Fox Keller, *Reflections on Gender and Science* (New Haven, CT: Yale University Press, 1985), 5.

一系列更广泛的过程，比如生物大灭绝，以及除基因之外驱动进化的个体和物种。古尔德还依赖不同类型的证据表明化石记录对进化论提供了有价值的洞见。阅读他们及其他人有关进化论的众多作品就是在了解占少数的古尔德的观点，以及道金斯被这个领域的新运动所批判的观点。阅读平克的部分作品就在了解关于进化论的观点如何解释人类行为。不同形式的证据，有细微差别的不同阐释，以及这些观念在多大程度上适用于心理世界和社会性世界的不同观点和进化论都是一致的。进化论是真实的，这个基本过程塑造着地球上所有的生命，但是关于它的所有运作机制和细节还没有被确立下来。

再以物理学为例。阅读泰森有关天文学的著作就是在了解以经验性证据为坚实基础的宇宙现象。阅读霍金有关宇宙学的著作就是在理解被科学家们认为是真实存在但仍缺少经验性证据的宇宙的特征，比如霍金辐射。阅读霍金的作品也是在理解新的仪器设备如何在 20 世纪 60 年代引发了公众高涨的兴趣以及宇宙学作为一个新发现的领域如何获得了尊重。阅读格林的作品就要更进一步理解物理学的前沿作为一套有关多重现实的观点目前还没有坚固的、被接受的证据基础。阅读格林及其诋毁者的著作就是理解相当数量的志趣相投科学家的产生对于知识的进步是至关重要的。广义而言，他们都是物理学家，但是每个人都代表着不同的话题、方法和证据。这都是物理学。

明星科学家们把一些所有科学家都知道但不经常讨论的东西带入了公众领域。他们的工作中充满了妒忌、竞争、激情、个人愿景和对地位的斗争。公众为了道金斯和古尔德发生争吵，他们的支持者也变得很丑陋。（进化生物学家约翰·梅纳德·史密斯曾说古尔

德是"一个观点过于混乱而根本不值得为之费心的人"。)① 洛夫洛
克被蔑视为一个在车库里制作东西的家伙。在苏珊·格林菲尔德被
拒成为皇家学会会员之后，对她匿名的抨击让我们看到科学家也可
能是恶毒且有报复心的。

　　在对他们职业生涯的叙述中也可以观察到科学的人文维度。洛
夫洛克和古尔德的生活表明，在追求科学职业的道路上充满了人生
形形色色的愉悦和挑战：抚养孩子、离异、疾病、职业挫折。关于
纯粹知识探索者的神话很少展示科学的真正本质。爱因斯坦的声誉
在他死后多年一直受到保护。1993 年，《阿尔伯特·爱因斯坦的私
生活》（*The Private Lives of Albert Einstein*）揭露了他一直是一个
花花公子，他从来不见自己的女儿，并且娶了自己的表妹。已故的
小说家 J. G. 巴拉德（J. G. Ballard）认为，这本书是"投进了圣
殿的一颗手榴弹"②。尽管通常有关霍金的荒谬报道把他刻画成一个
理智至上的人，媒体对他激烈的报道没有让他的声誉像神话那样得
到同样程度的保护。对他长期以来在媒体上的形象进行仔细分析表
明：他是一个有着平凡、混乱和复杂私生活的人。科学的目标是触
摸繁星，但是它的实践者都位于尘世的阴沟里。

　　明星科学家不仅为我们带来了事实和概念，而且更进一步地向
我们展示了科学是如何运作的，以及如何**真正地运作的**。明星文化
融合了他们的观点和自传，也融合了个人特征和公共科学。

　　因此，我们通过明星的**公众人格**了解了科学的真正本质。这让
他们在现代公众生活中成为关键人物。

---

① John Maynard Smith, "Genes, Memes and Mind," *New York Review of Books*, November 30, 1995.

② J. G Ballard, *A User's Guide to the Millennium* (London: Harper Collins, 1996), 149.

塑造科学的内部运作机制

明星科学家在科学**内部**的权力也更加强大。这并不是说明星科学家在某种程度上能更好地生产新知识（尽管曝光度通常会带来声望以及开展日常科学研究所需要的经费），也不是说声望取代了专业同行对数据的评审，这是科学内部传统的质量控制方式；而是意味着名声——很大程度上是由我们这些普通读者的需求和兴趣授予这些人物的——现在是科学家们研究什么、技术问题如何界定、科学观点如何理解、什么领域被认为值得投资以及科学家的声誉如何评估等方面的一个重要影响因素。

格林的电视节目给弦理论带来了活力，让抽象且推测性的观点变得栩栩如生。这些节目和他的著作以及他在媒体的高调形象促进了弦理论在公众眼中的合法化。而它的毁谤者认为，把弦理论展示为一个富有魅力的领域吸引了有天赋的学生和研究经费，强化了它在物理学中的权威性和地位。弦理论之外的因素在一定程度上微妙地影响着这个领域的运作。

盖亚与它的创造者是不能分离的，洛夫洛克的名声最终有助于它对科学思想产生了重要的影响。洛夫洛克在尝试让他的同行对这个观点产生兴趣屡试屡败之后感到十分沮丧，于是把它投给了《新科学家》，在那里它引起了出版商的关注，而《盖亚：对生命和地球的新看法》不仅概述了他的科学理论，还为部分公众提供了一种宗教的、精神的、新纪元的以及关注生态的宣言。洛夫洛克说，当有关盖亚的论文无法在科学期刊中发表时，这种来自公众的需求和兴趣让盖亚的观点得以继续生存。

但是随着对气候变化的科学关切和政治关切的增加，盖亚提供了一种大规模的、系统的思考方式的案例，让人们可以思考像全球气候一样由众多运动变化的部分组成的庞大事件。盖亚还为思考地球将如何应对在某种程度上来自"它自身"的威胁提供了一种比喻。科学机构把这些观点吸收进了一个新的学科。正如《科学》在2001 年写到的那样，气候变化的威胁意味着"很难想象出一个比地球系统科学更重要的学科了"[1]。

《盖亚》一书的副标题是《对生命和地球的新看法》。大众科学的价值在于提供了一种看待事实和概念的新方式。这也是道金斯写《自私的基因》的目的，并且自他在职业早期阶段的实践工作以来，这就是他从事科学的标志性方式。这种方法影响了科学家，引起了生物学的一场革命。正如一位科学家指出的那样，因为基因视角观点的清晰阐述永久地改变了生物学家看待进化论的方式。即使研究人员们不情愿在他们正式的研究论文中引用这一本科普图书，近期"谷歌学者"（Google Scholar）的数据显示《自私的基因》被引了1.8 万余次，让人惊愕。

反对者断言，古尔德对间断平衡的大众化阐述在进化论者当中给了间断平衡论一种超越了其科学价值的声誉。记者们宣称，平克有关进化心理学的著作强化了这个争议性领域的地位。

平克和古尔德的作品向简单化的分类提出了挑战。他们在作为学者的职业巅峰阶段撰写了这些科普作品。同样，古尔德在他的图书和专栏中常常把科学史和科学的社会研究结合起来，并且希望他

---

[1]　John Lawton, "Earth System Science," *Science* 292，no. 5524（2001）：1965.

的同事在他们的研究中引用他的随笔，因为他们会研究发表在学术刊物上的论文。让他郁闷的是其他学者并没有这么做，但是另外一方面，正如他的一个同事说到的那样，这种"杂交风格的没有同行评审但仍很有学术性的出版物……可能是未来'科学工作'的一个切实可行的流派"①。

平克是这种观点的一个范例。他认为普通读者和专业读者之间没有太大区别，所以他的图书——要求都很严格，都具有可读性，都以证据为基础——不仅可以促进公众理解科学，而且可以促进对新的交叉学科的科学理解，比如进化心理学、认知科学和心理语言学。在《心智探奇》中，他提到这种宏观性的写作意味着"专家和有思想的外行之间没有多少区别，因为如今我们这些专家在我们自己的大多数学科里也不能超过普通人，更不要说其他学科了"②。在《语言、认知和人性》中，他写道他在科普图书中提出的观点可以用实验来检测。"这些图书，"他写道，"在学术文献中的引用次数要比我的学术文章还多。"③ 比如，到 2014 年的年中《语言本能》在"谷歌学者"中有 8 500 多次引用。《白板》的引用次数也超过 3 000 次。这两本科普著作对科学共同体和其他学术共同体产生了深刻的影响。

平克还利用他的声誉以新颖的方式把科学知识带入公共领域。如果向学术期刊提交一篇理论性文章，发表可能需要等上

---

① Warren D. Allmon, "The Structure of Gould: Happenstance, Humanism, History and the Unity of His View of Life," in *Stephen Jay Gould: Reflections on His View of Life*, ed. Warren D. Allmon, Patricia H. Kelley and Robert M. Ross (New York: Oxford University Press, 2008), 30.

② Steven Pinker, *How the Mind Works* (New York: W. W. Norton, 1997), x.

③ Steven Pinker, *Language, Cognition, and Human Nature: Selected Articles* (New York: Oxford University Press, 2013), x.

一年的时间，但他没有那样做，而是把这篇文章提交给了在线讨论平台 www. edge. org。第二天这篇文章就上线了，并且，他回忆说，同期刊中的文章相比，这篇文章"接受了更严格的科学审查"[①]。

名人还通过其他方式影响了科学。当泰森和海顿天象馆在他们对太阳系行星的公开描述中把冥王星去除的时候，他们促进并影响了如何对行星进行界定和分类的科学讨论。天文学家共同体的最终决定与泰森的分类相一致。

物理学家杰里米·邓宁-戴维斯认为，当霍金成为科学明星的时候，他同事的论文被期刊拒绝，"仅仅是因为最终结果与霍金存在着分歧"。他写道："在纯科学的范围内对霍金发起挑战的论文不会成功，因为他的声誉在某种意义上已经超越了纯粹的科学。"霍金可以在一次重要的物理学会议的最后一分钟亮相，讨论持续存在的信息悖论的不解之谜，就是因为他是史蒂芬·霍金。

跨界的学术明星地位增大了科学家的价值。平克成为一个如此有价值的学术商品，以至于从麻省理工学院被挖到了哈佛大学。平克是筹款活动中吸引人的明星。在霍金 70 岁生日的庆典活动中，剑桥大学的领导就两次提出让嘉宾们进行捐赠。

明星地位渗入了科学的各个方面，并且也让科学受益。明星地位可以把公众的价值和兴趣带到科学中。这些明星们引起的辩论表明了科学不是站在一个基座上的，也不是与公众辩论和讨论隔绝开来的。

---

① Pinker, *Language*, *Cognition*, *and Human Nature*, x.

科学权威的一种新来源：名望

这些科学家们凭借影响公众理解科学、公众文化以及科学生活的力量成为明星。结果，他们科学的声望变成了获得权威的一种独特且现代化的渠道。

他们的声望给了他们一种独特的权威，可以讨论宏大的观点。在这个过程中，他们涉及了非科学议题，比如宗教、哲学、历史、社会学、文化和育儿等。意料之中的是，这导致明星科学家遭受到了批评，认为他们遭遇到所谓的专业知识蠕变的情况，即他们的形象赋予了他们一种未获承认的能力，使得他们可以参与和讨论那些他们并没有太多或没有专业知识的话题——但是却期望他们的观点因他们有"聪明人"的声誉而发挥作用。

霍金说哲学已死，不需要上帝来解释宇宙——他遭到了哲学家、神学家的猛烈抨击，有意思的是还有其他科学家。道金斯被认为是一个业余水平的神学家。平克在文化方面的著作受到了人文主义者的批评。格林菲尔德也因把她的专业知识从神经退行性疾病扩展到了神经心理学而遭受到了批评。尽管古尔德对这个领域有所贡献，他认为自己从来没有获得科学史学家的认可。

但是这种类型的批评是意料之中的对公共知识分子的工作的异议，这种如此根深蒂固的怨言是对讨论一般的社会问题和文化问题的某些人不可避免的反应。这种批判忽视了现代科学的景观，即科学观点在各领域和学科之间相互"授粉"，产生出新类型的科学知识。并且它也忽视了现代知识的一个维度，来源于科学的观点可以应用于传统上被认为是人文领域的学科。神学家可以研究信仰的本质，社会学家可以研究宗教的社会影响，科学家可以考察宗教信仰的心理学。

在这种知识氛围下，成为公共知识分子的科学家是才华横溢的科学合成器。通过他们已确立的声誉，他们可以后退一步，为科学提供一个全局性的描述，并且可以继续解释和描述科学对我们生活的影响。他们的声望有助于为他们提供一个平台来讨论更大的议题[①]。重要的科学明星具有讨论宏大观点的合法性。

比如，平克在他的科普图书之外把他对人性的探索带入了新领域。《人性中的天使》跨越了一系列领域，并被史学家和政治哲学家所讨论。（我认为）另外一个认知科学家在职业早期阶段不可能出版类似的图书。平克有着较好的业绩记录，一批追随者，以及一个聪颖的跨学科研究人员的声誉来完成这项工作。

同样地，古尔德《人之误测》中的证据来源于他把科学家和历史学家的技能结合起来的独特能力，重构了这些实验以及开展这些实验的情境。这是一种创建新认识的强有力方式，并且需要在科学和科学之外有着相当的专业知识水平。只有他能完成这本著作。

明星科学家的声誉使得他们可以把还没有得到科学界同行确证的观点带入公共领域。格林认为引入这种正在制造的科学对于提升科学素养来说是至关重要的。此外，通常这种类型的知识最能解决公众的关切，因为个人决策和政治决策必须用那些还不是百分之百确定的知识来做出。

---

① Louis Menand, "Dangers Within and Without," *Profession*，2005，10 - 17. Louis Menand 写道，人文学者应该为此提供另外一种替代方案，而不是为这种大规模的作品而悲哀。

一个有趣的案例是把数字媒体定格为社会问题的苏珊·格林菲尔德的著作。她男爵夫人的头衔使得她可以在议会里、报纸上和科普图书中提出数字媒体和疾病（比如孤独症）之间关系的议题。然而诋毁者取笑她的观点，因为它们缺乏证据支持——而她认为让人信服的证据在 20 年后才会出现——以及因为她没有在科学渠道中发表过这个主题的论文。然而，她是脑神经病学方面的专家，可以阅读和综合神经科学的文献。对于她的诽谤者来说，她要么是滥用她的地位来散布谣言，自我推销，要么是在暗中损害科学方法。而对于她的支持者来说，她利用自己的公众地位以其他科学家不可能从事的方式做出了假设。

然而，她的干预是有价值的，因为这些干预把一些观点带入了公众讨论之中，包括什么构成了有效的证据，因果关系和相关性意味着什么，最重要的是，在高度不确定性和缺乏科学共识的情况下，科学可以对行为和政策提供什么样的建议。同时，公众向科学寻求着答案或者洞见——因而不能期望科学家待在他们学科的围城里面。当公众的关注度很高并且证据还不齐全的时候，现代名人科学家能做的一种贡献就是对这些议题发表看法。

道金斯还表明了科学声誉如何能够激发社会运动。《上帝错觉》是新无神论的一个基础性文本，围绕着这本在文化上具有重要意义的著作形成了全球无神论者的共同体。道金斯成为这场运动的推动者和领袖，提供了一个在其他地方被剥夺了出口、网络或者重要发言权的志趣相投的无神论者可以聚会的网络空间。道金斯的媒体工作激发了这场运动；他的在线社区仍在持续，并在不断地增长。他持续的公开倡议是让这种运动停留在公众心目中的一种方式，电影《无信仰者》是他最近的一个产品。

明星科学家在社会中承担了多种角色。在同一时间，霍金发表了有影响力的论文；唤起人们对政治议题的关注，比如他因同情巴勒斯坦而抵制出席以色列的一次会议；写了几本即刻畅销的解释宇宙的图书；引发人们对气管切开术新研究合作方面的关注；引发了大量媒体对爱尔兰博彩公司帕迪·鲍尔（Paddy Power）的关注，因为他创建了一个决定英格兰在世界杯中获胜概率的公式。某位物理学家说这个公式"毫无价值"且"彻头彻尾毫无意义"①。

与之类似，泰森在国会面前作证，协助撰写了在学校教授进化论的材料，倡议为太空项目增加经费，并吸引了 800 万观众收看《宇宙》。他在午夜脱口秀节目中出镜，推特上有 200 多万粉丝，他写书，并接受出版物的采访，包括从《纽约时报》到《大观》（Parade）等杂志。他是倡导者、建议者、仲裁者、游说者、澄清者、娱乐者——他的声誉使他能够自如地转换很多角色。这样做，他阐明了明星科学家产生影响的一个重要方式：他们在碎片化的媒体环境中接近受众。有名人出现的地方，人们蜂拥而至，一呼百应。

在整个 20 世纪，科学家传播着科学、影响着政策、提供着建议、驱动着争议。而如今不同的是名望授予了科学家们某种权威，让他们同时承担一系列公共角色而不丧失他们的科学权威。"萨根效应"曾声称成功的科普人员被认为是二流科学家，现在这种效应几乎消失了。明星科学家们把他们的声誉作为进入有不同影响力的领域的通行证。他们的声望现在无疑是他们自己独特的**权威的**

---

① Matthew Kalman, "Hawking Backs Academic Boycott of Israel by Pulling Out of Conference," *Guardian*, May 8, 2013, 3; Press Association, "Hawking Speaks of Brush with Death in 1980s," *Guardian*, July 8, 2014, 8; Ian Sample, "A Brief History of Team," *Guardian*, May 29, 2014, 5.

来源。

本书中介绍的最后两位科学家清晰地证实了上述观点。格林在科学和娱乐之间穿梭自如，他的声誉让他在两个领域都获得了尊敬。泰森的明星地位不仅影响了公众理解科学，而且影响了他所在领域的辩论以及科学政策。他的科学明星地位使得他在这些公众生活的不同领域中自由穿行。

新科学时代的象征

本书中介绍的科学家表明，在很长时间内和广大公众成功地进行交流的科学家必然会成为明星。他们可能会遵循公共知识分子的路径，然后明星的形成机制就开始飞速地启动，接着他们就会成为明星知识分子。作为明星科学家，他们与这里描述的科学家有一些共性。他们的媒体形象会使他们在公众心目中的形象和个人的本来面目变得模糊，他们将成为文化商品，他们将具体化理性和科学，他们将招致一些对他们公共角色的批判，特别是当他们可能在其专业知识领域之外发声的时候。

那将给科学家带来风险。特别是，霍金和格林菲尔德的经历表明，部分私生活的揭露无须多时就会变成全面的公开披露。彻底丧失私生活是他们的声望带来的代价。并且格林菲尔德表明女性科学家如何仍然挣扎于对女性科学家的历史性刻画这种桎梏之中。

然而，平克的例子表明在满足公众对某种观点背后的人有所了解的需求的同时，一个科学家还可以保持自己的私密性。我们知道他喜欢骑车和摄影。我们一睹他可爱的波士顿公寓的样貌。我们可以窥视他的基因，但所知道的不如遗传布道者引导我们相信的那样多。我们对他真实的了解可以在他的书中找到。古尔德通过披露两个最私人的秘密——他的癌症和他儿子的孤独症——来解释科学观点，从而很好地处理了这种界限。

"萨根效应"成为敲打公共科学家的大棒。与其说格林菲尔德是一个科学家，不如说她更像一个营销总监。道金斯是一个只说而没有采取行动的科学家。霍金让科学机构极度尴尬。当被问到萨根效应是否适用于他的职业生涯时，史蒂芬·平克说在他成为大众文化的成功人物之前，他的论文和资助就被拒绝了，并且现在仍然如此……所以他无法判断[①]。

这种名声文化影响的明显标志就是科学现在产生了所谓的"定制"的明星。一份报纸说曼彻斯特大学的粒子物理学教授布赖恩·考克斯是"当今英国科学界年轻的新形象"。他通往科学名人的路径非常具有独创性。他的代理人描述说，"他的职业并不是开始于物理学家，而是一个摇滚明星"[②]。80 年代末，他与 Dare 乐队签了一个唱片合约，发了两张专辑，与吉米·佩奇以及 Europe 乐队进行了巡回演出。他然后加入了 D：Ream 乐队，他们的歌曲《情况只会越来越好》（*Things Can Only Get Better*）成为托尼·布莱尔 1997 年的竞选主题曲。在这期间，考克斯攻读了物理学学位，以及高能粒子物理学的博士学位。

作为一个强大的科学家，他还有传播方面的天赋。大约从 2005 年开始，他在英国广播公司科学系列片《地平线》（*Horizon*）中连

---

① 2014 年 3 月 4 日作者电话采访了史蒂文·平克。

② "Professor Brian Cox OBE," Sue Rider Management, July 16, 2014, http://www.sueridermanagement.co.uk/presenters/BrianCox/briancox.htm.

续出镜。他是 2007 年电影《太阳浩劫》（*Sunshine*）的科学顾问，这部影片讲述的是航天员和科学家们去重新点燃濒死的太阳拯救地球的故事。2010 年，他制作了《太阳系的奇迹》（*Wonders of the Solar System*），随后是《宇宙的奇迹》（*Wonders of the Universe*）和《生命的奇迹》（*Wonders of Life*）。他非常适合上电视，《每日邮报》写道，"他有着健康闪亮的皮肤、柔软好看的头发、洁白整齐的牙齿"，并补充说，女性觉得他十分吸引人，称他为"福克斯的考克斯博士（Prof. Cox the Fox）"①。因为受到了他作品的激发，申请学习科学的大学生数量飙升。评论家们称之为"考克斯效应"②。

他还符合明星科学家通常出身于物理学家这种模式，这表明尽管经历了第二次世界大战的原子弹的毁灭，在公众心目中物理学仍然与纯粹的真理相关联，物理学家仍然是宝贵知识的监管人。考克斯是一个有资质的科学家，一个明白的传播者，以及欧洲核子研究中心的一名研究人员，这是世界上最大的粒子物理实验室，也是现代科学最引人注目的大教堂。但是不像霍金或者格林，他没有具体化某种新型的物理学。相反，他是一个非常适合上镜的科学奇迹的销售员，是依靠机器的科学荣耀的代言人。他是第一个从发达的名人文化中走出来的明星科学家——一个成为重要明星科学家的小音乐明星。

有一种批判认为明星科学家的崛起让公众生活变得贫瘠。这种观点认为，一群精选的精通媒体的科学家给科学传播施加了一种类

---

① Jane Fryer, "The Man Who's Making Space Sexy," *Daily Mail*, March 31, 2010.

② Roger Highfield, "The Cox Effect Is a Star Turn," *Daily Telegraph*, September 6, 2011, 29.

似于卡特尔式的联盟控制。他们的明星地位还营造了这样一种文化环境，有关科学对社会启示的讨论被简化为名人言论之间的竞争，而排除了公众生活中的其他声音①。

但这并没有发生。他们的文化著作和媒体报道，围绕着他们的公众人格，催化了更广泛的科学讨论。读者们从而被带到了一个更广泛的文化对话中，讨论科学发现的影响，科研工作的正当性以及科学在社会中的价值。

明星科学家是科学新时代的象征，这个时代嵌入到了媒体的动态文化、对名人文化的需求以及公众生活的沧桑变迁之中。他们是强大的人物，影响着公众理解科学**和**社会的未来走向**以及**科学的内部运作机制。他们就是科学上有影响力的新领袖，超现代的科学精英——新一代的名人科学家。

---

① Colin Tudge, "The Science Gurus," *Independent*, January 5, 1997. 有关一个科学家的可见性如何影响他们的声誉和更广泛的科学工作的社会学考察，参见：Massimiano Bucchi, "Norms, Competition and Visibility in Contemporary Science: The Legacy of Robert K. Merton," *s* (2014), DOI: 10.1177/1468795X14558766.

索 引